KB202208

물질과 의식

―― 현대심리철학입문 ――

물질과 의식

—현대심리철학입문—

P.M. 처치랜드 지음 / 석봉래 옮김

서광사

이 책은 P. M. Churchland의 *Matter and Consciousness:*
A Contemporary Introduction to the Philosophy of Mind
(Massachusetts: The MIT Press, 1988)를 옮긴 것이다.

물질과 의식: 현대심리철학입문

P. M. 처치랜드 지음
석봉래 옮김

펴낸이 ─ 김신혁, 이숙
펴낸곳 ─ 도서출판 서광사
출판등록일 ─ 1977. 6. 30.
출판등록번호 ─ 제 406-2006-000010호

(10881) 경기도 파주시 회동길 77-12 (문발동)
대표전화 · (031)955-4331 / 팩시밀리 · (031)955-4336
E-mail · phil6161@chol.com
http://www.seokwangsa.co.kr / http://www.seokwangsa.kr

제1판 제1쇄 펴낸날 · 1992년 2월 20일
제1판 제10쇄 펴낸날 · 2017년 9월 20일

ISBN 978-89-306-2052-9   93160

나는 법을 가르쳐 주신 아버님,
그리고 보는 법을 가르쳐 주신 어머님께.

역자 서문

의식은 텅 비어 있는 것을 겁낸다.
—P. 발레리—

용왕의 명령을 받은 자라가 토끼의 간을 구하기 위해 육지에 도착하였다. 갖은 수난을 다 겪은 후, 자라는 토끼를 속이고 달래 용궁으로 데려오는 데 성공했다. 용궁에서 토끼는 자라에게 속은 것을 깨닫고 자신에게는 간이 없다고 대꾸한다. 가끔 햇빛을 보이기 위해 토끼는 간을 바위돌이나 나무 같은 데 널어 놓아야 하는데 급하게 오느라 그것을 미처 걷어 오지 못했다는 것이다.

인간의 정신, 즉 의식이나 마음과 같은 것에 관심을 가지고 있는 우리가 지금 처해 있는 상황이 이와 같은 것이 아닌가 생각해 본다. 의식이나 마음을 하나의 실체 또는(물리적 대상들과 구분되는) 특수한 대상으로 간주하고 그것을 찾아 길을 떠난 철학자들은 토끼의 대답에 당황한 빛을 감추지 못하는 자라와 같은 신세가 아닐까. 그곳에 있을 것이라 철석같이 믿고 두껑을 열고 보니, 예상과는 달리 전혀 다른 모습으로 그것은 우리 앞에 나타난다. 이런 돌연한 모습은 토끼의 잔재주나 속임수 다시 말해 의식과 마음이라는 문제가 지닌 복잡성과 난해함에 전적으로 유래하는 것은 아닐 것이다. 토끼의 간이 반드시 토끼의 몸 속에 있어야 한다는 굳어진 생각의 구조가 우리로 하여금 사실의 참모습을 보지 못하게 할 수도 있는 것이다. 의식과 마음을 신체의 어떤 기관 같은 것으로 생각하든 어떤 기능으로 생각하든 아니면 전혀 다른 어떤 초월적인 존재의 현현으로 생각하는 마음과 의식에 대한 우리의 생각의 틀이 이미 가지고 있는 일정한 모양을

5

우리가 분명히 재검토하지 않는다면 우리는 자라처럼 또다시 토끼의 주장에 놀아날 가능성을 배재할 수 없다.

일반적으로 주어진 문제에 대한 철학적인 작업이란, 주어진 문제에 관한 경험적인 자료를 직접 분석하고 설명하는 일은 아니다. 오히려 철학적인 작업이란 그러한 설법과 분석의 과정에 성공적인 탐구를 보장하는 일종의 지침을 제공하는 작업인 경우가 많다. 따라서 철학은 경험적인 탐구의 길잡이 노릇을 하는 어떻게 보면 보다 근본적이고 어떻게 보면 보다 우선적인 탐구라 생각할 수 있다. 그런데 어떻게 그러한 경험적 탐구의 인도자 노릇이 철학에서 가능한가? 경험을 그에 앞서서 인도할 수 있는 특별한 능력이나 수단이 철학에 존재하지 않는 한 그러한 일은 불가능할 것이다. 그러나 불행하게도 근래의 많은 철학적인 반성을 통해 볼 때 우리는 그러한 특별함이 철학에 존재하지 않을 것이란 느낌을 강하게 받게 된다. 다시 말해 철학은 경험적인 탐구의 인도자 노릇을 하기 위해 또다시 경험에 의존할 수밖에 없다는 것이다. 이러한 상황은 한편으로는 철학의 정체성 위기(철학이 경험적 탐구와 근본적으로 구분될 수 없다는 점에서의 정체성 위기)를 의미하는 것으로 받아들여지기도 하고 다른 한편에서는 이제까지 매우 침체된 분야(즉 탐구의 방향이 철학적인 인도 때문에 어느 정도 부당하게 제약된 경험적 탐구의 분야)에서의 새롭고 획기적인 최근의 발전을 우리가 보다 호의적으로 받아들이고 보다 새롭게 철학적인 해석을 가할 수 있게 되었다는 의미에서 환영할 만한 것으로 받아들여지기도 한다.

토끼의 간에 대한 자라의 일방적인 생각이 토끼의 거짓말을 올바로 간파할 수 없게 만들었듯이 의식과 마음에 대한 우리의 생각도 끊임없이 새로운 경험적 탐구의 도움이 없이는 침체의 늪을 벗어 날 수 없을 것이다. 물론 모든 경험적 탐구가 다 올바르다는 것은 아니다. 그러나 탐구의 과정을 통해 많은 개념적인 변화와 혁명을 겪은 학문들에서 우리는 경험적 탐구를 인도하는, 하늘에서 뚝 떨어진, 영원 불변한 원칙 같은 것은 없다는 점을 배울 수 있다. 《물질과 의식》을 번역하면서 역자는 바로 이러한 점이 심리 철학의 분야에서 어떻게 드러나고 있는지를 알 수 있었다. 물론 이 책이 심리 철학 분야에서의 전통적인 논의를 생략하고 있는 것은 결코 아니다. 오히려 그러한 논의에 대한 소개는 매우 적절하고 충분하다는 인상을 역자는 받았다. 그러나 이 책의 특징이라면 역시 심리 현상에 대한 최근의 경험적 탐구를 소개하고 그런 탐구의 결과가 함축하는 철학적인 의미들을 밝혀놓은 데 있다고 역자는 생각한다. 많은 사람들이 이 책을 읽고는 이 책이 다소 유물론적인 경향을 띠고 있다고 생각할지도 모른다. 즉, 이 책의 결론은 마음 또는 의식이 매우 복잡한 물질이라는 것이다. 유감스럽게도 그러한 생각은 이 책을 읽음으로써 우리가 애써 벗어나려 하는 수렁에 다시금 우리를 빠져 들게 하는 것이 되리라 여겨진다. 이 책에서 얻을 점이 있다면 그것은, 오히려, 우리가 물질이라고 불러온 것들 그리고 우리가 정신, 의식 또는 마음이라 불러온 것들이 도대체 무엇인지 최근의 논의들과 경험적인 탐구들을 통해 다시 한번 생각해 보아야 한다는 것이다.

옮긴이는 1989년초부터 이 책의 번역을 시작하였다. 그런데 번역이 완성될 즈음 이 책의 증보판이 나왔다는 소식을 듣게 되었다. 기왕에 번역하는 바에야 증보판을 번역해 보자는 생각에서 증보판을 구하여 다시 번역을 계속 진행하였다. 따라서 이 책은 1988년 판, 즉 증보판 《물질과 의식》인 것이다. 그런 와중에 저자는 처치랜드와 연락이 되어 그로부터 격려의 편지도 받을 수 있었다. 처치랜드는 부인인 패트리샤 처치랜드와 더불어 영미 심리 철학계에서 제거적 유물론(climinative materialism)이라는 주장으로 널리 알려진 유명한 철학자이다. 그들의 관심은 한마디로 마음과 의식의 (두뇌) 신경 생리학적인 기반에 대한 탐구에 있다. 하지만 이 책은 보다 전문적인 논의를 위한 책이 아니라 교과서적인 색채가 짙은 책이다.

번역은 반역이라고 말하는 사람들도 있다. 하지만 번역은 반역(反譯)은 아닐 것이다. 원문의 주어진 뜻에 충실하다는 것이 반드시 직역을 의미하지는 않기 때문이다. 직역한 초고의 낯선 표현들을 고치면서 역자는 그 점을 뼈저리게 느꼈다. 물론 역자는 원문의 표현의 생생함이나 독특함도 되도록 살리려고 노력했다.

이 책은 많은 사람의 도움을 받아 번역되었다. 먼저, 초고 단계에서부터 원고를 꼼꼼히 읽어 주신 서울대학교의 김영정 교수님께 깊이 감사 드리고 싶다. 또한 수시로 원고를 교정해 준 주위의 동료들에게도 감사를 표하고 싶다. 아울러 철학 분야에서 묵묵히 좋은 책들을 많이 만들어 주시는 서광사 여러분들, 특히 저작권법이니 해서 번역 출판의 여건이 좋지 않음에도 불구하고 흔쾌히 번역을 지원해 주신 서광사 김신혁 사장님과 번역 원고에 세심하게 신경을 써서 옮긴이도 찾아내지 못한 실수를 가려 교정해 주신 편집부 여러분께도 감사 드린다.

1991년 11월
석 봉 래

증보판 서문

나는 이 작은 책의 제1판, 특별히 신경 과학, 인지 과학, 인공 지능 등에 관련된 절들에 대해 베풀어진 우호적인 반응에 대해 깊이 감사하고 있다. 공교롭게도 그 절들은 증보판에서 대부분의 수정과 추가가 나타나게 되는 핵심적인 부분들이다. 그러한 연구 분야에서 계속적으로 나타나고 있는 극적인 발전과 그 분야들이 심리 철학의 문제에 대해 갖게 되는 점증하는 관련성 때문에 수정이 불가피하게 되었다. 그러한 분야의 연구 결과들은 다음과 같은 질문과 직접적인 관련을 갖는다. 인지 활동의 기본적인 요소들은 무엇인가? 실제의 물리 체계에 어떻게 그 요소들이 자리잡게 되는가? 그리고 컴퓨터가 형편없이 해 낼 수밖에 없거나 아니면 전혀 하지 못하는 인지적 작업을 살아 있는 동물들은 어떻게 그리도 빠르고 쉽게 해 내는가?

제1판에서 중심이 되었던 확신은 심리 철학의 문제들은 자연 과학의 이론적·실험적 결과들과 무관한 것이 아니라는 점이었다. 그 입장은 변하지 않았지만 과학은 발전을 통하여 변화를 겪었다. 이 새로운 판은 그렇게 발전한 연구의 결과들 중 두드러진 몇 가지의 사항을 보다 많은 독자들이 이해하고 친숙해질 수 있도록 해 줄 것이다. 내가 아는 바로는 그런 변화의 철학적 의미는 그것들이 유물론적인 입장들 중 동일론과 제거론을 지지하게 되는 경향으로 나아간다는 점이다. 그러나 나의 의견은 다수의 대안들 중 하나일 뿐이다. 나는 여러분이 스스로 판단을 내리기를 권한다.

서 문

철학자들은 주로 다른 철학자들을 대상으로 책을 쓰고는 그 책이 학생들뿐만 아니라 초보적인 독자들에게도 유익한 것이 될 것이라는 부가적인 희망을 가지고 있다. 그런 희망은 항상 헛된 것이다. 그와 반대되는 낙관적인 입장에서, 나는 명백히 애초부터 철학, 또는 인공 지능, 신경 과학에 대해 전문적인 지식을 가지지 못한 사람들을 위해 이 책을 썼다. 일반 독자와 학생의 상상력이 바로 여기서 내가 사로 잡고자 하는 대상인 것이다. 하지만 나는 이 작은 한 권의 책이 동료 교수들과 상급 대학원생들에게도 포괄적인 요약집과 자료집으로서 유용하게 쓰여지길 바라고 있다. 그러나 나는 그들을 위해 이 책을 쓰지는 않았다. 나는 심리 철학의 신참자들을 위해 이 책을 쓴 것이다.

애초에 이 책은 친숙하고 긴 표준적인 교과서의 도움을 받아 이루어진 최근의 학부 심리 철학 강의가 진행되는 중에 구상되었다. 최근 15년 동안 이 분야에서는 너무도 많은 일들이 일어났기 때문에, 그러한 표준적인 교재들과 논문집들은 이제 형편없이 케케묵은 것이 된 것이다. 물론 아주 최근의 저작들을 모은 몇몇의 괜찮은 논문집을 이제 손쉽게 구할 수 있게 되었지만, 그것들은 학부생들이 쉽게 이용하기에는 너무도 비싸고 또 전문적인 것들이다. 그 강의를 모두 끝마치면서 나는 화석화된 문제들은 제거되고 역사적 문제들은 간략히 다루어지지만 새로운 발전은 빠짐없이 소개되는 좀더 적합하고 쉽게 구할 수 있는 교재를 쓰기로 결심했다. 이 책이 바로 그런 결심의 산물인 것이다.

이 책의 대부분은 1982년 여름, 마니토바 황야의 무스 호(湖) 별장에서, 우리 내외의 휴가중에 썼다. 그 곳에서는 밤마다 이 세상에 살고 있지 않는 것처럼 느껴지는 물새들 우는 소리가 내 작업에 기쁨을 더해 주었다. 가을이 무르익을 무렵, 이 책은 프린스턴 고등 연구소 (Institute for Advanced Study in Princeton)에서 완성되었는데, 그 곳에서 떼지어 사는 캐나다 거위들도 비슷한 기분을 갖게 해주었다.

그러나 나는 종종 좀더 실질적인 영감과 충고들로부터 얻는 바가 많았다. 먼저 나는 1981년에서 1982년 사이에 신경 생리학 실험실로 나를 초대해서 길고도 긴 수요일 실험에 참여하게 해주고, 따뜻한 환대와 대단히 귀중한 충고를 해준 나의 친구이며 동료 교수인 죠르단 (Larry Jordan)에게 감사한다. 나는 미국과 영국에서 개최된 이 분야 전문인들의 몇몇 모임에 참석할 수 있게 주선해 준 점에 대해, 그리고 즐겁고 유익했던 여러 번의 만남을 통해 내게 준 가르침에 대해 데네트(Daniel Dennett)와 스티치(Stephen Stich)에게 감사한다. 나는 마음 자체와 자연에서의 마음의 위치에 관해 지금까지 십 년 넘게 생산적인 토론을 벌여 준 친구이자 동료 스택(Michael Stack)의 덕을 많이 보았다. 또한 나는 무엇보다도 내 아내이며 동료 교수인 패트리샤 처치랜드(Patricia Smith Churchland)에게 감사한다. 그녀는 마음과 두뇌에 관해 다른 어떤 철학자보다도 더 많은 것을 알려 주었다.

마지막으로 최초의 원고에 대해 귀중한 지적을 해주었고 여러 가지로 격려해 준 웜브로드(Ken Warmbrod), 블록(Ned Block), 리챠드슨 (Bob Richardson), 로티(Amelie Rorty), 후커(Cliff Hooker) 그리고 스미스(David Woodruff Smith)에게 감사한다. 또한 나는 이 책을 쓰는 데 필요한 시설들과 보다 이론적인 다른 연구를 시작할 기회를 제공해 준 고등 연구소 측의 계속적인 혜택을 받고 있었음을 밝히고자 한다.

1983년 프린스턴에서
P. M. 처치랜드

차례 /
물질과 의식 : 현대심리철학입문

제 1 장

이 책은 무엇에 관한 책인가?

　인간의 호기심과 이성의 약삭빠름은 대자연이 감추어 왔던 많은 것을 밝혀내 왔다. 시공간의 구조, 물질의 구성, 여러 형태의 에너지, 생명 자체의 본성 등 이러한 모든 비밀스런 것들은 책에 실려 우리에게는 공개적인 것이 된 것이다. 확실히 깊이 있는 문제들은 풀리지 않은 채로 남아 있고 아직도 과학에 있어서 혁명의 여지는 있다. 그러나 지난 500여 년 동안 우리 인류에게 널리 퍼졌던 과학적 지식은 폭발적 확대를 겪었다 해도 과장된 이야기는 아니다.

　이런 일반적인 진보에도 불구하고 핵심적인 문제는 대체로 풀리지 않은 신비로 남아 있다. 바로 의식을 가지고 있는 지성의 본질이 그런 문제이다. 이 책에서 필자가 다루려는 것이 바로 그것이다.

　만약 의식을 가진 지성이 아직도 전적으로 수수께끼로만 남아 있다면, 내가 이 책을 쓸 필요는 없을 것이다. 그러나 고무적인 진보가 나타나고 있다. 꿰뚫어 살펴보아야 할 그 문제 영역은 이제 관련된 여러 영역들의 공통의 관심사가 된 것이다. 중요한 것만 꼽아 보아도 철학은 심리학, 인공지능, 신경 과학, 생태학, 진화론 등과 연합하고 있다. 이들 모든 학문은 순수히 철학적인 문제라 여겨져 왔던 것에 기여하고 있을 뿐 아니라 더욱 많은 결과를 기대하게 하고 있다.

이 책은 최근 철학적·과학적 논의의 주요 내용에 대한 하나의 소개서이다. 말하자면 그런 것에 관련된 주요 쟁점들, 서로 경합을 벌이는 이론들, 가장 중요한 논증들과 증거들을 소개하는 책이다. 최근 30년 사이에 철학의 내부에서는 마음의 본성에 관련하여 중요한 발전이 있었다. 즉 마음의 내성적인 자기지(self-knowledge)의 위치를 밝혀 냄으로써뿐만 아니라, 우리가 결국에 가서 선택해야 되는 가능한 대안적인 이론들의 성격에 관한 좀더 선명한 개념적 이해를 제시할 수 있게 됨으로써, 그리고 그런 이론들 사이에서 근거 있는 선택을 해야 하는 경우 필요로 하게 되는 증거들을 명확히 밝힐 수 있게 됨으로써 철학에서의 발전이 나타나게 된 것이다.

더욱 중요한 것은, 앞에서 언급한 경험 과학들이 그런 근거 있는 선택에 관련되는 일련의 증거들을 지속적으로 제공해 오고 있다는 점이다. 심리학은 우리에게, 우리의 내성적인 지식(introspective knowledge)의 신뢰성과 통찰력의 정도에 관한 몇몇의 놀라운 사실들을 알려 주었다. (이것은 중요한 점이다. 왜냐하면 마음에 관한 몇몇 이론은 자기 의식적인 내성에 전적으로 의존하고 있기 때문이다.) 인지 심리학과 인공지능(artificial intelligence)은 인지 작용에 관한 자극적인 모델을 제시하였는데, 그 모델은 적절히 프로그램된 컴퓨터 내에서 '생명을 얻게' 된다면, 지성의 목표-지향적인(Goal-driven) 몇몇 복잡한 행위들을 매우 잘 흉내내게 될 것이다. 신경 과학에서는 살아 있는 생물체 내에서 그런 복잡한 행위들을 수행한다고 여겨지는 상호 연결된 뇌 세포의 광범위한 미세 조직들이 밝혀지기 시작했다. 생태학은 인간의 지능과 다른 생물체의 지능간의 연속성과 불연속성에 관해 새로운 통찰을 우리에게 제시하고 있다. 그리고 진화론에서는 의식을 가진 지성의 점진적인 발생에 관련되는 길고도 복잡한 선택의 과정이 밝혀졌다. 그러나 증거는 여전히 모호하고 또한 관련된 이론들 사이에서의 선택도 아직 이루어지지 않은 상태이므로 이 책의 독자들은 발전의 도상에 있는 지적 모험에 참여하는 기쁨과 흥분을 갖게 될 것이다.

여기서의 논의는 이 분야에서 가장 명백한 질문에서부터 시작된다. 심리 상태와 심리 과정의 참된 본질은 무엇인가? 그것들은 어떤 매개체를 통해 나타나고, 그것들은 어떻게 물리적인 세계에 연결되는가? 철학자들은 마음에 관련된 이런 질문들을 **존재론적 문제**라고 불렀다. (철학적 용어로 '존재론적 질문'이란 참으로 존재하는 것이 무엇이고 그것의 본질적인 성격이 무엇인가를 묻는 질문이다.) 이 문제는 **정신과 육체의 문제**로 더욱 널리 알려진 것이고, 아마 독자들은 이 문제와 관련된 가장 기본적인 구분에 익숙해져 있으리라 본다. 한편으로는, 우리가 심리 상태나 심리 과정이라고 부르는 것들은 실은 복합적인 물리 체계 즉 뇌의 복잡다단한 상태나 과정들일 뿐이라 주장하는 마음에 관한 **유물론자들**의 이론이 있는가 하면, 다른 한편으로는 심리 상태나 심리 과정은 순수한 물리적인 체계의 상태나 과정이 아니라 본성상 근본적으로 비물질적인 독특한 종류의 현상을 구성하는 것이라 주장하는 마음에 관한 **이원론자들**도 있다.

우리들 중 대부분은 이런 종류의 쟁점에 대해 매우 강한 확신을 가지고 있고, 그래서 많은 이들은 이런 대안적인 이론들 사이에서의 선택은 쉽고도 분명한 일이라 생각할 것이다. 그러나 확신하든 말든 적어도 형세를 판별해 낼 수 있을 때까지는 허심탄회하게 기다리는 것이 현명하리라 본다. 예를 들어 이원론에는 적어도 다섯 가지의 근본적으로 다른 주장들이 있고, 그와 비교될 만한 수의 서로 매우 다른 유물론적 이론도 있다. 여기서 우리는 두 이론 사이에서 선택해야 하는 것이 아니라 열 가지 이상의 이론들 사이에서 선택해야 하는 것이다. 그런데 그런 이론들 중 몇몇은 최근에 이르러서야 정리되었다. 그래서 2장에서 우리가 목표하는 바는 이런 모든 이론들을 하나 하나 들춰내는 것이고 각각의 강점과 약점을 평가해 보는 것이다.

그러나 2장의 힘을 빌어 내리게 되는 결정은 성급한 것이 될 것이다. 왜냐하면 심신(心身) 문제가 깊숙이 관련되어 있는 다른 중요한 문제들이 많이 있기 때문이다.

그 중 하나가 의미론적 문제이다. 심리 상태를 나타내는 우리의 일상적인 말들의 의미는 어떻게 결정되는가? 어떤 것이 우리 자신뿐 아니라 지능을 가진 다른 생물들에도 적용되는 특별한 개념들에 대한 적합한 정의와 분석이 될 것인가? 언뜻 보기에 아마 가장 그럴싸한 하나의 제안은 사람들은 단지 각자 자신이 경험한 대로 합당한 종류의 심리 상태에 합당한 이름을 붙임으로써 "통증" 또는 "따뜻한 느낌"과 같은 말의 의미를 배우게 된다는 것이다. 그러나 이런 견해는 몇 가지 문제를 야기하며, 그 중 하나는 이런저런 상황에서 이미 여러분에게도 나타났을 것이다.

어떻게 여러분은 (말하자면) 여러분의 친구가 "통증"이라는 말을 붙인 그 내적(內的)인 감각이 그 말에 해당되는 여러분 자신의 내적인 감각과 질적(質的)으로 같은 것이라고 확신할 수 있는가? 아마도 여러분 친구의 내적인 상태는, 그것이 여러분에게 드러났던 방식과 같은 방식으로 행동이나 말이나 인과적인 사건으로 드러났다고 하더라도, 여러분의 내적인 상태와는 극단적으로 다른 것일지도 모르는 일이다. 그래서 드러나지 않은 내적인 차이에도 불구하고 모든 점에서 여러분의 친구는 여러분과 꼭같이 행동했을 수도 있다. 문제는 이런 회의론적인 우려가 한 번 생기기 시작하면, 해결하기 불가능한 것처럼 보인다는 점이다. 왜냐하면 어떤 사람이 **다른 사람**의 심리 상태를 **직접** 경험하는 일은 전적으로 불가능한 일처럼 보이고, 게다가 그런 경험조차도 이 문제를 해결해 줄 수는 없기 때문이다.

상황이 이러하다면 심리 상태들을 나타내는 많은 말들이 어떤 의미를 가지고 있다 할지라도 우리들 중 누구도 그 말들이 다른 사람들에게는 어떤 의미를 갖는 말이 될지 알 수도 없고 알지도 못할 것이다. 사람들은 단지 자신의 경우에 있어서만 그런 말들이 어떤 뜻을 갖게 되는지 알 수 있을 뿐이다. 이것은 우리의 언어의 중요한 부분에 대해 내리게 되는 매우 이상한 결론이다. 함께 나눌 수 있는 이해의 틀 속에서 공적인 의사 소통을 위해 존재하는 것이 결국 언어가 아니겠는가.

위의 이론과 경합을 벌이고 있는 의미 이론은 일상적인 심리 용어들의 의미의 근원에 대해 다른 의견을 제시한다. 이 이론에 따르면 "통증"이란 말의 의미를 배운다는 것은, 통증이 종종 신체적인 상해에 의해 야기되며 그 상태는 연이어 다른 내적 상태들 즉 가벼운 고통 또는 즉각적인 공포감을 야기하게 되고, 움츠러들거나 어루만져 주거나 신음 소리를 내거나 하는 특징적인 행동들을 야기하는 상태라는 것을 아는 것이 된다. 간단히 이야기해서 아픔의 본질적인 속성은 어떤 아픔을 여러 다른 것들 특히 공개적으로 관찰 가능한 것들과 연결시키는 인과 관계들의 망상 조직이라 할 수 있다는 것이다.

모든 유형의 유물론자들은 바로 이러한 의미에 대한 접근법을 선호하는 경향이 있는데, 그것은 부분적으로 심리 상태가 물리적 상태일 수 있다는 가능성을 활짝 열어 주기 때문이다. 적합한 종류의 아픔이 되는 데 반드시 필요한 인과적 연결을 순수히 물리적인 상태가 가진다고 생각하는 데는 아무런 문제가 없다. 또한 이런 접근법은 우리를 순식간에 회의론에 빠뜨리지도 않는다. 반면 이 입장은 우리 심리 상태들의 내적이고 내성적인 측면 즉 의미에 관한 첫번째 접근법에 있어서 중심이 되었던 측면을 지체없이 제거해 버리고 마는 것처럼 보인다. 그러리라 납득이 가겠지만, 이원론자들은 언뜻 보아 회의론적 결론이 나타나는 것도 무릅쓰고, 의미에 관한 첫번째 접근법을 선호하는 경향이 있다. 그들에게는 내성적으로 파악 가능한 또는 '주관적으로 확실한' 우리의 심리 상태의 성질들은 단순히 물리적인 설명을 넘어서 있는 정신이라는 것의 본질을 대표하는 것이 된다.

의미론적인 문제를 함께 해결하지 않은 상태에서는 심신 문제의 어떤 해결책도 편히 살아 남을 수 없음을 여러분은 이미 깨달을 수 있었을 것이다. 3장에서는 주요한 대안적(代案的) 해결책들이 상세히 다루어질 것인데, 이 해결책 역시 여러 가지가 있다. 그것들 중 어떤 하나를 이해하기 위해서는 현대 과학 철학의 기초적인 몇 개의 개념들에 대한 간략한 파악이 필요하며 그런 파악을 통해서 여러분은 매우 기발하고 예상하지 못한 이론적인 제안들을 기대할 수도 있을 것이다.

이런 논점들은 자연스럽게 **인식론적인 문제**로 이어진다. (인식론은 무엇이 참된 지식이고, 그 지식은 어디에서 유래하는가 하는 것에 관한 연구이다.) 이 문제는 두 부분으로 나뉘는데, 둘 다 매우 복잡하다. 첫번째 것은 이미 논의했던 우려 사항에서 즉각적으로 나타난다. 예를 들어 **도대체** 무슨 근거에서 다른 사람도 심리 상태를 가지고 있다고 기꺼이 생각할 수 있는가? 그렇게 생각할 수 있다고 가정한다면, 그 가정은 우리가 가진 가장 깊이 있는 가정들 중의 하나가 된다. 그러나 정확히 무엇이 그런 가정의 합리적인 근거가 될 수 있는가? 그 가정을 정당화하기 위해서 알아야 할 점은 다른 사람의 행동도 우리 자신의 행동이 연결되어 있는 내적 상태와 동일한 종류의 내적 상태들에 동일한 방식으로 인과적으로 연결된다는 점이다. 예를 들어 다른 사람에게 있어서 망치를 한 번 내려침에 의해 야기되고 또한 연이어 "아얏!" 하는 비명 지름을 야기한 그 어떤 것은 내가 그런 행동을 하게 되었을 때 나에게 나타난 그 어떤 것과 **같은** 것이다. 그러나 이 점은 또다시 불가능한 것을 요구하는 것처럼 보인다. 즉 이 점은 다른 사람들의 심리 상태에 대한 직접적인 주관적 경험을 요구하는 것이다.

이것을 **다른 존재의 마음의 문제**라고 하는데, 이것은 단순히 동료 인간들에 관한 회의적인 수수께끼 같은 문제는 아니다. 유인원이나 집에서 기르는 개나 또는 돌고래와 같은 동물들의 심리적 생활 상태의 존재 여부를 아주 진지하게 묻게 될 때, 이 문제는 학문적인 가치를 갖게 되거나 보다 덜 사소하게 될 것이다. 그런 동물들도 진짜 의식을 갖는가? 최근 컴퓨터 기술의 폭발적인 진보로 이 문제는 새로운 입지에서 다루어질 것으로 기대된다. 어떻게 우리는 진짜 의식을 가진 지성 (conscious intelligence)과 언어적이고 감정적인 행동을 포함하여 모든 행동에 있어서 사유하는 존재와 유사하게 만들어진 복합적인 물리 체계를 구분할 수 있을까? 차이점이 존재할까? 그 차이를 어떻게 발견할 수 있을까?

　다른 사람의 심리적 생활 상태의 불투명함과 분명한 대조를 이루는 것은 우리 자신의 심리적 생활 상태의 투명성이다. 우리들 각각은 자기(內省) 의식적이다. 다른 사람의 마음이 아니라 여러분 스스로가 가지고 있는 마음의 상태에 대해 여러분 각자가 갖게 되는 그 신기한 접근 통로의 본성은 무엇인가? 스스로의 행동을 보지 않고도 여러분은 스스로가 무엇을 느끼고 생각하고 바라고 있는지를 말할 수 있는데, 그것은 어떻게 가능한가? 우리는 이런 능력을 내성(內省)이라는 것으로 당연시하고 있지만, 이것은 우리가 가지고 있는 매우 특별하고 신비스런 재능이다. 여러 사상가들은 이것에 관해 매우 많은 주장을 펴 왔다. 어떤 이는 이것의 성격을 오류 불가능성(infallibility)이라 주장하고, 다른 이들은 정신을 물질과 구분하는 특성으로 이것을 꼽기도 한다. 그런데 내성은 내성을 설명해 내기를 열망하고 있는 모든 유물론자들에게 강력한 도전이 되고 있다. 내성에 관한 성공적인 설명이 갖추어야 하는 요건은 무엇이며 어떤 유물론적 이론이 그런 설명을 하고 있는가 하는 점은 4장에서 다루었다.

　이 책을 절반 정도 읽었을 때쯤 해서 분명해지기를 바라는 것이지만, 마음의 본성은 순수히 철학적인 문제만은 아니고 깊이 있는 과학적인 문제이기도 하다. 이렇게 말하는 것은 어떤 대안적인 이론이 옹호되어야 하는가에 관해 선결 문제의 오류를 범하는 것은 아니다. 오히려 나는 결론을 내리는 데 있어 경험적인 연구가 매우 중요한 또는 결정적이기까지 한 비중을 갖게 된다는 점을 주장하고자 한다. 이 점은 다음과 같은 질문을 하게 만든다. '마음에 관한 학문'을 구성하는 데 있어 추구해야 할 적합한 접근법이나 방법은 무엇인가? 여기에도 역시 여러 다른 주장이 있다. 의식을 가지고 있는 지성에 대한 학문에서는 기존의 자연 과학들(물리학, 화학, 생물학 등)의 틀과 연속성을 유지하려는 적극적인 시도가 행해져야 하는가? 아니면 어떤 독특한 특성을 근거로 연속성이 없는 독자성을 주장해야 하는가? (유물론자들 중에도 몇몇은—기능주의자들은—이 두번째 질문에 그렇다라고 대답했다.) 그 학문은 어떤 종류의 자료들을 정당한 것으로 받아들여야 하는가? 내성? 행동? 신경 생리? 이 논쟁점들은 **방법론적 문제**를 야기하며 그것은 학문의 장래 문제에 관한 것이다. 미래의 이론들의 모습은 이 문제에 달려 있다. 5장은 그런 탐구에 할애된다.

이런 논의가 끝나면 입문서로서의 이 책의 역할도 다 하게 되는 것이지만, 나는 여기에 세 개의 부가적인 장을 덧붙였다. 이 책을 쓸 무렵, 이 분야의 전문 철학자들과 과학자들 대다수는 심신 문제에 대해서 단지 두세 가지 가능한 대안적 해결 방안으로 의견을 수렴하였는데, 이 문제에 대한 그들의 잠정적인 입장은 인지 현상에 관한 두 개의 특별히 활발한 연구 계획으로 표현된다. 첫번째 것은 최근에 형성된 분야인 **인공지능**(artificial intelligence) 혹은 AI라 불리는 분야이다. (다음과 같이 질문을 던져 보자.) 적절히 프로그램된 컴퓨터에서 어느 정도까지 의식을 가진 지성의 본질적인 속성들이 재생되거나 본따질 수 있을 것인가? 비록 AI 연구가들 자신이 몇몇의 기본적인 문제들은 여전히 끈질기게 해결되지 않은 채로 남아 있다는 점을 제일 먼저 인정한다고 하더라도, 일차적인 대답은 "매우 놀랄 정도까지"이다.

두번째 연구 계획은 급속히 성장하고 있는 몇몇의 **신경 과학**의 영역인데, 이들 과학은 뇌와 신경 계통에 관한 경험적 연구에 관계한다. 정신병, 학습, 삼차원 시각, 돌고래의 심리적 생활 상태와 같은 문제에 대해 신경 생리학, 신경 화학, 비교 신경 해부학은 (감히 묻는다면) 어떤 실마리를 주고 있는가? 신경 과학자들은 그들이 단지 껍데기만 훑어보고 있을 뿐이라고 제일 먼저 인정하겠지만, "상당한 실마리"가 나타나고 있다고 대답할 수 있을 것이다.

이런 영역에서 현재 진행중인 연구에 관해 그나마 몇몇의 유익한 예라도 제공하고자 하는 뜻에서 나는 이런 장들을 마련하였다. 하지만 그런 장들은 열성적인 컴퓨터 과학자나 신경 과학자에게 이런 영역을 소개하는 것으로는 분명히 적합하지 않다. 그러나 그것들은 이 책에서 논의되는 철학적 쟁점이 경험적 탐구와 어떤 관련을 갖는가에 관해 올바른 이해를 할 수 있게 해 줄 것이다. (이 점은 중요하다. 왜냐하면 내가 보다 분명해지기를 바라는 것이지만 대부분의 이런 철학적인 문제들은 성격상 궁극적으로는 경험적이기 때문이다. 그것들은 대안적인 과학적 연구 계획들이 제시하는 상대적인 발전과 성공에 의해 결정될 문제들이다.) 이 세 장은 마음에 관한 연구가 장차 발전하는 데 있어 발붙이게 될 지속적인 개념의 틀도 역시 제공할 것이다. 또한 그 장들은 좀더 많은 경험적인 지식을 얻도록 여러분을 자극할지도 모른다. 그 정도 결과라도 나타난다면 그 장들을 쓰려 한 나의 의도는 달성된 것이다.

　마무리가 되는 장은 마지막 장답게 사변적인 모습이 역력하다. 이 장은 우주 전체에서 의식을 가진 지성의 분포를 헤아려 보려는 시도로부터 시작된다. 지성이라는 것은 아마도 우주에 매우 넓게 퍼져 있는 현상이라 여겨지며, 고도의 지성을 가진 모든 실재하는 존재들은 필연적으로 지성의 **본질**에 관한 쓸모있는 개념을 구성해야 하는 문제에 직면할 것이다. 우리 자신의 경우를 놓고 볼 때 이런 자기 탐구의 과정은 쉬울 리가 없다. 도대체 그런 탐구가 정말로 **완성**될 수 있다 할지라도 결코 짧은 기간 내에 완성되지는 않을 것이다. 하지만 여기서뿐만 아니라 다른 분야에서도 인간의 노력에 의한 진보는 여전히 가능하며, 우리를 둘러싼 우주에 대한 개념적 이해라는 측면에서 반복되는 혁명적 변화들을 우리가 성공적으로 진행시킨 것처럼, **우리의** 정체에 관한 개념적 이해에 있어서도 혁명적 변화를 기대해 볼 만하다. 마지막 절에서 우리는 인간의 자기-의식의 내용들에 대해 나타날 그런 개념적 혁명의 귀결들을 훑어 볼 것이다.

　이것으로 내가 앞으로 전개하기로 약속한 내용들을 대략 살펴보았다. 그러면 지금부터 문제 자체로 들어가 보자.

제 2장

존재론적 문제(심신 문제)

　심리 상태와 심리 과정들의 참된 본성은 무엇인가? 그것들은 어떤 매개체를 통해 나타나고, 어떻게 물리적인 세계에 연결되는가? 나의 의식은 나의 육체가 썩어 없어진 다음에도 살아 남는가? 아니면 나의 두뇌가 제대로 움직이길 그만두면서 영원히 사라지게 되는 것인가? 컴퓨터와 같은 순수 물리적인 체계에도 의식을 지닌 지성이 있다고 볼 수 있는가? 마음은 어디서 유래하며, 도대체 무엇인가?

　이런 것들은 우리가 이 장에서 만나게 될 몇 가지 질문들이다. 이런 질문들에 대해 어떤 대답들을 해야 하는가 하는 점은, 어떤 이론이 주어진 증거에 비추어 합당한 이론이고 어떤 이론이 설명력과 예측력, 정합성과 단순성을 갖느냐에 달려 있다. 이용할 만한 이론들과 그 이론들 각각에 대한 찬반 주장들을 살펴보기로 하자.

2.1. 이원론

마음에 대한 이원론적인 접근법은 매우 다른 몇 가지 이론들을 포괄하고 있다. 그러나 그것들 모두는 인간의 지적인 능력의 본성은 비물질적인 어떤 것, 즉 물리학, 신경 생리학, 컴퓨터 과학과 같은 학문의 범위를 영원히 넘어서 있는 것이란 점에 동의한다. 이원론이 최근의 철학이나 자연 과학 학계에서 가장 널리 받아들여지고 있는 견해는 아니다. 그러나 이 입장은 보통 사람이 볼 때 마음에 관한 가장 일반적인 이론이며, 세계 유수의 종교들에 뿌리깊게 박혀 있는 것이고, 서양 역사의 대부분의 시기에서 마음에 관한 중심적 이론이었다. 따라서 이 입장은 우리 논의의 적합한 출발점이 된다.

2.1.1. 실체 이원론

이 견해의 독특한 주장은 각각의 마음이 하나의 독특한 비물질적인 대상이란 것이다. 마음은 그것이 일시적으로 '머무는' 물체에 의존적이지 않는, 개별적인, 비물질적 실체의 '종합체'이다. 이 견해에 따르면 이 독특하고 비물질적인 것의 상태나 작용 때문에 우리의 심리 상태나 작용은 그 고유한 성격을 갖게 된다.

이런 주장은 마음이라는 실체에 관한 적극적인 성격 규정이란 측면에서 좀더 많은 의문의 여지를 남긴다. 실체 이원론자들의 접근 방식에 대해 자주 나타나게 되는 불만은 그들이 제시하는 마음에 대한 성격 규정이 거의 전적으로 부정적이었다는 점이다. 그러나 분명히 우리는 마음의 감추어진 본성에 대해 모르는 것이 더 많기 때문에, 이것이 결정적인 약점이 될 필요는 없다. 그리고 아마도 그런 부족한 부분은 결국 메꾸어질 수 있을 것이다. 이런 상황에서 철학자 데카르트(Rene Descartes, 1596~1650)는 마음이란 실체의 본성에 관해 그 누구에게도 뒤지지 않을 정도로 많은 적극적인 설명을 남겼다. 그래서 그의 견해는 자세히 검토해 볼 가치가 있다.

데카르트는 실재(reality)는 기본적으로 다른 두 가지 종류의 실체(substance)로 나누어진다고 생각했다. 첫번째 것은 보통 물질이라 하는 것으로 이 종류의 실체가 갖는 본질적 특성은 공간 내에서 연장되어 있다는 것이다. 즉 이런 실체에 속하는 모든 것은 길이, 넓이, 높이를 가지며 공간상의 일정한 위치를 차지한다는 것이다. 데카르트는 이런 유형의 물질의 중요성을 깎아 내리려 하지는 않았다. 오히려 그는 당대의 매우 상상력이 풍부한 물리학자들 중 하나였으며, 당시 "기계론적 철학"(the mechanical philosophy)이라 불리었던 것의 열렬한 옹호자였다. 그런데 역학(力學)만으로 설명될 수 없다고 그가 생각한 실재의 한 독립된 부분이 있었다. 그것은 인간의 이성이다. 이것이 그가 두번째의 전적으로 다른 종류의 실체, 공간적인 연장이나 공간적인 위치를 전혀 갖지 않는 실체, 그것의 본질적 특성이 **사유** 활동에 있는 실체를 제시하게 되었던 동기이다. 이런 견해는 **데카르트적 이원론**이라 알려져 있다.

데카르트가 생각했듯이, **당신**이란 존재의 참된 모습은 당신의 육체가 아니라 비공간적이며, 사유하는 실체 즉 당신의 육체와는 사뭇 다른 개별적 단위의 마음이란 실체이다. 이 비물질적인 마음은 당신의 신체와 체계적으로 인과적 상관 관계를 갖는다. 예를 들어 당신 신체의 감각 기관들의 물리적 상태는 당신 마음의 시각적·청각적·촉각적 경험을 야기한다. 또한 당신의 비물질적인 마음이 바라는 것들과 결정한 것들은 그런 목적을 달성하게끔 행동하도록 육체에 인과적 영향을 가한다. 당신의 육체가 다른 사람의 것이 아니라 당신의 것인 이유는 그것이 당신 마음에 대해 가지게 되는 인과적 연결 때문이다.

이 견해를 뒷받침하기 위해 제시되는 주된 이유들은 매우 솔직하고 담백하다. 첫째로 데카르트는 직접적인 내성만 가지고 그 자신은 본질적으로 사유하는 실체일 뿐이며 그 밖의 어떤 것도 아니라고 단언할 수 있다고 생각했다. 그리고 두번째로, 그는 순수히 물리적인 체계가 정상적인 사람처럼 제대로 된 방식으로 언어를 사용하거나 수학적 연산을 해낼 수 있으리라고는 생각할 수 없다고 보았다. 이런 점들이 합당한 이유인지 아닌지는 이제 곧 논의해 보기로 하겠다. 우선 데카르트 자신조차 문제거리로 인정했던 난점을 살펴보자.

만약 '마음이란 실체'가 그 본성에서 '물질이란 실체'와 전적으로 다르다면—아무런 크기도 갖지 않고, 아무런 모양도 갖지 않고, 공간상의 위치도 갖지 않을 정도로 다른 것이라면—어떻게 내 마음이 나의 육체에 대해 인과적 영향력을 행사할 수 있겠는가? 데카르트 자신도 눈치챘을 테지만(그는 운동량 보존의 법칙을 최초로 정식화한 사람들 중 한 사람이었다), 공간상의 보통 물체는 엄밀한 법칙에 따라 움직이기 때문에, 무에서부터 신체적인 움직임(＝운동량)을 얻어낼 수는 없는 것이다. 어떻게 이 전적으로 연약한 '사유하는 실체'가 육중한 물체에 영향을 줄 수 있는가? 이토록 다른 두 가지 것들이 어떻게 모종의 인과적 연결을 가질 수 있는가? 데카르트는 마음의 작용을 신체 일반에 전해 주는 미세한 물질적 실체—'동물 정기'(animal spirits)—가 있음을 주장한다. 그러나 이것은 해답은 아니다. 왜냐하면 그것은 우리가 처음 출발했을 때 주어졌던 것과 꼭같은 문제를 우리에게 다시금 남겨 놓기 때문이다. 어떻게 묵직하고 공간적인 것이('동물 정기'도 역시 그러하다) 전적으로 비공간적인 것과 상호 작용할 수 있는가?

어쨌든 데카르트가 사용한 구분의 기본적 원칙은 그의 시대에도 그러했던 것처럼 이제는 더 이상 합당한 것은 아니다. 보통 물체를 공간-상에, 연장을-가진-어떤-것으로 규정하는 것은 이제 더 이상 쓸모 있거나 정확한 것이 아니다. 예를 들어 전자(電子)는 물질의 일종이다. 그러나 가장 훌륭한 최신 이론에 따르면 그것은 아무 연장도 가지지 않는 점-입자(point-particle)이다. (그것은 일정한 공간적 위치도 갖지 않는다.) 또한 아인슈타인의 중력 이론에 따르면 중력이 전적으로 사라지는 상태에서는 하나의 항성 전체도 전자와 같은 상황에 놓일 수 있게 된다. 그래서 만약 마음과 육체 사이의 구분이란 것이 진짜 존재한다면, 그 구분선을 발견하게 될 사람은 데카르트가 아닐 것이다.

데카르트적 이원론의 이런 난점은 조금 덜 극단적인 형태의 실체 이원론을 고려해 볼 동기를 제공한다. 그 덜 극단적인 형태의 실체 이원론이란 내가 **통속 이원론**(popular dualism)이라 부르는 입장에서 발견될 수 있다. 이 이론에서 사람이란 글자 그대로 '기계 속에 놓인 유령'이다. 이때 기계란 인간의 육체이고 유령은 그 내적인 구성이 물질과는 전혀 다르지만 공간적 속성들은 충분히 갖는 영적(靈的)인 실체이다. 특별히 마음은 보통 그것이 조종하는 육체의 내부에 있는 것으로 받아들여진다. 통속 이원론의 대체적인 견해에 의하면 마음은 두뇌와 밀접한 관계를 가지며 머리 속에 있는 것으로서 받아들여진다.

이 견해는 데카르트의 난점들을 가질 필요는 없다. 마음이란 것은 두뇌와 연결되는 바로 그 자리에 있는 것이고, 그 둘의 상호 작용은 우리의 과학이 아직 파악하거나 해명하지 못한 형태의 에너지의 교환으로 이해될 수 있을 것이다. 여러분도 떠올릴 수 있는 것이지만, 보통 물질이란 것은 에너지의 발현이거나 그것의 한 형태이다. (여러분은 아인슈타인의 관계식 $E=mc^2$에 따라 모래 한 줌을 막대한 양의 에너지가 조그마한 덩어리로 응축되거나 냉동된 것으로 생각할 수도 있다.) 아마도 마음이란 실체는 정상적인 형태의 에너지이거나 에너지의 발현 아니면 다른 형태의 에너지일지도 모른다. 따라서 그 대안적 이원론은 에너지와 운동량의 보존에 관한 낯익은 법칙과 서로 정합적일 **가능성**이 있다. 이것은 이원론적으로서는 다행스런 일이다. 왜냐하면 그들 법칙 각각은 실지로 매우 잘 확립된 것들이기 때문이다.

이 견해는 적어도 마음이 육체의 소멸 이후에도 살아 남을 수 있다는 가능성(확실히 보장하지는 못하지만)을 지지한다는 이유에서 많은 이들을 사로잡고 있다. 그러나 마음이 계속 살아 남는다는 보장은 없다. 왜냐하면 여전히 마음을 구성한다고 여겨지는 특수한 형태의 에너지는 우리가 두뇌라고 부르는 매우 복잡한 형태의 물질과 연결될 경우에만 나타나고 지속될 수 있으며 두뇌가 소멸될 때는 사라질 수밖에 없는 그런 가능성도 있기 때문이다. 그래서 통속적 이원론을 참이라 가정하더라도 마음이 죽음에서 살아 남을 가능성은 분명치 않다. 그러나 마음의 계속적인 생존이 이 이론의 명백한 귀결이라 하더라도, 여기서는 피해야 할 함정이 있다. 계속적인 생존에 대한 약속은 이원론이 참이길 바라는 이유는 될 수 있지만 그것이 참이라 생각하는 것에 대한 이유는 될 수 없다. 그렇기 때문에 우리는 육체의 완전한 죽음 후에도 마음이 살아 남는다는 것에 관한 독립적인 경험적 증거들이 필요할 것이다. 유감스럽게도 (일류 의사는 사후의 삶을 보장한다!!!)라는 슈퍼마켓용 타블로이드판 인쇄물의 일방적인 주절거림에도 불구하고, 우리는 그런 증거를 전혀 갖지 못하고 있다.

이 절의 후반부에서 보겠지만 우리가 평가를 내린다면 이 고상하고 비물질적이며 사유하는 실체에 대한 적극적인 증거는 일반적으로 매우 희박한 상황이다. 이 점은 이론과 이용 가능한 증거의 간격을 좁히고자 하는 희망을 가진 많은 이원론자들로 하여금 조금 덜 극단적인 형태의 이원론을 주장하게 만들었다.

2.1.2. 속성 이원론

이런 이름을 가지고 나타나는 이론들의 기본적인 생각은, 물리적인 두뇌 이외에 여기서 다루어져야 할 실체는 없지만 두뇌는 다른 어떤 물리적인 대상이 가지고 있지 않은 특수한 속성들의 집합을 가지고 있다는 것이다. 두뇌의 이 특수한 속성들이란 비물질적인 것이며, 그래서 속성 이원론이라는 말이 나왔다. 문제가 되는 속성들이란 여러분이 정신적인 것이라 기대할 수 있는, 아픔을 느낌이라는 속성, 빨간색을 감각함이라는 속성, P라는 것을 생각함이라는 속성, Q를 바람이라는 속성 등이다. 이런 속성은 지성의 특징들이다. 그것들은 낯익은 자연 과학의 개념으로 환원되거나 그것만으로 설명될 수 없는 것이라는 의미에서 비물질적이다. 그래서 그런 속성들을 제대로 이해하기 위해서는 전적으로 새롭고 독자적인 학문—'심리적 현상들의 과학'—이 필요한 것이다.

입장들간의 중요한 차이가 여기서부터 나타난다. 속성 이원론의 가장 오래된 형태인 부대 현상론(附帶 現象論, epiphenomenalism)부터 시작해 보자. 이 용어는 다소 복잡하고 긴 말처럼 보이나, 그 뜻은 단순하다. 희랍어 접두사인 "epi-"는 "~위에"라는 뜻을 가지고 있는데, 여기서 이 입장은 심리적 현상들이 우리의 행위와 행동들을 궁극적으로 결정하는 뇌의 물리적 현상의 일부가 아니라, '물리적 사건 위에' 덤으로 걸터 앉아 있는 것이라 주장한다. 따라서 심리적 현상들이란 **부대 현상**이다. 그런 현상은 발육 단계에 있는 두뇌가 어떤 수준의 복잡성을 넘어 섰을 때 나타나거나 드러나게 되는 것이다.

그러나 그것만이 다는 아니다. 부대 현상론자들은 심리적 현상들은 두뇌의 여러 활동들에 의해 일어나도록 야기되는 것이지만, **그 현상들 자체는 두뇌의 활동에 대해 어떤 인과적인 영향력도 발휘하지 못한다**고 주장한다. 그 현상들은 물리 세계에 대한 인과적 영향력의 측면에서 볼 때 전적으로 무능력한 것들이다. 그래서 그것들은 단지 부대 현상일 뿐이다. (여기서 우리의 생각을 정리하는 데 애매한 비유도 도움이 될 것이다. 우리의 심리 상태들을 두뇌의 주름진 표면에 나타나는 반짝거리는 빛의 작은 불꽃들로 생각해 보자. 즉 두뇌의 물리적인 활동에 의해 나타나지만 두뇌 자체에 대해서는 어떤 인과적 영향력도 미치지 못하는 불꽃으로 말이다.) 이것은 사람의 행동은 그 사람의 욕구나 결심이나 자발적인 의지에 의해 확정된다는 보편적인 믿음이 거짓임을 의미한다! 사람의 행동은 두뇌 안에서 이루어지는 물리적 사건들에 의해 빠짐없이 결정되며, 이 사건들은 **또한** 우리가 욕구, 결단, 자발적인 의지라 부르는 부대 현상들도 야기한다. 따라서 자발적인 의지와 행동 사이에는 지속적인 연결 관계가 있게 된다. 그러나 부대 현상론자들에 의하면, 의지가 행동의 원인이 된다고 생각하는 것은 단순한 환상에 지나지 않는다.

무엇이 이런 이상한 견해를 성립시키게 했을까? 사람들이 이 견해를 왜 그렇게 심각하게 받아들였는지를 이해하기는 사실 그리 어렵지 않다. 행위의 근원을 운동 신경에서 대뇌의 운동 피질에 있는 활동적인 세포들에까지 추적하고 그것들의 움직임을 두뇌의 다른 부분과 여러 감각 신경들에서 제공되는 입력에까지 추적하는 데 몰두하고 있는 신경 과학자들의 처지에 서 보라. 그 과학자는 굉장한 구조와 정밀함을 가진 순수 물리 체계와 본성상 화학적이거나 전기적인 매우 복잡한 사건들만을 발견하게 된다. 결국 그는 실체 이원론자들이 제시하는 것과 같은 종류의 비물리적 입력의 어떤 흔적도 찾아내지 못한다. 그는 무엇을 마땅히 생각해야 하는가? 그의 탐구에 의하면 인간의 행위란 전적으로 물리적인 두뇌의 작용이 된다. 이런 주장은 두뇌가 갖는 행위 통제의 특성이 두뇌의 긴 진화의 역사 속에서 무차별적으로 선택되었다는 그의 확신에 의해 더욱 지지되고 있다. 결과적으로 인간 행위가 놓여 있는 기반은 그 구성과 그 기원과 그 내적 활동에 있어 전적으로 물리적인 것처럼 보인다.

반면, 우리의 이 신경 과학자에게는 설명을 해 내야 할 그 자신의 내성이 있다. 그는 그가 경험을 하고 생각을 하고 욕구를 가진다는 것을 부정할 수 없을 뿐 아니라 그런 것들이 어떤 방식으로 그의 행위와 연결되어 있다는 점도 부정할 수 없다. 여기서 이루어질 수 있는 거래란 비물질적인 속성인 심리적 속성들의 **실재**를 인정하되 그것들을 인간이나 동물들의 행위에 대한 과학적 설명과는 하등 관련이 없는 무력한 부대 현상(epiphenomena)의 위치로 격하시키는 것이다. 이것이 부대 현상론자들이 취하는 입장이며, 이렇게 해서 독자들은 그 속에 숨은 뜻을 이해할 수 있을 것이다. 이것은 행위의 설명에 있어 엄밀한 과학적 접근법을 존중하려는 욕구와 내성의 존재에 관한 증거를 존중해 주려는 욕구 사이에 이루어진 타협인 것이다.

심리적 속성들에 대한 부대 현상론자들의 '격하'―인과적으로 무능력한 두뇌 활동의 부산물에로의 격하―는 대부분의 속성 이원론자들에게는 너무 가혹하게 보였다. 그래서 상식적인 확신에 보다 가까운 이론이 널리 호평을 받게 된다. 우리가 **상호 작용론적 속성 이원론** (interactionist property dualism)이라 부르는 이 견해는 하나의 본질적인 측면에서 이전의 견해와 다르다. 즉 상호 작용론자들은 심리적 속성들은 두뇌에 그리고 결과적으로는 행위에 인과적 영향력을 갖는다고 주장한다. 두뇌의 심리적 속성들은 두뇌의 물리적 속성들과 체계적인 상호 작용을 가지면서 일반적인 인과적 사건들의 한 통합된 부분을 형성하는 것이다. 결국 사람의 행동이란 그 사람의 욕구와 자발적 의지에 의해 야기된다고 주장된다.

앞에서도 그러했지만, 여기서의 심리적 속성은 보통 물질이 진화 과정을 거쳐 충분히 복잡한 체계로 대충 구성되고 난 연후에나 나타날 속성, 즉 **창발적**(創發的, emergent) 속성이라 일컬어진다. **단단함**의 속성, **색을 띰**이라는 속성, **살아 있음**이라는 속성들은 이런 의미에서 창발적 속성들의 예가 될 것이다. 이 모든 속성들이 드러나기 위해서는 그것이 드러날 기반의 역할을 하는 물질이 적절한 구조를 갖추어야 한다. 이 정도까지는 어떤 유물론자도 동의할 것이다. 그러나 모든 속성 이원론자들은 심리 상태나 속성들은 제시된 예들처럼 단순히 물질의 구조적 특질이 아니라는 의미에서 **환원될 수 없는 것**이라고 덧붙여 주장한다. 그들은 그 속성들이 자연 과학의 예측이나 설명을 넘어서 있는 새로운 속성이라고 한다.

마지막 조건——심리적 속성들의 환원 불가능성(irreducibility)——은 중요한 조건이다. 왜냐하면 이것이 바로 어떤 입장을 이원론적인 것으로 만드는 것이기 때문이다. 그러나 그 조건은, 심리적 속성들은 물질의 구조에서 파생된 획득물에 지나지 않는 것들에서 유래한다는, 연결되는 주장과 제대로 어울리지 않는다. 만약 그것이 심리적 속성들이 나타나는 방식이라면, 그런 속성들에 대한 물리적 설명이 가능하리라는 기대를 할 수 있을 것이기 때문이다. 진화론적인 창발과 물리적 환원 불가능성을 동시에 주장하는 것은 처음부터 아리송한 이야기이다.

속성 이원론자라고 해서 그 두 주장을 모두 고집해야 한다는 법은 없다. 그는 진화론적인 창발론의 주장을 버리고, 심리적 속성들이란 길이, 무게, 전하 및 다른 기본적인 속성들과 같은 차원의 속성들로 태초에 우주가 나타났을 때부터 여기에 있어 온 실재의 **기본적인 속성**

들이라 주장할 수도 있을 것이다. 이런 종류의 입장에 대한 역사적인 선례도 있다. 금세기에 들어서면서 전자기(電磁氣)(전하와 자력 같은) 현상은 순수 기계적인 현상이 매우 정교하게 드러난 것에 지나지 않는다는 생각이 널리 퍼졌다. 어떤 과학자들은 전자기학을 역학으로 환원하는 일은 따놓은 당상이라고 생각했다. 예를 들어 그들은 전파란 모든 공간을 채우고 있는, 매우 미세하면서도 젤리 같은 에테르 속을 통과하는 파동에 지나지 않는다고 생각했다. 그러나 에테르는 존재하지 않는 것으로 밝혀졌다. 그래서 전자기적 속성들은 그 자체로 기본적인 속성으로 드러났고, 우리는 현존하는 기본적 속성들의 목록(무게, 길이, 내구성)에 전하를 덧붙여 넣어야 하게 되었다.

아마 심리적 속성들도 환원 불가능하고 창발적이지 않다는 점에서 전자기적 속성들과 같은 것일 것이다. 이런 견해를 기본적-속성 이원론 (elemental property dualism)이라 하는데, 이 견해는 앞의 견해보다 명료하다는 장점이 있다. 불행하게도 심리적 속성과 전자기적 속성과의 유비 관계에는 하나의 명백한 잘못이 있다. 소립자 단계에서부터 실재의 모든 각 단계에 나타나는 전자기적 속성과는 달리, 심리적 속성들은 진화를 통하여 매우 복잡한 내적 구조를 가지게 된 거대한 물리적 체계에서만 나타나는 것이다. 물질이 일정한 구조를 갖추고 난 연후에 심리적 속성이 진화의 과정을 통해 나타난다는 사실은 이 주장에 대한 매우 강력한 증거가 된다. 그래서 그런 속성은 결코 기본적이거나 기초적인 것처럼 보이지 않는다. 이 점은 결국 우리를 또다시 그런 속성들의 환원 불가능성의 문제로 되돌려 놓는다. 왜 우리는 이 환원 불가능성을 이원론자의 주장들 중에서 가장 기본적인 것으로 받아들여야 하는가? 왜 꼭 이원론자이어야 하는가?

2.1.3. 이원론이 제시하는 논거들

이원론을 지지하기 위해 보통 제시되는 주된 이유 몇 가지를 여기서 살펴보기로 하자. 이런 지지 근거들의 집합적인 힘을 음미하기 위해서 비판은 잠시 접어 두자.

이 문제들과 관련하여 우리들 중 대부분이 떠올리게 되는 종교적 믿음은 이원론적 확신들에 대한 하나의 주된 원천이 된다. 각각의 주요 종교들은 나름대로 우주의 목적이나 기원 그리고 우주 안에서의 인간의 위치에 대한 이론이며, 대부분의 종교들은 영혼 불멸의 관념을, 말하자면 일종의 실체 이원론을 내세우고 있다. 몇몇 사람들은 그렇게 하는 것이 어렵다고 볼지도 모르지만, 이원론을 거부하는 것은 종교적 입장을 버리는 것과 같은 것이라고 누가 주장한다고 가정해 보자. 그리고 이것을 종교에 의한 논증(argument from religion)이라 부르자.

더 보편적인 생각은 내성에 의한 논증(argument from introspection)이다. 여러분의 의식의 내용에 주의를 집중시켜 볼 때 참된 사태의 모습이란 여러분이 전기 화학적 작용을 통해 펄스를 발생시키고 있는 신경계를 명확히 포착하고 있는 그런 모습은 아닐 것이다. 즉 여러분은 생각들, 감각들, 욕구들 그리고 감정들의 흐름을 파악할 뿐이다. 내성에 의해 드러난 바, 심리적 속성들과 상태들은 그렇게 하려고 해도 그 이상은 달라질 수 없을 정도로, 물리적 속성들이나 상태들과 완연히 다른 것이다. 내성이 보여주는 결론은 따라서, 어떤 종류의 이원론의 편에—적어도 속성 이원론의 편에—굳건히 서 있는 것처럼 보인다.

환원 불가능성에 의한 논증에서는 검토해 보아야 할 한 부류의 중요한 사항들이 있다. 그 사항들에는 다양한 심리적 현상이 갖는 하나의 공통점이 포함되어 있다. 즉 어떤 순수 물리적 설명도 심리적인 영역에서 일어나고 있는 일에 대한 설명이 될 수 없는 것처럼 보인다는 점이다. 인간이 환경을 변화시키는 데 있어서 나타나게 된 언어를 사용하는 능력에 대해 데카르트가 이미 언급한 바 있는데, 그는 또한 특별히 수학적인 추리를 수행해 나가는 우리의 능력에서 드러나는 이성(reason)의 기능에 대해서도 깊은 인상을 받았다. 그가 생각하기로, 이런 능력들은 물리 체계의 능력의 한계를 훨씬 넘어서 있는 것임에 틀림없는 것이었다. 보다 최근에 이르러서는 우리 감각의 내성적인 감각질(sensory 'qualia')과 우리의 생각이나 믿음의 의미있는 내용이 물리적인 것으로 환원되길 영원히 거부하는 현상으로 거론되고 있다. 예를 들어 우리가 장미의 향기를 냄새 맡고 그 색을 보는 경우를 검토해 보자. 물리학자나 화학자는 장미의 분자 구조와 인간 두뇌에 관한 모든 것을 알고 있을 수도 있지만, 그런 지식이 그 과학자로 하여금 그런 표현할 수 없는 경험의 느낌을 예상하거나 기대하게 하지는 못한다고 이원론자들은 주장한다.

마지막으로, 초심리적 현상들(parapsychological phenomena)이 종종 이원론을 이롭게 하는 방향에서 언급되곤 한다. 텔레파시(독심술), 예언(미래의 일을 아는 것), 정신 동력(물체를 마음의 힘으로 움직이는 것), 천리안(멀리 떨어진 대상에 대해 아는 것)은 모두 심리학이나 물리학의 정상적인 영역 내에서 설명하기 곤란한 것들이다. 만약 이런 현상들이 진짜로 존재한다면, 이것들은 이원론자들이 마음에 부여하고 있는 초물리적 본성(superphysical nature)을 드러내는 것이 될는지도 모른다. 두말 할 나위도 없이 그런 것들은 **심리적** 현상들이고 또한 그런 것들이 영원히 물리적 설명을 넘어서 있는 것들이라면, 적어도 몇몇의 심리적 현상들은 환원되지 않는 비물질적인 것이다.

모두 모아 보면, 이런 주장들은 강력한 것처럼 보인다. 그러나 각각에 대해서는 심각한 비판이 있으며, 그런 비판 또한 살펴보아야 할 것이다. 먼저, 종교에 의한 논증을 살펴보자. 종교에 의한 논증이 결국 따르게 되는 길, 즉 주어진 문제에 관련되는 보다 일반적인 이론에 호소하는 방법은 분명히 원칙상 아무런 잘못이 없다. 그러나 이런 호소는 고작해야 마음에 드는 종교(들)에 대한 과학적 신임장에 불과하며, 여기서 그런 호소는 아주 고약하게 무너지고 마는 경향이 있다. 일반적으로 종교적인 정설에 호소함으로써 과학적인 문제를 해결하려는 시도는 매우 유감스런 역사를 가지고 있다. 별들도 각기 하나의 태양과 같은 것이란 점, 지구는 우주의 중심이 아니란 점, 질병은 미생물들에 의해 나타난다는 점, 지구는 수십 억의 나이를 가진다는 점, 생명이란 생리 화학적 현상이란 점, 모든 이런 중대한 통찰들은,

당시의 지배적인 종교의 입장과는 다른 것이었기 때문에 강력하게 그리고 종종 매우 격렬하게 저항을 받아 왔다. 부루노(Giordano Bruno)는 위에서 제시된 첫번째 견해를 개진한 대가로 화형당했으며, 갈릴레오는 바티칸의 지하실에서 고문당하게 되리란 협박 때문에 두번째 입장을 철회했고, 질병이란 악마가 씌어서 내리게 되는 벌이라는 굳은 믿음은 고질적인 전염병을 유럽 대부분의 도시에 퍼지게 한 공중보건 관행을 낳게 했고, 지구의 나이와 생명의 진화에 대한 견해는 계몽주의 시대에서조차 종교적 편견에 대해 힘든 싸움을 해야만 했던 것이다.

역사는 접어두고라도, 모든 주요한 대안적 주장들에 대한 냉정한 평가에 의해 나타나는 합당한 귀결이 종교적 확신이라는 거의 보편적인 의견은 인간의 역사와 문화로 미루어 볼 때 명백하게 거짓인 것이다. 만약 그것이 대부분의 사람들의 확신이 나타나게 되는 내력이라고 한다면, 세계의 주요 종교들이 지구상에 다소간 임의적으로 또는 공평하게 분포되리라 기대할 만할 것이다. 그러나 실제로 그 종교들은 군집을 이루는 경향이 아주 강하다. 기독교는 유럽과 미주에 집중되어 있고, 회교는 아프리카와 중동에, 힌두교는 인도에, 불교는 동양에 집중되어 있다. 이 점은 우리 모두가 어렴풋이 느끼고 있는 것을 예증하고 있다. 즉 사회적인 힘들이 인간의 종교적 믿음의 근원적인 결정 요소라는 것이다. 따라서 종교적인 정설에 의지해서 과학적 문제에 관한 가부를 결정하는 것은, 경험적인 증거의 자리에 사회적인 힘을 끌어들이는 것이 된다. 이런 이유 때문에 마음의 본성에 관심을 가지고 있는 전문 과학자들이나 철학자들은 일반적으로 토론의 마당에서 종교적 호소를 몰아내는 데 최선을 다하고 있다.

내성에 의한 논증은 모든 사람의 직접적인 경험에 호소하려는 것이므로 훨씬 흥미로운 논증이다. 그러나 이 논증은 우리가 가지고 있는 내적인 관찰이나 내성의 능력이 사태의 가장 깊숙한 본성을 드러낸다는 그런 뜻에서, 즉 사태를 있는 그대로 드러낸다고 가정한다는 점에서 매우 미심쩍은 면이 있다. 우리가 가지고 있는 다른 형태의 감각적 관찰―시각, 청각, 촉각 그리고 기타의―은 사태를 그대로 드러내는 그런 특별한 일을 하지 않는다는 것을 우리는 이미 알고 있는데, 이 점 때문에 그런 가정은 의심스럽게 여겨지는 것이다. 사과의 빨간 껍질은 어떤 임계 파장의 광자를 반사시키는 분자들의 기반처럼 보이는 것은 아니지만, 그러나 바로 그것이 사과 껍질 그 자신의 모습이다. 피리의 소리는 공기 중의 구불구불하게 압축된 파장의 행렬처럼 들리지는 않지만, 그러나 바로 그것이 그 피리의 소리인 것이다. 여름 공기의 후덥지근함은 수백만의 작은 분자들의 평균 운동 에너지처럼 느껴지지는 않지만, 그러나 바로 그것이 그 후덥지근함이다. 우리의 아픔이나 희망이나 생각이 내성적으로는 신경계의 전기화학적 상태처럼 보이지 않는다 하지만, 그것은 단지 우리의 내성의 능력이 우리의 다른 감각들처럼 그런 감추어진 낱낱의 세세한 사항들을 밝혀 내기에 충분한 통찰력을 갖지 못한 때문일 뿐이다. 바로 이 점이 우리가 기대할 수 있는 결과이다. 따라서 내성에 의한 논증은 내성의 능력이 다른 형태의 감각적인 관찰들과는 전혀 다르다는 점을 어떻게 해서든 증명해 내지 못하는 한, 전적으로 효력을 상실한다.

환원 불가능성에 의한 논증은 보다 강력한 주장은 되겠지만, 여기서도 역시 그 힘이 처음 생각했던 것보다 약하다. 데카르트가 그토록 감탄했던 수학적인 추론의 능력을 먼저 살펴보자. 지난 10년 동안의 발전 때문에, 누구라도 50달러 정도만 들이면 수학적 추론―적어도 계산의 영역―에 있어서는 어떤 사람도 능가할 수 없는 능력을 갖춘 전자 계산기를 살 수 있게 되었다. 그것은 다음과 같은 일들 때문이다. 즉 데카르트의 저술이 나타난 이래로 수세기 동안 철학자, 논리학자, 수학자 그리고 컴퓨터 과학자들은 수학적 추론의 일반적 원리들을 이럭저럭 찾아 낼 수 있게 되었고, 전자 기술자들은 그런 원리에 따라 계산하는 기계를 만들어 내게 된 것이다. 그 결과 데카르트를 깜짝 놀라게 했을 법한 손에 잡힐 듯이 작은 물건이 나타났다. 이런 결말은 인간의 이성이 자랑해 왔던 능력 가운데 몇 가지를 기계가 할 수 있다는 점이 증명되었다는 점에서가 아니라, 과거의 이원론적 철학자들이 단순한 물리적 고안물에게는 영원히 허락되지 않을 것이라 여겼던 인간 이성의 영역을 이런 업적들 몇몇이 침범하고 있다는 점에서 놀랄 만한 일인 것이다.

이 문제에 대한 논쟁이 아직 끝난 것은 아니지만, 언어 사용을 바탕으로 하는 데카르트의 논증은 여전히 문제투성이이다. **컴퓨터** 언어라는 개념은 이제 상식적인 것이 되었다. 베이직, 파스칼, 포트란, APL, LISP 등을 생각해 보라. 상황이 그러하다면 이 인공 '언어'들은 인간이 쓰는 자연 언어에 비해서 구조와 내용의 면에서 보다 단순할 것이지만 그 차이라 하는 것은 종류의 차이가 아니라 정도의 차이인 것이다. 또한 촘스키(Noam Chomsky)의 이론적인 연구와 언어학에 대한 변형 생성 문법적 접근법은 컴퓨터 시뮬레이션을 끌어들이는 방식으로 인간의 언어 구사 능력에 대해 많은 것을 설명할 수 있게 해주었다. 진짜 대화를 나눌 수 있는 컴퓨터가 바로 우리 손 안에 있다고 말하려는 것은 아니다. 우리는 아직 알아야 할 점들이 많고, 풀어야 할 근본적인 문제들이(대부분 우리의 귀납적 또는 이론적 추론의 능력에 관계되는 것들이지만) 남아 있다. 그러나 최근의 진보는, 언어 사용이 순수 물리적 체계에서는 영원히 불가능한 일임에 틀림없다는 주장을 결코 지지하지는 않는다. 오히려 우리가 6장에서 보게 되겠지만, 그런 주장은 다소 자의적이고 독단적인 것처럼 보인다.

다음 문제도 역시 아직 결판이 나지 않은 것이다. 어떻게 순수 물리 용어로써 우리 감각들의 내적인 속성들 또는 우리의 생각이나 욕구들의 내용을 설명하거나 예측하길 바랄 수 있겠는가? 이것은 유물론자들에 대한 중요한 도전이다. 그러나 마지막 절에서 알게 되겠지만, 이런 문제에 대해 적극적인 탐구의 계획들이 이미 실행되고 있으며 긍정적인 대답들이 고려되어지고 있다. 아직까지 유물론자들이 이런 문제를 풀었노라고 나설 수는 없지만, 그런 설명이 이루어지는 방식에 대해 생각해 보는 것이 실제로 불가능한 것은 아니다. 유물론자들이 그 문제를 다 풀어낼 때까지는 이원론자들은 그 점에서 비장의 카드를 계속 가지고 있을 수 있을 테지만, 그것이 고작이다. 이원론자들이 그들의 주장을 확립하는 데 필요로 하는 것은 물리적 환원이 전적으로 불가능하다는 결론일 것인데, 그 결론은 그들이 확립하는 데 실패했던 바로 그것인 것이다. 이 단락이 시작되면서 나타났던 것과 같은 수사적인 질문들은 논증이 될 수 없는 것들이었다. 또한 관련된 그 현상을 오로지 실체 이원론자들의 비물질적인 마음이란 실체를 통해 설명하거나 예측하는 것을 상상하는 것도 꼭같은 정도로 어렵다는 점을 간과해선 안 된다. 여기서의 설명의 문제란 유물론자뿐만 아니라 어느 누구에게도 중요한 골칫거리인 것이다. 이 문제에 관해 양 입장은 대충 비긴 것이 된다.

이원론을 뒷받침해 주는 마지막 논증은 텔레파시나 정신 동력과 같은 초심리 현상들의 존재를 주장하는 것인데, 그 주장의 요점은 첫째로 그런 현상들이 실제로 존재한다는 것과 둘째로 그 현상들은 순수히 물리적인 설명의 범위를 넘어서 있다는 것이다. 사실 이 논증은 앞서 논의된 환원 불가능성 논증의 또 하나의 예일 뿐이다. 그러나 앞에서처럼, 그런 현상들이 실재한다고 하더라도 순수 물리적 설명의 영역을 영원히 벗어나 있는 것인지는 전적으로 불분명하다. 예를 들어 유물론자들은 이미 텔레파시에 관한 가능한 메카니즘을 제시할 수 있게 되었다. 그 견해에 의하면 사고라고 하는 것은 뇌 속에서 일어나는 전기적인 사건이다. 그런데 전자기 이론에 따르면 전하(電荷)들의 변화하는 움직임들은 광속으로 모든 방향으로 퍼져 나가는 전자기파를, 즉 그것을 발생시킨 전기적인 작용에 관한 정보를 포함하는 파장을 반드시 발생시킨다는 것이다. 그런 파장들은 연속적으로 두뇌의 부분의 전기적 작용에 즉 사고에 영향을 미친다는 것이다. 이것을 텔레파시에 대한 '무선 송신기/수신기' 이론이라 부르자.

잠시 동안 내가 이 이론이 참이라고 이야기한 것은 아니다. 두뇌에서 방출되는 전자기파는 굉장히 약하다. (지금까지의 상업 무선 방송국이 방출하는 전파에 부수적으로 나타나는 전자기적 흐름의 10억분의 1 정도로 약하다.) 또한 그것들은 걷잡을 수 없을 정도로 서로 뒤섞여 있기까지 하다. 텔레파시의 존재에 대한 체계적이고 강력하고 반복될 수 있는 증거가 없는 상황에서, 이 점은 텔레파시의 가능성을 의심할 수밖에 없는 이유이다. 그러나 유물론자들이 텔레파시에 대한 상세한 설명을 제공할 이론적 수단들을 가지고 있다는 점은 중요한데, 만약 그것이 정말로 가능하다면 그것은 이원론자들이 지금까지 한 어떤 일보다도 나은 것이다. 게다가 유물론자들이 이런 문제의 설명에 있어 반드시 열세에 놓여야 한다는 것도 그리 분명한 사실은 아닌 것이다. 오히려 그 반대이다.

초심리 현상에 의한 논증이 가지고 있는 주된 난점은 더 단순한 것이므로 원한다면 앞의 이야기는 접어두기로 하자. 대중적인 잡지에 나타나는 수없이 많은 일화들과 발표들에도 불구하고, 또 그런 일들에 대한 조금씩 연이어 나타나는 진지한 연구들에도 불구하고, 그런 현상들이 도대체 존재한다는 것에 대한 믿을 만하고 함축적인 증거 같은 것은 없는 것이다. 이런 문제에 대한 통속적인 확신과 실질적인 증거 사이의 넓은 간격은 그 자체가 하나의 연구의 과제가 될 수 있을 것이다. 왜냐하면 실험을 실행하고 통제할 수 있도록 적절히 설비가 갖추어진 실험실에서 반복적이고, 믿을 만하게 나타난 초심리적 효과는 한 건도 없었기 때문이다. 단 한 건도. 선량한 연구자들은 마술사의 속임수 기술을 가진 돌팔이 '심령술사'에게 계속적으로 사기를 당하고 있는 것이며, 이 방면의 역사란 크게 보아 임시 연구가들에 의한 기만, 선별적 자료 선택, 형편없는 실험 통제 그리고 새빨간 사기의 역사이기도 한 것이다. 만약 누가 진짜로 반복될 수 있는 초심리학적 효과를 발견했다면 우리는 상황을 재평가해야 할 것이다. 그러나 드러난 상황에서 알 수 있듯이 마음에 대한 이원론을 지지해 줄 어떤 것도 여기에는 없다.

2.1.4. 이원론에 반대되는 논증들

유물론자들에 의해서 주장되고 있는 이원론에 반대되는 첫번째 논증은 그들의 유물론적 견해가 훨씬 더 단순하다는 점에 의지하고 있다. 다른 모든 상황이 같다면 경합을 벌이는 두 개의 가정 중 단순한 것이 선호되어야 한다는 것은 합리적 방법론의 원칙이다. 이 원칙은 종종—이런 원칙을 최초로 제안한 중세 철학자 오캄(William Ockham)의 이름을 따서—"오캄의 면도날"이라 불리는데, 이 원칙은 "현상을 설명하는 데 반드시 필요한 것 이상으로 대상을 늘려 잡지 말라"는 말로 표현될 수 있다. 유물론자들은 단순히 한 종류의 실체(물질)와 일군의 속성들(물리적 속성들)만을 상정한다. 반면 이원론자는 두 종류의 실체 및 두 부류의 속성 또는 그 어느 한 쪽을 상정한다. 유물론자들은 그렇지만 이런 복잡한 설정이 설명에 있어서 아무런 이점도 갖지 못한다고 이원론자들을 비난한다.

이원론도 유물론도 설명되어야 할 현상들 모두를 아직 다 설명할 수는 없기 때문에, 이것이 이원론에 대한 결정적인 반대 주장인 것은 아니다. 그러나 이 반론은 약간의 힘을 가진다. 그 힘은 특별히 정신적인 실체라는 것은 빈약한 가정으로 남는 반면 물질이 존재한다는 것은 누구도 의심하지 않는 사실이라는 점에 기인한다.

만약 정신적 실체를 가정함이 다른 방식으로는 얻어낼 수 없는 어떤 분명한 설명상의 이점을 우리에게 가져다 준다고 한다면, 우리는 기꺼이 단순성의 요구를 어길 수 있고 또 그렇게 할 권리도 있다. 그러나 그렇지는 않다고 유물론자들은 주장한다. 사실, 그 이점이란 다른 곳에 있다고 그들은 주장한다. 그리고 이 점은 이원론에 대한 두 번째 반론으로 우리를 이끈다. 즉 물질론에 비해 이원론이 갖는 상대적인 **설명적 무력함**으로.

신경 과학자들이 가지고 있는 설명의 자료들을 아주 간단히 살펴보자. 우리는 두뇌란 것이 존재한다는 것을 알고 있으며 그것이 무엇으로 만들어져 있는지 알고 있다. 우리는 그것의 미세 구조에 대해 알고 있는 것이다. 즉 뉴런들이 어떻게 조직되어 체계를 이루게 되며, 어떻게 서로 다른 체계들이 연결되고, 어떻게 근육으로 이어지는 운동 신경에 연결되고 어떻게 감각 기관으로 통하는 감각 신경에 연결되는지를 알고 있다. 또한 우리는 그런 것들에 관한 미량 화학 (microchemistry)에 관해서도 알고 있다. 즉 어떻게 신경 세포들이 다양한 근육 섬유에 미세한 전기 화학적 펄스를 일으키는지를 알고 있고, 그 세포들이 다른 세포에게 어떻게 자극을 주거나 자극을 중지하는지를 알고 있다. 우리는 어떻게 그런 활동이 매우 분명한 또는 아주 미세한 정보들을 좀더 높은 단계의 체계에 전달하면서 감각적 정보를 처리하는가에 관해 조금 알고 있다. 그리고 우리는 그런 활동이 어떻게 신체적 움직임을 촉발하고 조정하는가에 대해서도 조금 알고 있다. 신경학(neurology, 뇌의 질병을 다루는 의학의 한 분야) 덕분에 우리는 두뇌의 여러 다양한 부분의 손상과 그런 것 때문에 다친 사람들이 겪게 되는 행태적·인지적 결함의 연관 관계에 관해서 매우 많은 것을 알 수 있게 되었다. 신경학자들에게는 낯익은 독립된 결함들이—심한 것이거나 미묘한 것이거나—아주 많이 있는데(말을 하거나 읽거나 다른 사람의 말을 이해할 수 없게 되는 결함, 또는 더하기 빼기를 할 수 없게 되는 결함, 또는 어떤 관절을 움직이지 못하는 결함, 또는 정보를 장기간 기억할 수 없게 되는 결함 등등) 이런 증세의 나타남은 두뇌의 특정 부위에 손상이 발생하는 것과 밀접히 관련된다.

우리는 단지 외상을 분류하고 정리하는 데 머물러 있으려는 것이 아니다. 두뇌의 미세 구조의 성장과 발전에 대해서도 신경 과학이 탐구해 오고 있는데, 그런 발전은 생물체가 겪게 되는 여러 종류의 학습의 기반이 되고 있는 것처럼 보인다. 즉 학습이란 두뇌 안에서 일어나는 지속적인 물리 화학적 변화와 관련이 있는 것이다. 결론적으로, 신경과학자는 두뇌의 구조와 그것을 지배하는 물리 법칙에 관해 많은 것을 우리에게 말해 줄 수 있게 되었다. 그는 이미 두뇌의 물리적·화학적·전기적 속성을 가지고 우리의 대부분의 행동을 설명할 수 있게 되었으며, 탐구가 진행되어 가면서 더 많은 것을 설명할 수 있는 이론적 방도들도 가지게 될 것이다. (신경 생리학과 신경 심리학에 관해서는 7장에서 좀더 자세히 살펴보려고 한다.)

신경 과학자들이 두뇌에 관해 이야기할 수 있는 것이 무엇이고 그 지식으로 그가 무엇을 할 수 있는가 하는 점과 정신적 실체에 대해 이원론자들이 이야기할 수 있는 것이 무엇이고 그런 가정을 가지고 무엇을 할 수 있는지 하는 점을 이제 비교해 보자. 마음이란 실체의 내적 구조에 대해 이원론자들은 무엇을 말할 수 있는가? 그런 실체를 이루고 있는 비물질적 요소들에 관해서는 어떤가? 그리고 그런 것들의 움직임을 지배하는 법칙에 대해서는? 마음이 신체와 갖는 구조적 연결에 대해서는? 마음의 작용 방식에 관해서는? 이원론자는 인간의 능력과 질병을 마음의 구조와 그 결함으로써 설명하는가? 사실은 이렇다. 즉 마음이란 실체에 대한 정치(精緻)한 이론이 아직 세워지지 않았기 때문에 이원론자들은 바로 위에서 이야기한 그런 일들을 하지 못하는 것이다. 유물론의 다양한 방법과 설명의 성공에 비교해 볼 때, 이원론은 마음에 관한 이론이라기보다는 마음에 대한 참된 이론이 채워지길 기다리고 있는 빈 공간인 것이다.

유물론자들은 이와 같이 주장했던 것이다. 그러나 역시 이것도 이원론을 논박하는 결정적인 반박은 못된다. 이원론자도 두뇌가 지각과 행위 모두를 관장하는 데 중요한 역할을 하고 있다는 점을—그의 견해에 의하면 두뇌는 마음과 신체를 연결하는 **매개체이다**—인정한다. 그러나 그는 유물론자들이 현재 거두고 있는 성공과 앞으로 기대할 수 있는 설명이 이성, 감정, 의식 자체 같은 비물질적인 마음의 **핵심적인** 능력을 갖는 것으로서의 두뇌가 아니라 매개적인 기능만 가지는 것으로서의 두뇌에 대한 연구에 관련되는 것이라고 반박하려 할지 모른다. 그는 두뇌의 핵심적인 능력에 관해서는 현재 이원론자 자신이나 유물론자 **모두** 아무 것도 모른다고 논변할 수 있을 것이다.

그러나 이 대답은 그리 좋은 것은 아니다. 추론의 능력에 관해서는, 인간이 한 평생 걸려 풀어야 하는 복잡한 연역적 추론과 수학적 계산을 몇 분 내에 해치우는 기계가 이미 나와 있는 것이다. 또한 마음의 다른 두 가지 능력에 관해서도 우울, 동기, 주의 집중 그리고 수면 등에 관한 연구를 통해 의식과 감정 모두의 신경 화학적 · 신경 역학적 기반에 관한 흥미롭고 수수께끼 같은 많은 사실들이 밝혀지고 있다. 결코 주변적인 것이 아닌 **핵심적** 능력들도 여러 유물론적 연구 계획에 의해 결실 있게 거론되고 있다.

두뇌의 능력들 중에서 단순한 매개적인 능력과 비물질적 마음에 고유한 '정신적' 능력들을 구분하려는 (실체) 이원론자들의 시도는 항상 (실체) 이원론에 대한 직접적인 반박과 거의 비슷한 논증을 유발시킨다. 만약 추론과 감정과 의식이 일어나는 기반 구실을 하는 어떤 대상이 실제로 존재한다면, 또 만약 그 대상이 감각적 경험을 입력으로 하고 의지에 의한 실행을 출력으로 하는 점 이외에 두뇌에 의존하는 것이 없다고 한다면, 이성과 감정과 의식은 두뇌의 손상이나 조작에 의해 나타나는 질병이나 직접적 통제에 비교적 덜 영향을 받을 것이라고 기대할 만하다. 그러나 사실은 그 정반대이다. 알콜 중독, 마약 중독 또는 신경 섬유의 노쇠화 현상 등은 합리적인 사고의 능력을 손상시키고 제대로 발휘하지 못하게 하고 파괴하기조차 할 것이다. 정신 의학자들은 두뇌에 접종했을 때 작용하기 시작하는 수백 종의 감정을 통제하는 화학 물질들(리듐, 클로로프로마진, 암페타민—중추 신경을 자극하는 각성제—, 코카인, 기타 등등)을 알고 있다. 마취, 카페인, 머리에 가해지는 예리한 충격과 같은 단순한 것에 의해서도 의식이 쉽게 영향을 받는다는 사실은 두뇌 신경의 작용에 의식이 밀접하게 의존하고 있다는 것을 보여준다. 이 모든 현상은 이성, 감정, 의식이 두뇌 자체의 작용인 한에서 완전한 의미를 갖는다. 그러나 만약 그런 것들이 전적으로 다른 것의 작용이라 한다면 이런 주장은 별 의미가 없을 것이다.

이런 논증을 알려진 모든 심리적 현상의 신경 의존성에 의한 논증이라 불러도 좋다. 속성 이원론은 유물론처럼 모든 심리적 활동의 근거지로서 두뇌를 지적하고 있으므로 이 논증에 의해 위협받고 있지 않음을 명심해야 한다. 그렇지만 우리는 이 절을 두 종류의 이원론 모두를 쳐 없애는 논증으로 마무리짓게 될 것이다. 즉 진화의 역사에 의한 논증으로.

우리 인간과 같이 세련되고 복잡한 종(種)의 기원은 무엇인가? 그 문제와 관련하여 돌고래, 쥐, 또는 파리의 기원은 무엇인가? 화석으로 남은 기록, 비교 해부학, 핵산과 단백질에 관한 생화학 덕택에 이 문제에 관해 더 이상 많은 의구심이 남아 있지는 않다. 각각의 현존하는 생물학적 종들은 보다 이전에 나타난 생명체의 여러 변종들 중에서 살아 남은 형태의 것들이다. 각각의 이전 생명체들은 그것보다 훨씬 앞선 유형의 생명체의 여러 변종들에서 살아 남은 것들이다. 이리하여 진화의 계보의 잔가지는 약 30억 년 이전으로 거슬러 올라가 우리가 발견한 하나 또는 손꼽을 수 있을 정도 숫자의 매우 단순한 생명체의 줄기로 이어지는 것이다. 이런 생명체들은 보다 복잡한 그것들의 후손과 마찬가지로, 단순히 자기 조절적이고(self-repairing), 자기 복사적(self-replicating)이고, 에너지 유도적(energy-driven)인 분자 구조(이 진화의 줄기는 생명을 구성하는 분자적 요소들 자체가 서로 결합하게 되는 순수 화학적 진화라고 하는 앞선 시기에 그 근원을 가지고 있다)인 것이다. 이 진화 계보의 골격을 이루는 발전의 구조는 두 가지 주요한 요소들을 가지고 있다. 첫째로, 번식된 종의 유형에서 나타나는 우연하고 맹목적인 변화가 있고 둘째로 번식상의 유리함 때문에 어떤 유형의 개체가 가지게 된 생존상의 이점이 있다. 지질 시대를 거치면서 그런 과정은 몇몇의 매우 복잡하고 어마어마하게 다양한 생명체를 실제로 내놓게 된 것이다.

우리 논의의 목적에 비추어 보아, 표준적인 진화론의 주장에서 중요한 점은 인간이라는 종(種)과 그의 모든 특성들은 순수 물리적 과정의 전적으로 물리적인 결과라는 점이다. 가장 단순한 생명체를 제외한 모든 것들처럼 우리도 신경계를 가지고 있다. 같은 이유로 신경계는 행동에 대한 분별있는 인도를 가능하게 해준다. 그런데 신경계는 활동적인 세포들의 모임일 뿐이고, 세포란 활동적인 분자들의 모임일 뿐이다. 우리는 단지 우리 신경계가 우리 주변의 생물체들이 가진 신경계에 비해 보다 복잡하고 강력하다는 점에서만 두드러지는 것이다. 우리의 내적 본성은 보다 단순한 생물체의 본성과 정도에 있어 차이가 있는 것이지 종류에 있어 그런 것은 아니다.

만약 이것이 우리의 기원에 대한 바른 설명이라면 우리 자신에 대한 우리의 이론적 설명에 비물질적 실체나 속성을 끌어들일 필요도 여지도 없는 것처럼 보인다. 우리는 물질로 이루어진 존재다. 뿐만 아니라 우리는 그런 사실을 받아들이는 데 익숙해져야 할 것이다.

이런 식의 논증은 대부분의(전부는 아니지만) 전문 학자들의 집단으로 하여금 모종의 유물론을 받아들이게끔 자극하고 있다. 그렇지만 몇몇의 유물론적 입장들 사이의 견해 차이는 이원론을 몇 갈래로 갈라 놓은 그 차이보다 훨씬 크기 때문에, 그런 논증이 유물론적 입장에서의 의견의 일치를 보장하는 것은 아니다. 다음의 네 절에서는 이러한 보다 최근의 입장들을 더듬어 보게 될 것이다.

추천도서 ━━━━━━━━━━━━━━━━━━

실체 이원론에 관한 도서

Descartes, René, *The Meditations*, meditation II.

Descartes, René, *Discourse on Method*, part 5.

Eccles, Sir John C., *The Self and Its Brain*, with Sir Karl Popper (New York : Springer-Verlag, 1977).

속성 이원론에 관한 도서

Popper, Sir Karl, *The Self and Its Brain*, with Sir John C. Eccles (New York : Spinger-Verlag, 1977).

Margolis, Joseph, *Persons and Minds : The Prospects of Nonreductive Materialism* (Dordrecht-Holland : Reidel, 1978).

Jackson, Frank, "Epiphenomenal Qualia," *The Philosophical Quarterly*, Vol. 32, no. 127 (April, 1982).

Nagel, Thomas, "What Is It Like to Be a Bat?" *Philosophical Review*, Vol. LXXXIII (1974). Reprinted in *Readings in Philosophy of Psychology*, Vol. I. ed. N. Block (Cambridge, MA : Harvard University Press, 1980).

2.2. 철학적 행태주의

철학적 행태주의는 2차 세계 대전 이후 20년 동안 최고의 영향력을 발휘했다. 이것은 적어도 세 가지의 지적인 경향이 함께 동기가 되어 나타난 입장이다. 첫번째 동기는 이원론에 대한 반발이었다. 둘째 동기는 모든 문장의 의미는 궁극적으로 그 문장을 증명하거나, 확증하는 관찰 가능한 상황들의 문제라는 논리 실증주의자들의 생각이었다. 그리고 셋째 동기는 전부는 아니더라도 대부분의 철학적 문제는 언어적, 혹은 개념적 혼란의 결과이고, 그 문제는 문제가 표현되어 있는 언어를 세심하게 분석함으로써 해결(또는 해소)되어야 한다는 일반적인 전제였다.

사실 철학적 행태주의는 (내적인 본성에 있어서) 심리적 상태가 무엇인지에 관한 이론이라기보다는, 우리가 심리 상태들에 관해 말할 때 사용하는 어휘들을 어떻게 분석하고 이해할 것인가에 관한 이론이다. 특별히 그 주장이란, 감정, 감각, 생각, 욕구들에 관해 이야기하는 것은 손에 잡을 수 없는 유령과 같은 내적인 사건들에 관해 이야기하는 것이 아니라, 현실적이고 잠재적인 **행위**의 형태들에 관해 축약된 방식으로 이야기하는 것이란 점이다. 가장 강력하고 가장 단도 직입적인 형태의 철학적 행태주의는 심리 상태에 관한 모든 문장들은 원래 의미가 변화되지 않으면서, 그 문장을 발화한 사람이 이러저러한 관찰 가능한 상황에 있다고 가정할 때 어떤 관찰 가능한 행위가 나타날 것인가에 관한, 길고 복잡한 문장들로 풀어내질 수 있다고 주장한다.

용해됨이라는 성향적 속성(dispositional property)의 비유가 여기서 도움이 될 것이다. 각설탕이 용해된다고 말하는 것은 각설탕이 어떤 유령같은 내적 상태를 가지고 있다고 이야기하는 것이 아니다. 그것은 단지 각설탕을 물에 넣으면 그것은 녹게 **될 것**이라고 말하는 것이

다. 보다 엄밀하게 이야기하면,

"x는 물에 용해된다."

는, 정의에 의해 다음과 같은 문장과 같은 것이다.

"만약 x를 포화되지 않은 물에 넣으면, x는 녹게 될 것이다."

이것은 소위 말하는 "조작적 정의"(operational definition)의 한 예이다. "용해 가능함"이라는 용어는 그 용어가 실지로 검토되고 있는 이 경우에 적용될 수 있는지 아닌지를 밝혀 줄 검사나 조작의 용어로 정의된다.

행태주의자에 의하면 "카리브 해의 휴가를 원한다" 같은 심리 상태에 관해서도, 분석이 좀더 복잡하다는 점을 제외하면 유사한 분석이 성립한다. 카리브 해의 휴가를 원한다는 것은 (1) 만약 바로 그것이 그녀가 원하는 것이냐고 물으면 그녀는 그렇다고 대답할 것이고, (2) 자메이카와 일본에 관한 휴가 안내서가 주어지면 그녀는 자메이카 것을 먼저 구해 볼 것이고, (3) 금요일 날 자메이카로 떠날 수 있는 비행기 표가 있다면 그녀는 떠날 것이고, 이런 식으로 계속 이어지는 것들을 말하는 것이다. 용해 가능함과는 달리 대부분의 심리 상태는 **다층적**(multitracked)이라고 행태주의자들은 주장한다. 그러나 그 두 상태는 성향적 성질이란 점에서 동일하다.

마음과 육체간의 '관계' 같은 것을 이 이론에서는 걱정할 필요가 없다. 예를 들어 마리 퀴리의 마음에 관해 이야기하는 것은 그녀가 '가지고' 있는 어떤 '것'에 대해 이야기하고 있는 것이 아니다. 그것은 그녀의 어떤 특출난 능력이나 성향들에 대해 이야기하는 것이다. 그래서 심신 문제란 사이비 문제라고 행태주의자들은 결론짓는다.

확실히 행태주의는 인간 존재에 대한 유물론적 개념과 정합적이다. 물질적 대상은 다층적이건 아니건 어떤 성향적 속성을 가질 수 있다.

그래서 심리적 어휘들을 의미있게 해주기 위해 이원론을 끌어들일 필요는 없다. (그러나 행태주의는 이원론과도 완전히 정합적일 수 있다는 점이 지적되어야 할 것이다. 철학적인 행태주의가 옳다고 해도 우리가 가지고 있는 다층적 성향들은 분자 구조가 아니라 비물질적인 마음이란 실체에 기반을 두고 있는 것일 수도 있는 것이다. 그러나 이 가능성은 앞 절의 마지막 부분에서 대략적으로 제시된 이유들로 인해 행태주의자들이 그렇게 심각하게 고려하고 있는 것은 아니다.)

철학적 행태주의는 불행하게도 그것의 지지자들조차도 받아들이기 곤란한 두 개의 커다란 결함이 있다. 이 입장은 명백히 우리의 심리 상태의 '내적' 측면을 무시하거나 부정하기까지 했다. 예를 들어 통증을 느낀다는 것은 단순히 신음 소리를 내고, 움추러들고, 아스피린을 먹고 하는 등등의 행동을 하는 문제만은 아닌 것처럼 보인다. 통증이란 것은 내성에서 드러나는 근본적으로 질적인 아픔(공포 가운데 느껴지는 아픔)의 본성도 갖는 것이며, 그런 **감각질**(qualia)을 무시하거나 부정하는 마음에 관한 이론은 단적으로 그 의무를 다하지 못한 이론이라 볼 수 있다.

행태주의자들은 이 문제에 많은 관심을 보이고 있으며, 이 문제를 해결하려는 진지한 시도 역시 행해지고 있다. 그런데 이 문제의 세부적인 내용은 의미론적 문제와 깊이 연결되는 것이므로 이 난점에 대한 자세한 논의는 3장으로 미루기로 하겠다.

둘째 결함은 행태주의자들이 어떤 주어진 심리 상태를 구성한다고 여겨지는 다층적 성향들을 자세히 구분해 내려고 할 때 나타난다. 예를 들어 "카리브 해의 휴가를 원한다"라는 심리 상태의 적당한 분석에 필요한 조건문들의 목록은 포함될 요소를 상세히 규정할 유한한 방법이 없기 때문에 단순히 긴 정도가 아니라 한정없이 혹은 무한히 긴 것이다. 이런 식으로 **정의항**이 끝이 없고 불확정적인 경우라면 어떤 용어든지 제대로 정의되었다고 볼 수 없다. 게다가 긴 분석의 각각의 조건문들은 그 자체가 미심쩍은 것들이다. 앤이 카리브해의 휴가를 원한다고 가정할 때, 앞의 조건문 (1)은 그녀가 휴가에 대한 환상을 **감추지** 않는 한에서 참일 것이다. 조건문 (2)는 그녀가 자메이카 여행 안내서에 아직 **싫증나지** 않는 한에서 참일 것이다. 조건문 (3)은 그녀가 금요일 비행기 편이 공중 납치 당하지 않을 것이라고 **믿는** 한에서 참일 것이다. 기타 등등. 그런데 적절한 조건을 부가함으로써 각각의 조건문들을 보강하는 것은 정의를 활용하는 데 있어 일련의 **심리적** 요소를 다시 끌어들이는 것이 된다. 그렇다면 우리는 더 이상 심리적인 것을 오직 공개적으로 관찰 가능한 상황과 행동으로써 정의하고 있는 것이 아니다.

행태주의가 이원론의 유일한 대안인 것처럼 보이는 한 철학자들은 결함을 수선하고 그 위험을 완화시키려는 희망에서 이런 문제들과 씨름할 각오가 되어 있었다. 그러나 50년대 후반에서 60년대 사이에 세 가지의 유물론적 이론이 더 나타나 두각을 나타내기 시작했고, 그래서 행태주의로부터의 탈출은 순식간에 일어났다.

(주의 사항 하나를 이야기하면서 이 절을 마치겠다. 앞에서 논의한 **철학적** 행태주의는 심리학에서 그토록 널리 유행된 **방법론적** 행태주의와 분명하게 구분되어야 한다. 그 가장 단순한 형태에 있어 후자의 입장은 심리학이 경험적 실재와 군건한 연결을 유지한다는 점을 보증하기 위해 심리학에서 새롭게 만들어지는 모든 이론적 용어들은 조작적으로 정의되어야만 한다고 주장한다. 반면 철학적 행태주의는 모든 심리 상태를 나타내는 일상적 심리 용어들은 (암묵적인) 조작적 정의에서 그들의 **본래적** 의미를 얻게 된다고 주장하는 것이다. 두 견해들은 논리적으로 구분된다. 그래서 일상적인 심리 용어들에 대한 분석이 잘못되었다 하더라도 새로운 이론적 용어에 관해서는 방법론적 행태주의가 현명한 것일 수 있다.)

추천도서 ━━━━━━━━━━━━━━━━━━━━

Ryle, Gilbert, *The Concept of Mind* (London : Hutchinson & Company, 1949), chapters I and V.

Malcolm, Norman, "Wittgenstein's *Philosophical Investigation*," *Philosophical Review*, Vol. XLVII (1956). Reprinted in *The Philosophy of Mind*, ed. V.C. Chappell (Englewood Cliffs, NJ : Prentice-Hall, 1962).

2.3. 환원적 유물론(동일론)

동일론으로 더 잘 알려진 환원적 유물론은 마음에 관한 몇몇의 이론들 중 가장 단도 직입적이다. 그 핵심적인 주장은 매우 간략하다. 즉 심리 상태는 두뇌의 물리적 상태와 동일하다. 말하자면, 심리 상태나 과정의 각 유형들은 두뇌나 중앙 신경계(central nervous system) 내의 물리적 상태나 과정의 어떤 유형과 수적으로 동일(하나이며 바로 그것이다)하다. 우리가 현재까지는 적합한 동일성 관계를 실제로 밝혀 낼 정도로 두뇌의 복잡한 기능들에 관해 충분하게 알고 있지는 못하지만, 동일론은 두뇌에 대한 연구가 결국은 그것을 밝혀 내리라는 생각에 동조하고 있다. (부분적으로 이런 주장을 평가하는 데 도움을 얻기 위해 7장에서 최근의 두뇌 연구에 관해 살펴보게 될 것이다.)

2.3.1. 역사적으로 유사한 사례들

동일론자들이 그렇게 생각하듯이, 여기서 예상되는 결론은 과학사의 여러 다른 곳에서도 비슷한 사례들을 가지고 있다. 소리의 경우를 보자. 우리는 이제 소리란 공기 속을 지나가는 압축된 파장들의 연쇄일 뿐임을 알고 있다. 또한 고음이란 속성은 높은 진동 주파수를 갖는다는 속성과 동일하다는 것도 알고 있다. 우리는 빛이 단지 전자기파임을 알고 있으며, 우리의 가장 훌륭한 최신 이론은 물체의 색깔은 그 물체가 갖는 삼중 반사율(triplet of reflectance efficiencies), 즉 전자기파의 음악적 화음과 같은 것임을 알려 주고 있다. 우리는 이제 물체의 따뜻함이나 차가움이 그것을 구성하고 있는 분자 운동의 에너지일 뿐이라는 점을 이해하고 있다. 즉 열(熱)은 분자 운동 에너지가 높은 것과 동일한 것이고 냉(冷)은 분자 운동 에너지가 낮은 것과 동일한 것이다. 우리는 번개가 구름들간의 또는 대기와 지면 사이의 급작스런 대규모 방전과 동일한 것임을 안다. 같은 방식으로, 동일론자들은 우리가 여지껏 '심리 상태'라 생각해 온 것은 두뇌 상태와 동일한 것이라고 주장하는 것이다.

2.3.2. 이론들 사이의 환원

앞의 예들은 모두 이론들 사이의 성공적 환원의 경우들이다. 말하자면 그것들은 모두 새롭고 매우 강력한 이론이 그 이전의 오래된 이론이나 개념적 틀의 원칙이나 명제들을 완벽하게(또는 거의 완벽하게) 반영하는 일군의 명제와 원칙들을 함축하게 되는 경우들인 것이다. 새로운 이론에 의해 함축되는 관련된 그 원칙들은 그것과 상응하는 오래된 개념적 틀의 원칙들과 같은 구조를 가지며, 동일한 경우들에 적용된다. 유일한 차이는 오래된 원칙들이 (예를 들어) "열", "따뜻하다", "차갑다" 같은 개념들을 포함하는 반면, 새로운 원칙들은 그 대신 "분자 운동 에너지의 총체", "높은 평균 분자 운동 에너지를 가짐" 그리고 "낮은 평균 분자 운동 에너지를 가짐"이란 개념들을 포함한다는 점이다.

만약에 새로운 틀이 현상을 설명하고 예측하는 데 있어 오래된 것보다 훨씬 나은 것이라면, 우리는 새로운 틀의 이론적 용어가 실재를 정확히 기술하는 용어라 생각할 아주 훌륭한 이유를 가지게 되는 셈이 된다. 만약에 오래된 틀이 그것이 할 수 있는 범위 내에서 제대로 잘 작동하고 앞에서 기술된 체계적인 방식으로 새로운 이론의 한 부분과 평행하게 대응된다면, 우리는 새로운 용어들과 이전의 용어들은 꼭같은 대상들을 지시하거나 꼭같은 속성들을 표현하는 것들이라고 마땅히 결론을 내릴 수 있을 것이다. 우리는 오래된 틀에 의해 불완전하게 기술된 바로 그 실재를 새롭고 좀더 통찰력 있는 개념적 틀로 파악했다고 결론짓는다. 그래서 우리는 과학 철학자들이 이야기하는 "이론간의 동일성"을 선언하는 것이다. 즉 빛은 전자기파와 **동일**하고,

열은 평균 분자 운동 에너지와 **동일하다는** 식으로.

앞의 두 단락에서 나타난 예들은 한 가지 더 중요한 특징상의 공통점을 가지고 있다. 그런 예들은 모두 환원을 당하는 속성들이나 대상들이 우리의 **상식적** 개념적 틀 안에 있는 **관찰 가능한** 대상들이나 속성들인 경우였다. 그것들은 이론들 사이의 환원은 이론 상층부에 있어서의 개념적인 틀 사이에서만 나타나는 것이 아님을 보여주었다. 즉 상식적으로 관찰 가능한 것도 환원될 수 있다. 따라서 우리에게 친숙한 내성적인 심리 상태를 두뇌의 물리적 상태로 환원하는 것이 특별히 놀라운 것은 전혀 아니다. 단지 필요한 것은 성공적인 설명을 제공하고 있는 신경 과학이, 심리 상태에 대한 우리의 상식적인 개념적 틀을 구성하는 가정들이나 원칙들이 그대로 반영되는, 적절한 '대응 관계'(mirror image)를 보여줄 수 있는 수준까지 즉 상식적 가정들과 원칙들 내에서 심리 상태 용어들이 차지했던 자리를 두뇌 상태 용어들이 차지하게 되는 모습을 함축하게 되는 수준에까지 발전해야 한다는 것이다. 만약 이 (다소 강제적인) 조건이 실제로 만족된다면, 인용된 역사적인 경우들에서처럼 우리는 정당하게 환원을 선언할 수 있고 심리 상태와 두뇌 상태의 동일성을 주장할 수 있다.

2.3.3. 동일론을 지지하는 논증들

어떤 근거에서 동일론자들은 신경 과학이 우리의 '통속' 심리학의 환원에 필요한 극단적인 조건들을 결국 만족시키리라 믿는가? 거기에는 적어도 네 가지의 근거가 있는데 그것들 모두는 인간의 행동과 그것의 원인에 대한 정확한 설명은 반드시 물리적인 신경 과학이 제공하리라는 결론을 향하고 있다.

우리는 우선 각각의 개별적 인간 존재의 순수 물리적 기원과 외면상 물리적인 신체 구성을 생각해 볼 수 있다. 인간은 유전적으로 프로그램된 분자들의 단세포적 구성(수정된 난자)에서 출발해서 세포핵의 DNA 분자들에 기록된 정보에 의해 그 구조와 결합이 조절되는 분자들의 합세에 의해 성장해 나간다. 그런 과정의 결과로서 내적인 작용과 외부 물리 세계와의 상호 작용에 의해 행동하게 되는 순수히 물리적인 체계가 존재하게 되는 것이다. 그런데 이 내적인 행동 통제 작용이 바로 신경 과학자들이 전념하게 되는 그 영역인 것이다.

이 논증은 두번째 논증과 정합적이다. 각 유형의 동물들의 발생 과정도 그 본성에 있어서 전적으로 물리적인 것이다. 앞에서 이미 논의한(p. 45) 진화의 역사에 의한 논증은 동일론자들의 주장에 한 걸음 더 나아간 뒷받침이 되고 있다. 왜냐하면 진화론은 두뇌의 행동 통제 능력과 중앙 신경계에 대해, 우리가 가지고 있는 유일하게 진지한 설명을 제공하고 있기 때문이다. 그런 방식으로 통제되는 행위를 하게 되는 생물체들이 갖는 많은 이점들(궁극적으로 생식에 있어서의 이점) 때문에 그런 체계는 자연에 의해 선택되어 살아 남는 것이다. 역시 여기서도 우리 행위의 기본 원인은 신경 활동에 있는 것으로 보인다.

동일론은 이미 논의된 모든 알려진 심리적 현상의 신경 의존성(neural dependence)에 의한 논증(p. 45)에 의해 부가적인 지지도 받는다. 이것은 동일론이 참이라면 누구나 예상할 수 있는 것이다. 물론 체계적인 신경 의존성은 속성 이원론의 귀결이기도 하지만, 여기서 동일론자들은 단순성이라는 고려 사항에 호소한다. 이 경우에 설명이란 작업은 한 부류의 속성과 작용만을 가지고도 이뤄질 수 있는데 왜 전혀 다른 두 부류의 속성들과 작용들을 허용하는가?

마지막 논증은 많은 종류의 생물체의 신경계를 밝혀 내고 그렇게 하여 발견된 신경 구조로써 그런 생물체들의 행위의 능력과 결함을 설명하는 데 있어 점진적 성공을 거두고 있는 신경 과학에서 이끌어져 나오는 논증이다. 앞의 논증들은 모두 신경 과학은 그런 탐구에 성공적일 것이라 시사했는데, 실지로 계속되는 신경 과학의 역사는 그 점을 입증하고 있다. 특별히 매우 단순한 생물체의 경우에 있어서는(그럴 것이라 예상되겠지만), 그 연구의 발전 속도가 매우 빨랐다. 또한, 명백한 도덕적인 이유 때문에 탐구는 매우 조심스럽고 신중하게 행해져야 할 테지만, 인간에 대한 연구에 있어서도 많은 진전을 보았다. 결과적으로 신경 과학 앞에는 가야 할 길이 창창하지만 이미 약속된 발전은 동일론자들에게 실질적인 격려가 된다.

그러나 그렇다 하더라도 이런 논증들은 동일론을 위한 결정적인 논증이 결코 될 수 없다. 분명히 그런 논증들이 인간과 동물의 행위의 원인이 본질적으로 물리적인 것이라는 생각에 대한 강력한 예들을 보여준 것은 사실이지만, 동일론이 단지 이것만을 주장하는 것은 아니다. 동일론은 신경 과학이 상식적으로 분류된 심리 상태들과 1 대 1 대응 관계에 있는 신경 상태들의 분류법을 발견할 것이라 주장하는 것이다. 이러한 대응 관계가 주어질 수 있는 한에서 이론들간의 동일성 주장은 정당화될 수 있다. 새로운 틀이 우리의 행위를 설명하고 예측하는 데 굉장한 성공을 거두고 있긴 하지만, 앞에서 제시된 어떤 논증들도 새로운 틀과 이전의 틀이 그런 대응 방식으로 서로 맞물리리라는 보장을 하고 있지 못하다. 게다가, 그러한 편리한 맞물림이 가능할 것 같지 않다는 취지를 가진 논증이 유물론 진영 내의 다른 입장들에서부터 나오고 있다. 그런 논증들을 살펴보기 전에 동일론에 대한 보다 전통적인 반론들을 다루어 보자.

2.3.4. 동일론에 대한 반론들

앞서 논의한 내성에 의한 논증에서부터 시작해 보자. 내성은 신경 조직에 나타나는 전기 화학적 자극의 영역이 아니라 생각, 감각 그리고 감정의 영역을 드러낸다. 내성에서 드러난 바 심리 상태와 속성은 신경 생리학적 상태나 속성들과는 근본적으로 다른 것처럼 보인다. 어떻게 그것들이 같은 것일 수 있는가?

우리가 이미 보았듯이 그 대답은 "쉽사리"이다. 파란 것과 빨간 것을, 신 것과 단 것을, 차가운 것과 뜨거운 것을 구분할 때, 우리의 외적인 감각들은 실제로 물리적 대상들의 복잡한 전자기적 (electro-magnetic)·입체 화학적 (stereochemical)·극소 역학적 (micromechanical) 속성들간의 미묘한 차이들을 구분하고 있는 것이다. 그러나 우리의 감각은 그 자신의 힘으로 복잡한 속성들의 자세한 본성들을 밝혀 낼 정도로 통찰력이 충분히 뛰어난 것은 아니다. 그런 구분은 이론적 연구와 특별히 고안된 장치들을 갖춘 실험적 탐구를 필요로 하는 것이다. 우리의 '내적인' 감각인 내성에 관해서도 상황은 마찬가지일 것이다. 내성은 구분된 상태들의 자세한 본성을 그 자신의 힘으로 밝혀 낼 수는 없으나, 아주 많은 종류의 신경 상태들을 효과적으로 구분하는 것 같다. 확실히 맨눈으로 100만분의 1미터보다 작은 크기의 파장과 1000조 헤르츠의 진동 주파수를 가지고 윙윙거리며 상호 작용하는 전기장과 자기장의 존재를 밝혀 낼 수 있다면, 이것은 기적이라고 할 수밖에 없는 것처럼 만일 내성이 구분된 상태들의 자세한 본성들을 밝혀 낼 수 있다면 이것도 기적적인 것이 될 것이다. '겉으로 느껴지는 현상'에도 불구하고, 빛이란 앞에서 기술된 바로 그런 것이다. 내성에 의한 논증은 그러므로 아주 무력해지고 만다.

다음 반론은 심리 상태들과 두뇌 상태들을 동일시하는 것은 무슨 뜻인지 이해할 수 없는 진술을 하게 되는 것이라고 주장하는 반론이다. 즉 철학자들이 말하는 소위 "범주 오류"(category error)를 범하게 한다는 것이다. 따라서 동일화는 순전한 개념적 혼란의 한 예에 지나지 않는다는 것이다. 수적 동일성(numerical identity)에 관련된 중요한 법칙을 하나 주목하면서 논의를 시작해 보자. 라이프니츠의 법칙은 두 대상 가운데 어느 하나가 가지고 있는 모든 속성들을 다른 하나 역시 모두 가지고 있을 경우, 오직 그런 경우에만 두 대상은 수적으로 동일하다는 법칙이다. 논리적 기호로 나타내면 다음과 같다.

$$(x)\,(y)\,[\,(x=y) \equiv (F)\,(Fx \equiv Fy)\,].$$

이 법칙은 동일론을 반박할 수 있는 하나의 방법을 제시한다. 두뇌 상태에는 해당되나 심리 상태에는 해당되지 않는 (혹은 그 반대의) 어떤 속성을 찾아내 보자. 그러면 동일론은 파괴될 것이다.

공간적 속성들은 이런 목적으로 자주 거론된다. 두뇌 상태들과 과정들은 확실히 어떤 특정한 공간적 위치를 가지고 있다. 즉 두뇌라는 공간 전체이거나 혹은 그것의 부분이거나간에. 그런데 만일 심리 상태가 두뇌 상태와 동일한 것이라면 그 둘은 반드시 꼭같은 공간적 위치를 가지고 있어야 한다. 그런데 나의 통증에-대한-느낌이 시상 하부(ventral thalamus)에 위치해 있다거나, 태양은-하나의-별이다라는 나의 생각이 두뇌의 좌반구의 측두엽(側頭葉, temporal lobe)에 위치해 있다고 이야기하는 것은 전혀 의미가 없는 것이라는 쪽으로 논증은 진행된다. 그런 주장은 5라는 수가 초록색이라거나 사랑은 무게가 20그램 나간다고 주장하는 것만큼이나 무의미하다.

다른 측면에서 같은 이야기를 하는 셈이 되겠지만, 두뇌 상태에 여러 **의미론적 속성**을 부여하는 것은 의미없는 일이라 주장하는 이들이 있다. 예를 들어 우리의 생각이나 믿음들은 특정한 명제적 내용 즉 의미를 갖는다. 즉 그 믿음이나 생각들은 참이거나 거짓이고 그것들은 정합성이나 함의와 같은 관계를 갖는다. 만일에 생각들이나 믿음들이 두뇌 상태라고 한다면, 이 모든 의미론적 속성들은 두뇌 상태에도 적용되어야만 할 것이다. 그러나 나의 연합 피질(association cortex)에 나타나는 어떤 반향(resonance)이 참이라거나, 가까이 있는 다른 반향을 논리적으로 함축한다거나, P라는 의미를 갖는다고 이야기하는 것은 무의미한 것이라고 이 논증은 주장하고 있다.

이런 주장의 흐름들 중 어떤 것도 20년 전에 그랬었던 것처럼 설득력을 가지고 먹혀들지는 않는다. 왜냐하면 동일론에 보다 친숙해지고, 두뇌의 역할에 대해 점차적으로 많은 관심을 갖게 됨에 따라 여기서 주장되고 있는 의미론적인 기이함의 느낌이 줄어들게 되었기 때문이다. 또한 만약 그런 주장이 아직도 우리 모두를 의미론적인 혼란에 빠져 있다고 몰아세운다 하더라도, 이것은 그리 큰 문제가 아니다. 소리가 파장을 가진다거나, 빛이 주파수를 갖는다고 주장하는 것은 소리와 빛 모두가 파동 현상이라는 확신이 나타나기 이전에는 꼭같이 이해할 수 없는 주장처럼 보였음에 틀림없는 것이다. (예를 들어 버클리 주교의 《세 가지 대화들》중 대화 I에 나오는, 소리가 공기의 진동 운동이란 생각에 대한 18세기적 반박을 보라. 이 반론은 필로

누스의 목소리로 나타난다.) 따뜻함이란 킬로그램 × 미터²/초²으로 측정될 수 있다는 주장은 온도가 평균 분자 운동 에너지라는 것을 우리가 이해하기 이전에는 의미론적으로 잘못된 것처럼 보일 것이다. 또한 지구가 **돈**다는 16세기의 코페르니쿠스의 주장은 보통 사람들에게는 광기에 가득 찬 것처럼 여겨졌을 것이다. 왜 그런가를 잘 음미해 보는 것은 어렵지 않다. 다음 논증을 살펴보자.

> 지구가 돈다는 코페르니쿠스의 주장은 순전한 개념적 혼란이다. 어떤 것이 움직인다고 말하는 것이 무엇을 **의미하는지**를 살펴보라. "x가 움직인다"는 것은 "x는 지구에 대해서 자신의 위치를 변화시킨다"라는 것을 의미한다. 그러므로 지구가 움직인다고 말하는 것은 지구가 그 자신에 대해서 자신의 위치를 바꾼다고 말하는 셈이 된다. 이것은 터무니없는 이야기이다. 따라서 코페르니쿠스의 견해는 말을 잘못 쓰고 있는 것에 지나지 않는다.

여기서 사용되고 있는 **의미 분석**이 올바른 것일 수도 있다. 그러나 여기서 의도되고 있는 바는 단지 말을 하고 있는 사람이 그가 쓰는 말의 의미를 바꾸려고 한다는 것이다. 사실은 이렇다. 모든 언어는 세계의 구조에 관한 풍부한 가정들의 체계를 가지고 있는데, 만약 문장 S가 의미론적인 친숙함의 직관을 거스르는 것이라면, 그것은 보통 S가 하나 또는 그 이상의 배경이 되는 가정들을 어기고 있기 때문인 것이다. 그러나 그런 이유 하나만으로 S를 항상 물리칠 수 있는 것은 아니다. 왜냐하면 사태가 요구하는 바는 바로 그 배경이 되는 가정들을 내던져 버리라는 것이 될 수도 있기 때문이다. 말을 하는 데 있어서 받아들여지고 있는 일정한 양식에 대한 '오용'이 종종 참된 과학적 발전의 본질적 특징이 아니었던가! 아마도 우리는 심리 상태들이 해부학적 위치를 가지고, 두뇌 상태들이 의미론적 속성들을 가진다는 생각에 익숙하게 되어야만 할지도 모르는 것이다.

순전한 무의미함의 부담을 옆으로 벗어 놓는다 하더라도, 물리적인 두뇌 상태가 구체적으로 어떻게 의미론적 속성을 갖느냐에 대해 설명하기 위해서는 다른 것의 도움이 필요하다. 현재 시도되고 있는 설명은 다음과 같다. 주어진 특정한 **문장이**(= 발화 유형에서 본) 그것에 상응하는 특정한 명제적 내용을 어떻게 가지는가를 알아보는 것에서 시작해 보자. 예를 들어 "La pomme est rouge"(프랑스어로 "사과는 붉다"라는 뜻—옮긴이) 같은 문장에서 말이다. 먼저 문장이란 문장들의 전 체계, 즉 언어라는 전체적 체계의 통합된 한 부분이란 점을 명심하라. 모든 주어진 문장들은 수없이 많은 다른 문장들과 여러 관계들을 맺고 있다. 그것들은 많은 문장들을 함축하고, 다른 많은 문장들에서 함축되어지고, 몇몇의 문장들과 정합적이고, 다른 문장들과는 정합적이지 못하고 그러나 또 다른 문장들에 대해선 그것을 검증하는 증거가 되기도 하고, 기타 등등의 관계를 갖는다. 그래서 주어진 언어에서 그 문장을 말하게 되는 화자는 그런 관계들에 따라 추론을 하게 된다. 확실히 각 문장들(또는 동등한 문장들의 각 집합들)은 그런 고유한 함축 관계의 틀을 가진다. 그것들은 복합적인 언어 체계 내에서 독특한 추론의 기능을 갖는다. 따라서 우리는 "La pomme est rouge"라는 문장은, "The apple is red"라는 문장이 영어에서 행하는 것과 **같은 역할을** 프랑스어에서 하기 때문에 the apple is red 라는 명제적 내용을 갖는다고 말하는 것이다. 그래서 어떤 합당한 명제적 내용을 갖는다는 것은 곧 인지적 체계 내에서 어떤 합당한 추론의 역할을 맡는다는 것이 된다.

두뇌 상태의 유형들로 다시 돌아가 보면, 두뇌 상태의 유형들이 어떤 기능을 수행하는 요소로서 모아져 성립되는, 복합적인 추론의 체계가 자리잡는 곳이 두뇌라는 것을 가정하는 데는 원칙적인 어려움은 없다. 방금 훑어본 의미론에 따르면, 어떤 것이 명제적 내용을 가지는가 그렇지 않은가 하는 문제는 내용을 담지하는 것이 소리의 일정한 유형의 형태이냐 아니냐, 종이 위에 그려진 글자들의 형태, 또는 브레일(Braille)식 점자의 융기된 무늬냐 아니냐, 신경 작용의 일정한 유형이냐 아니냐 하는 문제는 아니므로, 두뇌 상태들은 명제적 내용을 갖게 될 것이다. 문제는 내용을 담지하는 것이 갖는 추론적인 기능이다. 따라서 명제적 내용은 두뇌 상태의 범위 안에 어떻게든 존재하게 되는 것처럼 보인다.

우리는 이 절을 내성에 드러난 바, 우리 심리 상태들이 가지는 질적인 **본성**에 호소하는 유물론에 대한 반론을 살펴보는 것에서부터 시작했다. 다음 논증은 그런 심리 상태들은 내성으로 관찰 가능하다는 단순한 사실에 호소하는 논증이다.

1. 나의 심리 상태들은 나에 의해서 의식을 가진 자아로서 내성적으로 알려진다.
2. 나의 두뇌 상태들은 나에 의해서 의식을 가진 자아로서 내성적으로 알려지지 **않는다**.

따라서 라이프니츠의 법칙에 의해, (즉 수적으로 동일한 대상들은 꼭같은 속성들을 가져야 하므로)

3. 나의 심리 상태들은 두뇌 상태들과 동일하지 않다.

내 경험으로 보아 이 논증은 신입생들이나 교수들 모두를 유혹하는 가장 속기 쉬운 형태의 내성에 의한 논증이다. 그러나 그것은 다음과 같은 비슷한 논증에서 드러나듯이 아주 잘 알려진 오류의 직접적인 예이다.

1. 무하마드 알리는 잘 알려진 헤비급 챔피언이다.
2. 캐시어스 클레이는 헤비급 챔피언으로 잘 알려져 있지 **않다**.

따라서 라이프니츠의 법칙에 의하면

3. 무하마드 알리는 캐시어스 클레이와 동일하지 않다.

또는

1. 아스피린은 두통약이라고 존은 알고 있다.
2. 아세틸살리실 산은 두통약이 아니라고 존은 알고 있다.

따라서 라이프니츠의 법칙에 의하면

3. 아스피린은 아세틸살리실 산과 동일하지 않다.

관계되는 전제들이 참인데도 불구하고 두 결론들은 거짓이다. 각각의 두 쌍은 진짜 동일한 것들이다. 이것은 두 논증들 모두가 부당한 논증임을 의미한다. 문제는 전제 (1)에 부여되고, 전제 (2)가 가지고 있는 '속성'이란, 단지 주어가 되고 있는 것이 우리에 의해 어떠어떠한 것이라고 파악되거나, 지각되거나, 또는 알려지거나 한다는 사실에 의존적인 것이라는 점이다. 그러나 그러한 파악은 동일한 것들을 지적해 내기에 합당한 어떤 대상 자체의 본래적인 참된 속성은 아니다. 왜냐하면 하나의 동일한 대상이 하나의 이름이나 기술에 의해서는 성공적으로 파악되지만, 다른 (정확하고, 동일한 것을 지시하는) 기술에 의해서는 파악되지 않을 수가 있기 때문이다. 간단히 이야기하면, 라이프니츠의 법칙은 이런 사이비 '속성들'에 대해서는 타당하지 않다. 그런 속성들을 앞에서와 같이 사용하려 하는 것은 논리학자들이 이야기하는 내포적 오류(intensional fallacy)를 범하는 것이다. 앞에서 나타난 전제들은 어떤 객관적인 동일성이 성립하지 않음을 나타내고 있는 것이 아니라, 우리가 그런 동일성을 계속적으로 파악하고 있지 못함을 드러내고 있는 것이다.

앞의 논증의 여러 다른 변화된 형태들 또한 신중히 고려해야 할 것이다. 왜냐하면 인간의 두뇌 상태라는 것은 단순히 내성에 의해 (아직) 파악되고 있지 않은 어떤 것 이상의 의미를 갖는 것이란 점 때문

이다. 즉 어떤 경우에라도 내성에 의해 파악될 **가능성**이 없는 것이란 이야기이다. 따라서,

1. 나의 심리 상태는 내성에 의해 파악될 수 있다.
2. 나의 두뇌 상태는 내성에 의해 파악될 수 **없다.**

따라서 라이프니츠의 법칙에 의하면

3. 나의 심리 상태는 나의 두뇌 상태와 동일하지 않다.

여기서 논증을 하는 사람은 내성에 의해 파악될 수 있음은 사물의 참된 속성이고, 그래서 이 조금 변화된 형태의 논증은 앞에서 나타난 '내포적 오류'에서 벗어났다고 주장할 것이다.

그럴는지도 모른다. 그러나 이제 유물론자들은 그 논증은 거짓인 전제를—즉 전제 (2)를—포함하고 있다고 주장할 위치에 서게 된다. 왜냐하면 만약 심리 상태가 두뇌 상태라면, 그것이 무엇인지 완전히 파악하지 못했다 하더라도 우리가 줄곧 내성으로 파악해 온 것은 실은 두뇌 상태인 것이기 때문이다. 그리고 만약 우리가 그런 상태들을 우리 모두가 그렇게 하듯이 심리적 표현을 써서 파악하고 생각하는 것을 배울 수 있게 된다면, 우리는 좀더 투명한 신경 생리학적 표현을 가지고도, 그런 상태들을 파악하고 생각하는 것을 배울 수 있을 것이다. 최소한 전제 (2)는 동일론에 대해서 선결 문제의 오류를 범하고 있다. 잘못은 다음과 같은 비슷한 논증에서도 단적으로 드러난다.

1. 온도는 느낌으로 알 수 있다.
2. 평균 분자 운동 에너지는 느낌으로 알 수 **없다.**

그러므로 라이프니츠 법칙에 의해서

3. 온도는 평균 분자 운동 에너지와 동일한 것이 아니다.

여기서 둘이 동일한 것임은 오래 전부터 확인된 것이었고, 따라서 이 논증은 확실히 잘못된 것이다. 즉 전제 (2)는 거짓이다. 우리가 여름 공기는 대강 화씨 70도이거나 섭씨 21도라는 것을 느낄 수 있는 것처럼, 그 여름 공기의 분자의 평균 운동 에너지가 대략 6.2×10^{-21} 줄(Joules)정도라는 것을 알 수 있다. 그것은 우리가 실제로 공기에 관한 그런 사실을 의식하고 있든 말든간에, 온도를 분별하는 우리의 신체 구조가 그렇게 되어 있기 때문이다. 아마 두뇌 상태들도 비슷하게 파악될 수 있을지 모른다. 두뇌 상태에 대한 내성적인 파악 가능성은 8장에서 다시 논의될 것이다.

역시 우리 감각이 지닌 내성적으로 파악 가능한 성질에 근거하고 있는 마지막 논증을 이제 살펴보자. 두뇌의 물리적인 구조와 작용과 시각 체계에 대해서 즉 시각 체계의 실제적인 그리고 가능한 상태들에 대해 알아야 할 모든 것을 알게 된 어떤 미래의 신경 과학자가 있다고 생각해 보자. 그런데 만약 그 과학자가 어떤 이유에서(색맹이거나 또는 비정상적인 상황 때문에) 빨강에-대한-감각을 여지껏 가져 본적이 없었다고 한다면, 그가 알지 못하는 감각이 존재하는 셈이 된다. 즉 빨강에-대한-감각을 갖는다는 것이 어떻다는 것을 그는 모른다. 따라서 시(視) 지각에 대한 물리적인 사실들과 그것과 관계되는 두뇌의 활동들에 관한 완벽한 지식도 무언가 부족한 구석이 있는 것이다. 그래서 유물론은 모든 심리적 현상들에 대한 적합한 설명을 줄 수 없고, 결국 동일론은 거짓임에 틀림없는 것이다.

동일론자들은 이 논증이 부지불식간에 생긴 "안다"라는 말의 애매함을 이용한 논증이었다고 대답할 수 있을 것이다. 앞의 신경 과학자가 가지고 있는 두뇌에 대한 이상적인 지식에 있어서, "안다"는 것은 "관련되는 신경 과학적 명제들의 집합에 대해 통달했다"는 것과 같은 것을 의미한다. 반면 빨강에-대한-감각을 가진다는 것이 어떻다는 것에 대한 그 과학자의 (결여된) 지식에 있어서 "안다"는 것은 "그가 가진 "비추리적 분별의 구조에 있어서 빨강에 대한 선언어적 표상을 갖는다"라는 것과 같은 것을 의미하는 것이다. 우리는 후자를 가지지 않고도 전자를 가질 수 있다. 유물론자들은 전자의 의미에 있어서 지식을 갖는다는 것이 자동적으로 후자의 의미에 있어 지식을 갖는다는 것이 된다는 생각에 반대한다. 즉 동일론자들은 알려진 대상들의 유형 상의 이원성(duality)은 인정하지 않지만, 지식의 여러 다른 유형이 갖는 이원성 또는 다원성은 인정할 수 있다. 시각 피질에 관해 모든 것을 알고 있긴 하지만 빨강에-대한-감각을 여지껏 가져 보지 못한 사람과 신경 과학에 대해선 아무 것도 모르지만 빨강에-대한-감각에 대해선 잘 아는 사람의 차이는 각자에 의해서 알려진 어떤 것(전자는 두뇌 상태, 후자는 비물리적 감각질)에 있는 것이 아니라, 꼭같은 것 즉 두뇌 상태에 대해 각각이 가지게 된 다른 유형 또는 다른 매개체 혹은 다른 단계의 표상에 있는 것이다.

결과적으로 문장들의 집합을 통달했다는 것 이외에도 여러 가지 다른 방식으로 '지식을 가질' 수 있다는 점은 아주 분명해졌으며, 유물론자들은 아무 꺼리낌 없이 또 이미 배운 신경 과학과는 아무 관계 없이 감각에 대한 '지식'을 가질 수 있음을 인정할 수 있는 것이다. 인간을 포함한 동물들은 아마도 선언어적 형태의 감각 표상을 가질 것이다. 이것은 감각이 자연 과학의 범위를 넘어서 있는 것이란 점을 의미하는 것은 아니다. 이것은 단지 문장들의 단순한 저장을 넘어서는 다양한 양식과 매개체로 두뇌가 표상들을 처리한다는 것을 의미하는 것이다. 동일론자들이 다만 주장할 필요가 있는 것은 이런 표상의 다른 형태들도 역시 신경 과학적으로 설명될 수 있다는 점이다.

동일론은 이러한 널리 퍼져 있는 반유물론적 반론들에 대해서 매우 탄력성이 있는 것으로 밝혀졌다. 그러나 유물론적인 입장들에 기반을 두고 있지만 서로 경합을 벌이고 있는 반론들은, 다음 절들에서 곧 드러나겠지만 동일론에 대한 훨씬더 심각한 위협이 되고 있다.

추천도서 --------------------------

동일론에 관한 도서

Feigl, Herbert, "The Mind-Body Problem : *Not* a Pseudo-Problem," in *Dimensions of Mind*, ed. Sidney Hook (New York : New York University Press, 1960).

Place, U.T., "Is Consciousness a Brain Process?" *British Journal of Psychology*, Vol. XLVII (1956). Reprinted in *The Philosophy of Mind*, ed. V. C. Chappell (Englewood Cliffs, NJ : Prentice-Hall, 1962).

Smart, J.J.C., "Sensations and Brain Processes," *Philosophical Review*, Vol. LXVIII (1959). Reprinted in *The Philosophy of Mind*, ed. V. C. Chappell (Englewood Cliffs, NJ : Prentice-Hall, 1962).

Lewis, David, "An Argument for the Identity Theory," *The Journal of Philosophy*, Vol. LXIII, no. 1 (1966).

Nagel, Thomas, "What Is It Like to Be a Bat?" *Philosophical Review*, Vol. LXXXIII (1974). Reprinted in *Readings in Philosophy of Psychology*, Vol. I, ed. N. Block (Cambridge, MA : Harvard University Press, 1980).

Jackson, Frank, "Epiphenomenal Qualia," *The Philosophical Quarterly*, Vol. 32, no. 127 (April, 1982).

Churchland, Paul, "Reduction, Qualia, and the Direct Introspection of Brain States," *Journal of Philosphy*, Vol. LXXXII, no. 1 (1985).

Jackson, Frank, "What Mary Didn't Know," *Journal of Philosophy*, Vol. LXXXIII, no. 5 (1986).

Churchland, Paul, "Some Reductive Strategies in Cognitive Neurobiology," *Mind*, Vol. 95, no. 379 (1986).

이론들 사이의 환원에 관한 도서

Nagel, Ernst, *The Structure of Science* (New York : Harcourt, Brace, & World, 1961), chapter 11.

Feyerabend, Paul, "Explanation, Reduction, and Empiricism," in *Minnesota Studies in the Philosophy of Science*, Vol. III, eds. H. Feigl and G. Maxwell (Minneapolis : University of Minnesota Press, 1962).

Churchland, Paul, *Scientific Realism and the Plasticity of Mind* (Cambridge : Cambridge University Press, 1979), chapter 3, section 11.

Hooker, Clifford, "Towards a General Theory of Reduction," *Dialogue*, Vol. XX, nos. 1∼3 (1981).

2.4. 기능주의

기능주의에 의하면 모든 유형의 심리 상태의 본질적 또는 결정적인 특성은 그런 상태가 (1) 신체에 가해지는 환경적 영향들, (2) 다른 유형의 심리 상태들 그리고 (3) 신체적인 움직임 등과 같은 세 요소에 대해서 갖는 인과적 관계들의 집합이다. 예를 들어 통증이란 것은 대략적으로 신체적인 상해나 외상(外傷)에서부터 나타나는 것이다. 그것은 걱정과 괴로움과 그것에서부터 벗어나려는 실천적인 추론을 야기하고, 그것은 움츠러들게 만들고 새파랗게 질리게 하고 상처 부위를 손보게 만든다. 바로 이런 기능적 역할을 하는 모든 상태가 기능주의에 의하면 아픔이다. 마찬가지로 다른 유형의 심리 상태들(감각, 두려움, 생각, 기타 등등)도 감각적 입력과 행태적 출력을 연결하는 내적 상태들의 복합적 체계에서 그것들이 갖는 고유한 인과적 역할에 의해 정의된다.

이 견해는 독자들로 하여금 행태주의를 떠올리게 만든다. 실지로 이 견해는 행태주의의 계승자이다. 그러나 두 이론 사이에는 하나의 근본적인 차이가 있다. 행태주의자들은 각 유형의 심리 상태들을 오직 환경적 입력과 행태적 출력을 가지고 정의하려 하는 반편, 기능주의자들은 이런 것이 불가능하다고 본다. 기능주의자가 보는 바로는, 거의 모든 심리 상태들에 대한 적합한 성격 규정은 그것들이 인과적으로 연결되는 다른 여러 다양한 심리 상태들에 대한 언급을 불가피하게 만든다는 것이다. 따라서 오직 공개적으로 관찰 가능한 입력과 출력에 의한 환원적 정의는 전적으로 불가능하다. 이리하여 기능주의는 행태주의에 대한 주된 반론들 중 하나에서 벗어날 수 있게 된다.

따라서 기능주의와 행태주의는 다른 것이다. 반면 기능주의와 동일론의 차이는 동일론에 반대하여 제기되었던 다음의 논증에 의해 나타난다.

예를 들어 우리처럼 탄소로 구성되어 있지 않고 실리콘으로 구성된 몸체를 가진, 즉 기이한 생리학적 구조를 가진, 다른 행성에서 온 어떤 존재를 상상해 보자고 기능주의자들은 제안한다. 외계인이 가진 두뇌의 화학적 그리고 물리적 구조는 틀림없이 우리의 두뇌와는 체계적으로 다를 것이다. 그러나 그렇다고 하더라도 외계인의 두뇌는 그 상호 관계들이, 우리의 심리 상태들을 규정하는 인간 두뇌의 상호 관계들과 꼭같은 내적 상태의 기능적 체계를 잘 유지할 수 있다. 그 외계인은 앞에서 그 대강의 틀이 잡혀진, 아픔의 상태가 되는 데 필요한 모든 조건들을 만족시키는 내적인 상태들을 가지고 있을지도 모른다. 순수히 물리적인 입장에서 보면, 그 상태는 인간의 아픔의 상태와 물질적 구성에 있어 매우 다를 것이다. 그러나 그럼에도 불구하고 순수히 기능적 관점에서 보면, 그 상태는 인간의 아픔의 상태와 동일한 것이다. 다른 모든 그의 기능적 상태들에 대해서도 마찬가지이다.

만약 외계인의 내적 상태들의 기능적 체계가 우리의 내적인 체계와 **기능적으로 동형적**(functionally isomorphic)이라면—만약 그런 상태가 입력들, 다른 상태들 그리고 행태들에 대해 우리 자신의 내적 연결이 취하는 방식과 같은 인과적 방식으로 연결된다면—그런 기능적 상태를 유지하거나 실현하는 물리적 체계의 차이에도 불구하고 그 외계인도 우리와 꼭같이 아픔을 느끼고 욕구하고 희망하고 두려움을 느끼게 될 것이다. 마음의 상태에 있어 중요한 것은 마음을 가진 존재가 무슨 재질로 만들어졌느냐 하는 것이 아니라, 그 재질이 유지해 나가는 내적인 작용의 구조가 어떠한가이다.

만약 우리가 외계에서 온 한 존재에 대해 위와 같이 생각할 수 있다면, 다른 경우들에 대해서도 역시 그렇게 생각할 수 있고 이런 입장은 인공적인 체계에 대해서도 적용될 수 있다. 모든 관련되는 면에서 우리의 심리 상태와 기능적으로 동형적인 내적 체계를 갖는 전자체제—모종의 컴퓨터—를 우리가 만들어 낸다고 한다면, 그 체제역시 심리 상태들을 갖게 될 것이다.

이런 주장에서 드러나는 바는 자연적으로 그리고 아마도 인공적으로 사고하고, 느끼고, 지각하는 존재를 만들어 내는 데는 확실히 한 가지 이상의 많은 다른 방식이 존재한다는 점이다. 그런데 이 점은 동일론에 대해 하나의 문제를 제기하고 있다. 왜냐하면 주어진 유형의 심리 상태에 항상 반드시 상응하게 되어 있는 유일한 유형의 물리적 상태란 없는 것처럼 보이기 때문이다. 오히려 이상하게도 인간의 지적인 능력이 갖는 특징적인 기능적 체제를 실현할 수 있는 물리적인 체계는 **너무도 많은** 것이다. 따라서 우리가 만약 우주 전체를 살펴보고, 과거뿐만 아니라 미래도 고려에 넣는다면, 심리 상태의 상식적분류법에서 나타나는 개념들과 관련된 모든 물리 체계들을 포괄하는총괄적인 이론에서 나타나는 개념들 사이에서 일 대 일 대응 관계를동일론자들이 발견해 낸다는 것은 전적으로 불가능한 것처럼 보인다.그러나 이것이 이론들 사이의 환원에서 기본적으로 요청되고 있는 것이다. 따라서 심리 상태들의 유형들과 두뇌 상태의 유형들 사이에서성립할 보편적 동일성에 대한 전망은 아주 어두운 것이다.

기능주의자들이 전통적인 '심리적 유형 = 물리적 유형' 식의 동일론을 거부한다고 하지만, 실지로 그들 모두는 좀더 약한 '심리적 징표 = 물리적 징표' 식의 동일론의 입장을 여전히 취하고 있다. 왜냐하면 그들은, 주어진 유형의 심리 상태 각각의 일회적인 예들은 어떤 물리적 체계 혹은 그것과는 다른 체계의 어떤 특정한 물리적 상태와 수적으로 동일하다는 것을, 여전히 주장하고 있기 때문이다. 오로지 거부되는 것은 보편적인 (유형 / 유형) 동일성뿐이다. 그렇더라도 이런거부는 심리학이란 학문은 물리학이나 생물학이나 나아가 신경 생리학과 같은 여러 자연 과학에서부터 **방법론적으로 자율적**이어야만 하는학문 혹은 **자율적인 학문**이라는 주장을 지지하는 데 전형적으로 등장하는 것이다. 즉 심리학은 환원 불가능한 그 자신의 법칙들과 추상화된 고유한 그 자신의 문제 영역을 갖는다고 주장된다.

이 책을 쓸 무렵 기능주의는 철학자들, 인지 심리학자들 그리고 인공지능 연구가들 사이에서 아마 가장 널리 받아들여진 마음에 대한 이론이었다. 그 몇 가지 이유는 앞의 논의에서 분명해졌을 것이지만, 그 밖의 이유들도 있다. 심리 상태들을 본질적으로 기능적인 상태들로 특징지우는 데 있어서, 기능주의는 심리학의 작업의 범위를 두뇌의 신경 생리학적(또는 결정학적, 혹은 극소 전자적) 구조에 대한 시시콜콜하게 자세한 해명에서부터 멀리 떨어져 있는 단계에 자리잡도록 한다. 심리학이란 학문은 관심이 다소간 공학적인 세부 묘사에 있는 다른 학문들(생물학, 신경 과학, 회로 이론)과는 달리 방법론적으로 자율적이라고 종종 주장된다. 이 점은 연구자들이 추상적인 기능적 상태의 체계를 상정하고 그리고 나서 종종 비슷한 상황 아래서 인간의 행태 대신에 컴퓨터 시뮬레이션으로 그 가상의 체계를 테스트해 보는 인지 심리학이나 인공지능 분야의 많은 작업에 이론적인 근거를 제시한다. 그런 작업의 목적은 우리 인간에게 고유한 기능적인 조직 체계를 자세히 밝혀 내는 것이다. (부분적으로 기능주의적인 심리 철학의 전망을 평가하기 위해 6장에서 인공지능에 대한 최근 몇몇 연구를 살펴보려 한다.)

2.4.1. 기능주의에 대한 반론

요사이 대중적으로 널리 호평받고 있는 기능주의도 난점을 안고 있다. 가장 일반적으로 제기되는 반론은 반복되어 나타나는 문제인 감각질(sensory qualia)을 통한 것이다. 기능주의는 행태주의의 치명적인 약점 중의 하나에서 벗어날 수 있다고 하지만 다른 약점에 빠지고 마는 것이다. 관계적 속성을 모든 심리 상태의 결정적인 특성으로 만들려고 시도하게 되면서 기능주의는 우리 심리 상태들의 '내적인' 또는 질적인 본성을 간과해 버린 것이다. 반면 기능주의에 대한 반론에서는 그런 심리 상태들의 질적인 본성은 아주 많은 유형들의 심리 상태들(통증, 색에 대한 감각, 온도에 대한 감각, 음의 높이에 대한 감각, 기타 등등)의 본질적인 특성들이라고 주장되고 있으며, 따라서 기능주의는 잘못된 것이라 이야기되고 있다.

이런 명백한 결함에 대한 전형적인 예는 "전도된 스펙트럼 사고 실험"(the inverted spectrum thought-experiment)이다. 내가 어떤 기준이 되는 대상을 볼 때 가지는 색 감각은 여러분이 가지고 있는 색 감각에 대해서 단적으로 거꾸로 일 수 있는 그런 상황을 충분히 상상할 수 있다. 토마토를 볼 때 여러분은 정상적인 빨강에-대한-감각을 가지겠지만, 나는 제대로 된 초록에-대한-감각을 가질 수도 있는 것이다. 바나나를 볼 때 여러분은 정상적인 노랑에-대한-감각을 가지는 반면, 나는 제대로 된 파랑에-대한-감각을 가질 수도 있는 것이다. 이런 현상은 기타의 색 감각에 대해서도 성립된다. 그러나 우리는 우리의 내적인 감각질(qualia)을 결코 서로 비교할 수 없기 때문에 그리고 여러분이 그랬을 것과 꼭같이 나도 관찰을 통해 대상들의 색을 구분했을 것이기에, 나의 스펙트럼이 여러분의 것에 대해서 전도된 것이라고 말할 방도가 전혀 없다.

기능주의가 갖는 문제점은 다음과 같이 나타난다. 나의 스펙트럼이 여러분의 그것에 대해 전도된 것이라 하더라도, 우리는 여전히 서로 기능적으로 동형적일 수 있다. 토마토에 대한 나의 시 감각은 토마토에 대한 여러분의 시 감각과 기능적으로 동형적이다. 따라서 기능주의에 의하면 그 둘은 꼭같은 유형의 상태들이고, 그래서 나의 감각이 '참으로' 초록에-대한-감각이라고 생각하는 것 자체가 무의미한 것이다. 만일 어떤 것이 빨강에-대한-감각일 수 있는 기능적 조건들을 만족시킨다면, 정의에 의해서 그것은 빨강에-대한-감각이기 때문이다. 기능주의에 의하면, 여기서 명백히 이야기된 종류의 스펙트럼 전도는 정의에 의해 제거되고 마는 것이다. 그러나 반론에 따르면 그런 전도들은 충분히 생각할 수 있는 것이기 때문에 만약 기능주의가 그런 전도를 생각할 수 없다는 점을 함축한다면 기능주의는 거짓이 되는 셈이다.

감각질과 관련된 기능주의에 대한 또 다른 우려는 소위 말하는 "결여된 감각질 문제"(absent qualia problem)이다. 인간의 지적인 능력에 있어 특징적인 기능적 조직은 정상적인 인간과는 극단적으로 다른 상당히 다양한 물리적인 체계들로 실현될(현실화될 또는 예화될) 수 있다. 예를 들어 거대한 전자 계산기가 그런 기능적 조직을 실현할 수도 있고, 또 좀더 극단적인 가능성도 여전히 있다. 어떤 저술가는—합해서 10억 쯤 되는—중국 사람들이 상호 작용의 복잡한 도구로 조직되어서 집합적으로 하나의 단일한 로봇 몸체에서 입력과 출력들을 변환시키는 거대한 두뇌를 구성하게 되는 상황을 상상해 볼 것을 권하기도 한다. 로봇-과-10억-단위의-두뇌라는 체계는 아마도 합당한 기능적 조직을 실현할 수 있을 것이고(확실히 그 작용이 인간이나 컴퓨터보다 훨씬 느릴 것임에 분명하지만), 따라서 그것은 기능주의에 의하면 심리 상태의 영역에 속하게 될 것이다. 그러나 확실히 그런 체계에서 아픔이나 기쁨이나 색에-대한-감각의 기능적 역할을 하는 복합적인 상태들은 우리처럼 고유한 감각질을 가지지 못하며, 따라서 그것들이 진짜 심리 상태일 수는 없다고 강하게 주장되고 있다. 그래서 기능주의는 기껏해야 심리 상태들의 본성에 대한 불완전한 설명인 것처럼 보인다.

최근에는 기능주의적인 입장을 거스르지도 않고 또 감각질에 대한 우리의 상식적인 직관에 크게 반대되지도 않으면서 전도된 감각질과 결여된 감각질에 의한 반론 모두를 막아낼 수 있는 길이 있다는 주장이 나타났다. 전도의 문제를 먼저 생각해 보자. 나는 기능주의자들이 우리의 시 감각은 기능적 역할을 따라 유형적으로 구분된다고 주장하는 것은 당연하다고 생각한다. 그러나 기능적인 전도 현상이 나타나지 않는 상황에서도 두 사람의 감각질 사이에서 상대적인 전도 현상이 나타나는 것을 충분히 생각할 수 있다는 반대자들의 주장 또한 옳다. 이런 입장들의 명백한 불일치는 (1) 우리의 기능적 상태들(또는 그것들의 물리적 실현들)은 그런 상태들을 내성적 파악의 대상이 될 수 있게 하는 본래적 본성을 실제로 가지지만 (2) 그럼에도 불구하고 그런 본래적 본성들은 주어진 심리 상태를 유형상 구분짓는 데 본질적인 것이 아니며, 실제로 같은 유형의 심리 상태들이 드러나는 여러 경우마다 **변화하는** 것들이라 주장함으로써 해소될 수 있다.

이것이 의미하는 바는 빨강에 대한 여러분의 감각의 질적인 특징은 피상적으로 또는 실질적으로, 나의 빨강에 대한 감각과 다를 수 있고 제 삼자의 빨강에 대한 감각과도 역시 다를 수 있다는 점이다. 그러나 이 세 가지 상태가 모두 기본적으로 빨간 대상에 의해 야기되었고 기본적으로 우리 셋 모두로 하여금 어떤 것이 빨갛다고 생각하게끔 하는 한, 그 본래적인 질적 성격이 어떻든 간에 세 상태 모두는 빨강에-대한-감각이다. 그러한 본래적인 감각질은 마치 노란 바탕에 검은 줄 무늬가 호랑이를 시각적으로 빨리 판별해 내는 데 두드러진 특징이 되는 것처럼, 색에 대한 내성적인 판별을 손쉽게 할 수 있게 해 주는 두드러진 특징이 될 뿐이다. 그러나 노란 바탕에 검은 줄 무늬가 한 종류의 호랑이를 구분하는 데 있어서 본질적인 것이 아닌 것처럼, 특정한 감각질은 한 종류의 심리 상태를 구분하는 데 본질적인 것은 아니다.

단적으로, 이 해결 방안은 기능주의자들로 하여금 감각질의 **존재를** 인정하게끔 만드는데, 우리는 여기서 어떻게 기능주의자의 유물론적 세계상에 감각질 같은 것이 자리를 차지할 수 있을까 궁금해지게 된다. 아마 그것은 다음과 같이 그 세계상에 끼어들 것이다. 즉 한 감각질과 그 감각질을 지닌 심리(또는 기능적) 상태를 실현시키고 있는 물리적 상태의 물리적 속성을 **동일시함으로써.** 예를 들어, 누군가 빨강에-대한-감각을 가지고 있다고 판단이 설 때, 그의 색의 내성적인 판별을 가능케 하는 구조에 실지로 상응하는 물리적 특성(실지로, 그런 감각에 해당되는 그의 두뇌 상태의 물리적 특성)과 빨강에 대한 그의 감각의 질적 본성을 동일시한다는 것이다. 유물론이 참이라면, 빨강에-대한-감각을 분별하는 데 기준이 되는 어떤 내적인 물리적 특성이 있음은 분명하다. 그것은 빨강에-대한-감각의 감각질이다. 만약 소리의 높고 낮음은 공기 압력의 파동이 갖는 주파수임이 밝혀질 수 있다면, 예를 들어 감각질이 어떤 신경 통로의 뾰족파(spiking frequency)임이 증명되지 말라는 법은 없는 것이다. (감각 기호화에 대한 교차 신경 섬유적 또는 벡터적 패턴 이론에 의하면 이 경우에는 특정한 뾰족파들의 집합 또는 모임이 그런 감각질에 해당될 가능성이 높다. '뾰족파'란 우리 두뇌 세포들 서로가 그들을 연결시키는 가는 신경 섬유를 통해 정보를 교환할 때 나타나는 작은 전기 화학적 펄스이다. 이 모든 것에 관한 자세한 내용은 7장을 참조하시오.)

이 주장은 우리와 전혀 다른 신체적 구조를 가진 존재가 우리와 다른 감각질을 가지면서도, 심리적으로는 동형적일 수도 있다는 점을 함축한다. 그러나 반드시 다른 감각질을 그런 존재가 가져야 한다는 점을 함축하는 것은 아니다. 만약 나의 빨강에-대한-감각의 질적인 특징이 실제로 어떤 신경 통로에서의 90 Hz의 뾰족파였다고 한다면, 어떤 로봇이 그것의 신경 통로에 해당되는 구리의 연결 통로에서 90 Hz의 뾰족파에 반응하면서 빨강에-대한-감각을 보고할 때 그 로봇은 우리와 꼭같은 감각의 질적인 특성을 가질 수 있는 것이다. 여러 감각을 분별케 해주는 각각의 구조에서 중요한 것은 뾰족파이지, 그 뾰족파를 전달해 주는 매개체의 본성이 아닌 것이다.

이 제안은 결여된 감각질의 문제에 대해 하나의 해결 방안을 제시한다. 여기서 문제가 되는 물리적 체계가 우리와 시시콜콜한 점에 이르기까지 기능적으로 동형적인 한, 그 체계는 그것의 여러 감각에 대해 내성적으로 매우 섬세한 구분을 우리처럼 해낼 수 있을 것이다. 그런 구분은 어떤 체계적으로 물리적인 근거에서, 즉 구분되어지는 상태들의 물리적 특성들에 근거해서 내려지게 될 것임에 틀림없다. 그 체계 내에서 구분을 담당하는 기계적 구조의 작용 범위 내에 놓여 있는 특성들, 바로 그것들은 그 체계의 감각질이다. 물론 우리가 우리 자신의 감각질의 참된 물리적 본성에 대해 잘 파악하고 있지 못하는 것처럼 그 낯선 체계도 그것이 가지고 있는 감각질의 참된 물리적 본성을 파악하고 있을 것 같지는 않지만. 따라서 감각질은 여기서 문제가 되는 종류의 기능적 조직체를 가지고 있는 체계에 필연적으로 나타날 수밖에 없는 수반물이다. 낯선 외계의 체계가 가지고 있는 감각질을 알아 '보는' 것은 어렵거나 불가능한 일이다. 그러나 그것은 인간의 두뇌 속을 뒤져 볼 때에도 역시 마찬가지로 찾아 '보기' 어려운 것이다.

이런 답변이 합당한지 아닌지에 대한 판단은 독자에게 맡기겠다. 그것이 만약 합당하다면, 다른 장점들을 그대로 지닌 채, 기능주의는 경합을 벌이고 있는 마음에 관한 현대적인 이론들 중에서 매우 강력한 입장으로 인정될 것임에 틀림없다. 그러나 바로 앞 단락에서 제시된 기능주의적 입장에서의 방어는 동일론자들의 선례(즉 감각질의 유형은 물리적 상태의 유형과 동일시되거나 그것으로 환원된다는 주장)를 따르는 것이 필요하다는 점을 드러내고 있어 흥미롭다. 왜냐하면 우리가 살펴보게 될 마지막 반론도 역시 기능주의와 환원적 유물론 사이의 구분을 흐리게 하려는 경향이 있기 때문이다.

반론은 **온도**라는 속성을 살펴보는 것에서부터 진행된다. 여기서 우리는 물리적 속성의 한 범례를, 즉 이론들 사이에서 동일성 문제를 다룰 때 나타났던 범례를, 성공적으로 **환원된** 속성으로도 이야기한 어떤 범례를 가지고 있다.

"온도=구성 분자의 평균 운동 에너지"

그러나 엄밀히 말해서 이 동일성은 단일한 입자들이 탄도의 모습으로 자유스러이 움직일 수 있는 기체의 온도에 대해서만 적용될 수 있다. 고체에서는 상호 연결된 분자들이 다양하게 진동할 뿐이므로 온도는 다른 방식으로 나타난다. 또 **플라스마**에서도 그러하다. 플라스마는 어떤 구성 분자도 갖지 않기 때문에, 즉 그 분자와 그것을 구성하는 원자가 조각조각 나뉘어져 흩어졌기 때문에 온도 역시 다른 것이 된다. 또한 **진공조차도** 그것을 통과하는 전자기파의 분포에 따라 소위 말하는 '흑체'(blackbody) 온도를 갖는다. 여기서 온도란 것은 입자의 운동 에너지와는 아무 상관이 없다.

심리적 속성들 못지않게 온도라는 물리적 속성도 '다층적 실현' (multiple instantiations)을 갖는다는 점은 자명하다. 그런데 이 점이 열역학(열과 온도에 관한 이론 체계)은 환원 불가능한 법칙들과 고유한 별개의 비물리적 문제 영역을 가지고 있는 학문, 즉 다른 나머지 자연 과학들과 떨어진 '자율적인 학문'이라는 것을 의미하는가?

아마 그렇지는 않을 것이다. 이 반론의 결론에 따를 때 그 점이 의미하는 바는 **환원은 영역-한정적** (domain-specific)이라는 것이다.

어떤-기체-에서의-온도 = 그 기체의 평균 운동 에너지

반면,

어떤-진공-에서의-온도 = 진공의 순간 방사의 흑체 분포

아마도 비슷한 방식으로,

인간-에-있어서-기쁨 = 시상 하부의 측면에서 나타나는 공명

반면,

화성인-에-있어서-기쁨 = 전적으로 다른 어떤 것

이것은 처음 기대한 것보다는 훨씬 폭이 좁긴 하지만 어떤 유형의 심리 상태를 어떤 유형의 물리적 상태로 환원할 것을 예상할 수 있음을 의미한다. 게다가 이것은 심리학의 근원적인 독립성에 관한 기능주의적인 주장이 유지될 수 없음을 의미한다. 그리고 결과적으로 그것은 기능주의는 동일론과 처음 생각했던 것처럼 그렇게 뿌리깊게 다른 것은 아님을 암시한다.

이미 앞에서 대충 훑어본 기능주의의 방어에 관한 이런 비판에 대

한 평가는 독자 여러분에게 맡기겠다. 보다 뒤쪽에 놓일 장들에서 기능주의에 대한 부가적인 논의를 할 기회가 있을 것이다. 기능주의가 동일론에 대한 오직 하나의 주된 반론은 아니므로, 이쯤해서 마음에 대한 유물론적 이론 중 마지막 이론으로 눈을 돌려 보자.

추천도서 ----------------------------

Putnam, Hilary, "Minds and Machines," in *Dimensions of Mind*, ed. Sidney Hook (New York : New York University Press, 1960).

Putnam, Hilary, "Robots : Machines or Artificially Created Life?" *Journal of Philosophy*, Vol. LXI, no. 21 (1964).

Putnam, Hilary, "The Nature of Mental States," in *Materialism and the Mind -Body Problem*, ed. David Rosenthal (Englewood Cliffs, NJ : Prentice-Hall, 1971).

Fodor, Jerry, *Psychologial Explanation* (New York : Random House, 1968).

Dennett, Daniel, *Brainstorms* (Montgomery, Vermont : Bradford, 1978 ; Cambridge, MA : MIT Press).

기능주의의 난점에 관한 도서들

Block, Ned, "Troubles with Functionalism," in *Minnesota Sutdies in the Philosophy of Science*, Vol. IX, ed. C.W. Savage (Minneapolis : University of Minnesota Press, 1978). Reprinted in *Readings in Philosophy of Psychology*, ed. N. Block (Cambridge, MA : Harvard University Press, 1980).

Churchland, Paul and Patricia, "Functionalism, Qualia, and Intentionality," *Philosophical Topics*, Vol. 12, no. 1 (1981). Reprinted in *Mind, Brain, and Function*, eds. J. Biro and R. Shahan (Norman, OK : University of Oklahoma Press, 1982).

Churchland, Paul, "Eliminative Materialism and the Propositional Attitudes," *Journal of Philosophy*, Vol. LXXVIII, no. 2 (1981).

Shoemaker, Sidney, "The Inverted Spectrum," *Journal of Philosophy*, Vol. LXXIX, no. 7 (1982).

Enc, Berent, "In Defense of the Identity Theory," *Journal of Philosophy*, Vol. LXXX, no. 5 (1983).

2.5. 제거적 유물론

동일론은 우리의 정신적 능력들에 대한 유물론적 설명의 전망이 흐리기 때문이 아니라 적절한 유물론적 이론이 이론들간의 환원에서 요청되는 통속 심리학의 개념들과 신경 과학의 개념들 사이의 잘 들어맞는 일 대 일 대응을 제공할 수 없을 것처럼 보였기 때문에 의심을 사게 되었던 것이다. 전적으로 다른 매우 다양한 물리 체계들도 주어진 기능적 조직체를 실현시킬 수 있다는 것이 그런 의심을 하게 되는 이유가 된다. 제거적 유물론(eliminative materialism, 이하 제거적 유물론은 제거론이라 부르기로 함―옮긴이)은 인간의 능력에 대해 정확한 신경 과학적 설명이 상식적인 심리 개념의 틀을 깔끔하게 환원시키리라는 점에 대해 의문을 제기한다. 그러나 이 의문은 전혀 다른 출처를 가지고 있다.

제거론자들이 보는 바로는, 우리의 상식적인 심리적 개념의 틀은 잘못된 것이고, 인지적 활동의 본성과 인간 행위의 원인에 대한 근본적으로 잘못된 개념이기 때문에 일 대 일 대응은 찾아질 수 없을 것이고, 또한 그것은 다른 이론의 개념으로도 환원될 수 없을 것이다. 이 견해에 의하면, 통속 심리학은 단지 우리의 내적인 본성들에 대한 하나의 불완전한 표상 정도가 아니라, 우리의 내적 상태와 활동에 대한 완전히 **잘못된** 표상인 것이다. 따라서 우리는 우리의 상식적인 개념의 틀이 갖는 범주들과 깔끔하게 연결될 수 있는 이론적 범주들을 제공할 만한, 우리의 내적 상태들에 대한 참으로 합당한, 신경 과학적 설명을 기대할 수 없다. 그래서 우리는 오래된 개념의 틀이 완숙의 단계에 이른 신경 과학에 의해 환원되기보다는 단적으로 제거될 것을 기대해야 할 것이다.

2.5.1. 역사적 사례들

동일론이 이론들간의 성공적인 환원의 역사적인 사례를 가지고 있는 것처럼, 제거론도 새롭고 우월한 이론이 갖는 존재론으로 인해 더 오래된 이론의 존재론이 전적으로 제거된 역사적인 사례를 가지고 있다. 18세기 그리고 19세기의 대부분의 시기에 지식인들은 열이란 물이 스폰지에 흡수되어 있는 것처럼 물체에 포함되어 있는 미세한 액체라 믿었다. 다소간 성공적인 이론은 이 유동체——"열소"라 불리었음——가 어떤 물체로 흘러들거나, 한 물체에서 다른 물체로 흘러가는 방식과 그것이 어떻게 열 팽창, 용해, 비등 등의 현상을 일으키게 되는지에 대해 상당히 자세히 설명하고 있었다. 그러나 지난 세기 후반에 이르면서 열은 어떤 물체가 아니라 달구어진 물체 자체를 구성하는 수조(兆)의 서로 충돌하는 분자 운동의 에너지라는 것이 매우 분명히 밝혀졌다. 새 이론——"물체와 열에 대한 입자 운동 이론"——은 물체의 열에 의한 움직임을 예측하고 설명하는 데 오래된 이론에 비해 훨씬 더 성공적이었다. 그리고 우리는 열소의 흐름과 운동 에너지를 동일시할 수 없으므로(옛 이론에 따르면 열소는 **물체**이지만, 새 이론에 따르면 운동 에너지는 **운동**의 한 형태이다) 결국 열소 같은 것은 없다는 점에서 합의를 보게 되었고, 열소는 우리가 받아들인 존재론에서 제거되었던 것이다.

두번째 예를 보자. 나무 조각이 타거나, 금속 조각이 녹슬 때는 "플로기스톤"(phlogiston)이라 불리는 유령과 같은 **물체**가 방출된다고 통상 생각되어 왔다. 즉 나무의 경우에는 활발하게, 금속의 경우에는 천천히 방출된다고 믿었다. 일단 그런 반응이 일어나고 나면, 그 '고귀한' 물체는 재나 녹의 조악한 덩어리를 남길 뿐이다. 그런데 이 두 과정 모두는 사실은 어떤 것을 잃는 것이 아니라 대기로부터 얻어 낸 어떤 것 즉 산소를 덧붙이는 것을 포함하는 과정이라는 점이 나중에 밝혀지게 되었다. 플로기스톤은 현상에 대한 불완전한 기술로서 나타났던 것이 아니라, 근본적인 오기(誤記)로서 나타났던 것이다. 따라서 플로기스톤은 새로운 산소 화학 내의 어떤 개념으로 환원되거나 동일시되기에 적절하지 못한 것이고, 그래서 과학에서부터 아예 제거되었던 것이다.

확실히 두 예는 모두 관찰할 수 없는 어떤 것을 제거한 것에 관한 예이었다. 그러나 우리 역사에는 '관찰 가능한' 것이라 널리 인정되었던 것을 제거한 경우도 있다. 코페르니쿠스의 견해가 알려지기 이전에, 밤에 큰 맘 먹고 밖에 나갈 생각을 한 사람이라면 거의 대부분은 **별이 총총히 떠 있는 천구**(the starry sphere of heavens)를 볼 수 있었을 것이다. 그리고 그가 몇 분 동안 더 지키고 서 있었다면 그 천구가 북극성을 축으로 해서 **돌고** 있음을 볼 수도 있었을 것이다. 그 천구가 무엇으로 만들어져 있고(수정?) 무엇이 그것을 돌게 만드는가(신?) 하는 것은 2천 년 이상 우리를 괴롭혀 온 이론적인 물음이었다. 그러나 누구도 그 자신의 눈으로 관찰한 것의 존재를 거의 의심하지 않았다. 그러나 결국, 우리는 전혀 다른 개념의 틀 내에서 밤 하늘에서 얻었던 우리의 시각적 경험을 재해석하는 법을 배우게 되었고, 그래서 도는 천구라는 것은 증발하고 말았다.

마녀는 또 다른 예가 된다. 정신병은 인간에게 있어 아주 상식적인 질병이다. 그런데 아주 오래 전에는 그런 병의 희생자를 악마가 씌인 사람으로, 즉 희생자의 눈 뒤에서 우리를 기분 나쁘게 쏘아 보고 있는 사탄의 악령 자체의 한 실례로서 취급했던 것이 보통이었다. 마녀가 존재한다는 것은 논쟁의 여지가 없는 것이었다. 그런 존재들이 도시나 시골의 작은 마을에서 앞뒤가 맞지 않거나, 편집증적이고, 심지어 잔학하기조차 한 행동을 하는 것을 종종 볼 수 있었다. 그러나 우리는 결국 관찰 가능하거나 그렇지 않거나간에 마녀들은 도대체 존재하지 않는다고 마음을 정하기에 이르렀다. 우리는 마녀라는 개념은, 개념적 틀이 현상을 형편없이 잘못 드러냄으로 해서 그 개념의 글자 그대로의 적용이 영원히 포기되어야 하는, 그런 경우에 속하는 개념이라 결론을 내리게 되었다. 정신적 기능 장애에 관한 현대적인 이론들은 우리의 진지한 존재론에서 마녀라는 것을 제거하기에 이른 것이다.

통속 심리학의 개념들—믿음, 욕구, 두려움, 감각, 아픔, 기쁨 기타 등등—은 지금 논의되고 있는 견해에 의하면 같은 운명을 지닌 것이 된다. 그래서 만약 우리가 현재 가지고 있는 개념이 형편없는 것이라는 점이 모든 이에게 분명해질 그런 정도까지 신경 과학이 충분히 발전한다면 그래서 새로운 개념의 틀이 확립된다면, 우리는 결국 참으로 적합한 개념의 틀 내에서 우리의 내적 상태와 활동들에 대해 다시 생각할 기회를 가질 수 있게 될 것이다. 다른 사람의 행동에 대한 우리의 설명은 우리의 신경 약물학적 상태, 특정한 해부학적 영역에서의 신경의 활동 그리고 새로운 이론에 의해 관련이 있다고 여겨지게 되는 다른 모든 상태들과 같은 일련의 상태에 의존하게 될 것이다. 우리의 개인적인 내성도 역시 바뀔 것이고 새롭게 제공되는 좀더 정확하고 투명한 개념적 틀에 의해 내성은 근본적으로 더 나은 것이 될 수도 있을 것이다. 이는 마치 천문학자들이 가지고 있는 현대 천문학 이론에 대한 상세한 지식이 밤 하늘을 바라보는 그의 시각을 매우 개선하는 것과 같다.

여기 제시된 개념적 혁명의 정도는 축소되어서는 안 된다. 그 정도는 어마어마한 것일 수 있다. 또 인간에게 미치고 있는 이득도 그것만큼이나 클 것이다. 우리들 각각이 만약(우리가 지금 희미하게 알고 있는) 정신병의 여러 형태와 원인들, 학습에 관련되는 요인들, 감정, 지성 그리고 사회화에 관련되는 신경적 기반에 관해 정확한 신경과학적 이해를 가지고 있다면 인간의 불행의 총체적인 숫자는 매우 크게 감소할지도 모른다. 새로운 개념적 틀이 가능하게 할 상호 이해의 단순한 증가가 좀더 평화롭고 사랑이 넘치는 사회를 이룩하는 데 실질적인 기여를 할 수 있다는 것이다. 물론, 위험도 있을 것이다. 지식의 증가는 힘의 증가를 의미하며 그런 힘이란 것은 언제나 잘못 쓰여질 수 있는 것이기 때문이다.

2.5.2. 제거론을 옹호하는 논증

제거론을 옹호하는 논증들은 산만하고 다소 결정적이지 못하나, 널리 알려진 바보다는 강한 편이다. 제거론을 다른 입장과 구분해 주는 특징은 통속 심리학의 개념의 틀에서 완숙의 경지에 이른 신경 과학의 개념의 틀에로의 자연스러운 환원을 기대할 수 있다는 점을(인간에게만 고유한 심리 상태를 그에 상응하는 물리 상태로 환원시키는 것조차도) 부정하는 데 있다. 이런 부정의 근거는 통속 심리학이 우리의 내적 활동들에 대한 구제할 길 없을 정도로 원시적이고 뿌리 깊게 혼란스러운 견해라는 제거론자들의 확신에 있다. 그런데 왜 우리의 상식적 개념들이 이렇게 낮게 평가되고 있는가?

적어도 세 가지 이유가 있다. 첫째, 제거론자들은 널리 알려진 통속 심리학이 설명, 예측, 조작에서 저지른 실패를 지적할 것이다. 우리에게 낯익고 매우 중요한 많은 것들이 통속 심리학에서는 전적인 수수께끼로 남게 된다. 우리는 우리 생활의 3분의 1 정도를 수면 상태로 지내게 되지만, 그럼에도 불구하고 **잠자는** 것이 무엇인지 왜 자야 하는지를 모르고 있다. ("쉬기 위해서"라고 대답하는 것은 잘못된 것이다. 사람이 계속 쉴 수 있게 된다고 해도 수면의 필요가 감소되는 것이 아니다. 분명히 수면은 어떤 깊은 남모를 기능에 봉사하는 것일텐데, 그것이 무엇인지를 우리는 아직 모른다.) 우리는 어떻게 **학습**이 우리를 멍청한 어린 아이에서 영리한 어른으로 바꾸어 놓는지, 다시 말해서 어떻게 **지능**의 차이가 생기는지를 이해하지 못한다. 우리는 어떻게 기억이 작용하는지, 즉 어떻게 우리가 기억시킨 굉장한 양의 정보들 중에서 관련이 되는 부분들을 즉석에서 다시 그럭저럭 찾아낼 수 있게 되는지에 대해서도 전혀 모르고 있다. 우리는 **정신병**의 정체에 대해 모르고 있으며 어떻게 그것을 치료해야 할지 조차도 모르고 있다.

결국 통속 심리학은 우리 인간에 관한 가장 핵심적인 것들을 대부분 전적으로 수수께끼로 남겨 놓는다. 통속 심리학은 2천 년을 거뜬히 넘는 시간 동안 그 명백한 실패에도 불구하고 의미있는 변화나 발전을 이룩하지 못했다. 그렇기 때문에 결점을 수정하는 데 적합한 시간이 주어지지 않았다는 식으로 변명할 수는 없는 것이다. 참으로 성공적인 이론이라면 환원을 기대할 수도 있겠으나, 성공하지 못한 이론에 대해 그런 기대를 포기하는 것은 당연하다.

설명력의 빈곤에 의한 이 논증은 하나의 부수적인 측면을 가지고 있다. 보통의 두뇌에만 한정한다면, 통속 심리학의 빈곤은 그렇게 두드러지게 자명한 것은 아니다. 그러나 **손상된** 두뇌를 가진 사람들이 겪는 매우 복합한 행태적·인지적 결함들을 살펴보기로 하자마자, 통속 심리학의 기술과 설명의 수단들은 허공을 더듬는 쓸모없는 것이 되고 만다(예를 들어 7장 3절, p. 224를 참조). 다른 볼품없는 이론들이 그것의 오래된 영역뿐만 아니라 아직 탐구되지 않은 영역에서도 성공적으로 적용되어야 한다는 조건을 만족시키지 못해 나타나는 실패의 사례들과 마찬가지로 (예를 들어 광속에 가까운 속도의 영역에서의 뉴턴 역학 그리고 높은 압력이나 온도의 영역에서의 고전적인 기체 법칙) 통속 심리학의 기술적(記述的)인 그리고 설명적인 부적절성은 백일하에 드러나게 되는 것이다.

두번째 논증은 우리의 개념의 역사에서 경험적 교훈을 얻으려 한다. 운동에 관해 이전에 우리가 가졌던 통속적인 이론은 근본적으로 혼란스러운 것이었고, 결국 좀더 세련된 이론들에 의해 전적으로 대치되어야 하는 것들이었다. 천체의 움직임과 구조에 관해서 우리가 예전에 가지고 있었던 통속적인 이론들은 과녁을 훨씬 빗나간 것이었고 그래서 그것은 우리가 얼마나 잘못될 수 있는가에 대한 역사적 교훈으로서의 가치만 갖게 될 뿐이다. 불의 본성과 생명의 본성에 대한 우리의 통속적 이론들도 마찬가지로 완전히 잘못된 것이다. 이런 식으로 계속 생각해 나갈 수 있다. 왜냐하면 과거의 통속적인 개념들의 거의 대부분은 비슷한 방식으로 타파되어 버렸기 때문이다. 그런데 통속 심리학만이 오늘날까지 남아 있게 되었고 최근에 이르러서야 압력을 받게 된 것이다. 그러나 인간의 지적인 능력에 관련된 현상은 방금 열거된 것들보다 훨씬 복잡하고 다루기 힘든 현상이다. 정확한 이해라는 측면에서 볼 때, 우리가 다른 모든 경우에 실패를 거듭하다가 이 경우에 이르러 단 한 번에 **그 현상**을 꿰뚫어 본다는 것은 기적에 가까운 일이 될 것이다. 아마도 통속 심리학이 그토록 오래 살아 남은 이유는 설명이 기본적으로 올바른 것이어서가 아니라, 논의되어지는 현상이 특별히 더 다루기 어려운 것이어서, 아무리 형편없는 이론이라 해도 그런 현상에 관한 유용한 실마리가 되는 한 손쉽게 포기될 수는 없었기 때문일 것이다.

세번째 논증에서는 동일론과 기능주의에 대해서 제거론이 갖는 선험적 (a priori)인 이점이 강조된다. 그 논증은 제거론이 거의 불가능한 입장이거나 아니면 동일론이나 기능주의보다 훨씬 성공의 가능성이 적은 입장이라는 상식적 직관에 대항하려 하고 있다. 역시 초점은 통속 심리학의 개념들이 완숙의 단계에 있는 신경 과학의 개념들과 입증될 수 있는 연결 관계를 가질 수 있느냐 하는 것이다. 제거론은 그렇지 않다는 편에 서는 반면, 다른 두 입장은 그렇다는 편에 선다. (기능주의자들조차도 그렇다는 편에 서기는 하지만, 여기서 그들이 생각하는 연결 관계는 단지 인간 종에게만 고유한 것이거나 어떤 특정한 사람에게만 고유한 것이다. 다시 반복하건대 기능주의는 유형들 사이의 **보편적인** 동일성의 존재만을 부정하는 것이다.)

제거론은 환원의 조건이 다소 엄격한 것임을 지적할 것이다. 새로운 이론은 환원되는 이론의 특정한 개념적 구조를 아주 자세히 반영하는 일련의 원칙들과 개념들을 반드시 함축해야 한다. 그런데 사실은 이렇다. 즉 통속 심리학의 구조를 반영하지는 **않지만** 설명에 있어 성공적인 신경 과학이 될 수 있는 길은 통속 심리학의 고유한 구조를 **반영하면서도** 설명에 있어 성공적인 신경 과학이 될 수 있는 길보다도 훨씬더 많은 것이다. 따라서 제거론이 가지고 있는 선험적인 성공의 가능성은 낮은 것이 아니고 오히려 그것의 경쟁자들의 가능성보다 훨씬 높은 것이다. 사람들이 최초에 가졌던 직관이 여기서는 단순히 잘못된 것으로 드러난다.

사정이 그렇다고 하더라도, 만약 통속 심리학이 참임을 옹호하는 매우 강한 가정이 있다고 한다면, 제거론의 최초의 선험적인 유리함은 감소하게 될 것이다—참인 이론이라면 환원에 성공하게 되는 편에 서는 것이 훨씬 나을 것이기 때문이다. 그러나 앞의 두 논증들에 의하면 통속 심리학을 위한 그런 가정은 정확히 반대 방향으로 가게끔 되어 있는 것이다.

2.5.3. 제거론에 대한 반론

깊이 뿌리박고 있는 전제를 부정하고 있는 것이기 때문에, 제거론이라고 하는 이 다소간 극단적인 견해가 처음 갖게 되는 설득력은 대부분 사람들에게 있어서 낮은 편이다. 그런데 그 전제 자체가 바로 여기서 문제가 되는 것이므로 이 점은 확실히 하나의 선결 문제의 오류를 범한 불평일 뿐이다. 그러나 다음에 이어지는 주장은 단순한 불평이 아니라, 진짜 논증에 해당되는 것이다.

사람의 내성이 믿음, 욕구, 두려움, 기타 등등의 존재를 직접적으로 알려주고 있는 것은 사실이기 때문에, 제거론은 거짓이라고 첫번째 논증에서 주장된다. 그런 것들의 존재는 다른 어떤 것들만큼이나 분명한 것이다.

제거론자들은 이 논증은 고대나 중세 시대의 사람들이 하늘이 돌고 있는 천구로 이루어져 있거나 마녀가 존재하는 것을 그들의 두 눈으로 볼 수 있다고 주장했을 때 범하게 되는 것과 같은 실수를 범하고 있다고 대답할 것이다. 실지로 모든 관찰은 어떤 개념의 체계 내에서 일어나는 것이고, 그래서 우리의 개념적 틀 안에서 표현되는 관찰에 의한 판단은 그 틀이 올바른 정도 만큼 올바를 수 있는 것이다. 세 경우 모두에 있어서—별들이 가득 찬 천구, 마녀 그리고 낯익은 심리 상태들—정확히 도전을 받고 있는 것은 관찰에 의한 판단의 배경이 되는 개념적 틀의 올바름이다. **전통적으로** 경험의 타당성을 주장하는 것은 결국 문제가 되고 있는 논점을 회피하는 것이 된다. 왜냐하면, 세 경우 모두에서 문제가 되는 것은 일상적인 관찰 영역의 특성들을 다시 파악해야 하는가 그렇게 하지 말아야 하는가 하는 문제이기 때문이다.

두번째 비판은 제거론에서 나타나는 앞뒤가 맞지 않는 점을 지적하려는 시도라 볼 수 있다. 제거론의 대담한 주장은 우리에게 낮익은 심리 상태라는 것은 실제로는 존재하지 않는다는 것이다. 그런데 비판에 따르면 제거론의 주장은, 어떤 **믿음**과 의사 소통을 하고자 하는 **의도**와 그 언어에 대한 **지식** 등이 표현된 것으로 간주될 수 있는 한에서 의미있는 것이 된다. 그러나 만약 제거론이 참이라면 어떤 심리 상태라는 것도 존재할 수 없는 것이고, 따라서 제거론의 주장 자체를 나타내는 진술도 의미없는 기호의 나열에 불과하게 된다. 그래서 결과적으로 제거론은 참이 될 수 없는 것이다. 확실히, 제거론이 참이라는 가정은 그것이 참일 수 없다는 점을 함축한다.

이 논증의 결함은 어떤 진술이 의미있는 것이 되기 위해 필요한 조건에 관한 전제에 있다. 즉 이 논증은 선결 문제의 오류를 범하고 있다. 만약 제거론이 참이라면 유의미성은 다른 출처를 가지게 될 것이다. '이전의' 출처를 계속 고집하는 것은 문제가 되는 바로 그 개념의 틀의 타당성을 고집스레 주장하는 것이 되고 마는 것이다. 여기에서도 역시 역사적으로 유사한 사례들이 이해에 도움이 될 것이다. 생물학적으로 **살아 있다**는 것은 비물질적인 **생명 정기**(vital spirit)에 사로잡혀 있느냐 아니냐의 문제라고 본 중세의 이론을 살펴보라. 그리고 그런 이론에 대해 불신감을 드러내고 있는 어떤 사람에 대한 다음과 같은 반응을 보라.

> 나의 박식한 친구는 생명 정기 같은 것은 없다고 한다. 그러나 그런 주장은 앞뒤가 맞지 않는다. 만약 그런 주장이 참이라면, 내 친구는 생명 정기를 가지지 못한 것이 되고 따라서 **죽어 있어**야 할 것이다. 그러나 만약 그가 죽었다면, 그의 진술은 일련의 잡음들에 지나지 않는 것이 될 것이고, 그래서 의미나 진리 같은 것도 거기에는 없는 것이다. 확실히, 이 주장이 참이라는 가정은 주장이 참일 수 없다는 점을 함축하고 있다! 증명 끝. (Q. E. D.)

이 두번째 논증은 이제 하나의 농담이 되고 만다. 그것은 첫번째 논증과 꼭같은 방식으로 선결 문제의 오류를 범하고 있는 것이다.

마지막 비판은 훨씬 약한 결론을 이끌어 내고 있지만 다소 강한 문제를 제기하고 있다. 그 비판에 의하면, 제거론은 침소봉대하고 있다는 것이다. 즉 제거론은 통속 심리학의 결함을 과장하고 통속 심리학의 실제적인 성공을 과소 평가하고 있다. 아마도 신경 과학이 완숙한 단계에 도달하면 잠정적인 통속 심리학적 개념의 제거가 필요해질지도 모르고 통속 심리학적 원리의 부분적인 수정도 받아들여져야 할 것이다. 그러나 제거론자들이 예상하는 대규모의 제거는 사소한 걱정이 많은 사람의 기우이거나 과도한 낭만적인 열정일 뿐이다.

아마 이런 비판이 옳을지도 모른다. 아니면 단순한 자기 만족일지도 모른다. 어느 것이든, 이것은 두 개의 단순하고 상호 배척적인 가능성 즉 순수한 환원 대 순수한 제거라는 가능성에서 우리가 마주하지 못한 중요한 문제를 제기하고 있는 것이다. 상호 배척적인 이 두 가지 입장들은 그 중간에 부분적인 제거나 부분적인 환원의 혼합된 경우를 포함하여 가능한 모든 결과들을 나타내고 있는 연속적인 스펙트럼의 양 극단에 위치하고 있는 것들이다. 오직 경험적인 탐구만이 (7장을 참조) 우리의 경우가 그 스펙트럼의 어디쯤에 놓이게 되는지를 알려 줄 수 있다. 아마 여기서 우리는 전면적인 제거라는 보다 극단적인 가능성에 몰두하는 대신 보다 관대하게 "수정론"(revisionary materialism)에 대해 이야기해 보아야 할 것이다. 아마 반드시 그래야 할지도 모른다. 그러나 이 절에서의 나의 의도는 우리의 집합적인 개념의 종착점은 스펙트럼의 극적인 끝 점에 상당히 가까운 곳에 있다는 점을 적어도 독자들이 이해할 수 있게 하는 데 있었다.

추천도서 ------------------------

Feyerabend, Paul, "Comment : 'Mental Events and the Brain'," *Journal of Philosophy*, Vol. LX (1963). Reprinted in *The Mind/Brain Identity Theory*, ed. C.V. Borst (London : Macmillan, 1970).

Feyerabend, Paul, "Materialism and the Mind–Body Problem," *Review of Metaphysics*, Vol. XVII (1963). Reprinted in *The Mind/Brain Identity Theory*, ed. C.V. Borst (London : Macmillan, 1970).

Rorty, Richard, "Mind–Body Identity, Privacy, and Categories," *Review of Metaphysics*, Vol. XIX (1965). Reprinted in *Materialism and the Mind–Body Problem*, ed. D.M. Rosenthal (Englewood Cliffs, NJ : Prentice-Hall, 1971).

Rorty, Richard, "In Defense of Eliminative Materialism," *Review of Metaphysics*, Vol. XXIV (1970). Reprinted in *Materialism and the Mind–Body Problem*, ed. D.M. Rosenthal (Englewood Cliffs, NJ : Prentice-Hall, 1971).

Churchland, Paul, "Eliminative Materialism and the Propositional Attitudes," *Journal of Philosophy*, Vol. LXXVIII, no. 2 (1981).

Dennett, Daniel, "Why You Can't Make a Computer that Feels Pain," in *Brainstorms* (Montgomery, VT : Bradford, 1978 ; Cambridge, MA : MIT Press).

Churchland, Paul, "Some Reductive Strategies in Cognitive Neurobiology," *Mind*, Vol. 95, no. 379 (1986).

제 3 장

의미론적 문제

　우리의 상식적 심리 상태를 나타내는 말들은 어떻게 의미를 얻게 되는가? 겉으로 보기에 단순한 이 질문은 적어도 3가지 이유에서 중요하다. 심리학적 용어들은 의미론 일반에 있어 결정적인 시험 사례가 된다. 또 의미론적 문제는 우리가 1장에서 보았듯이 존재론적인 문제와 밀접히 연관되어 있다. 그리고 이 문제는 우리가 다음 장에서 보게 되겠지만 인식론적인 문제와 훨씬더 긴밀히 연관되어 있다.

　이 장에서 우리는 최근 거론되고 있는 세 가지 주요 이론들에 대한 찬반 의견들을 살펴보려 한다. 첫번째 이론에서는 모든 상식적인 심리 용어들(또는 그들 중 대부분이라고 하든)의 의미는 내적 현시(inner ostension)라는 활동에서 드러나게 된다고 이야기된다. 그러나 두번째 이론에서는, 그런 용어들의 의미는 **조작적 정의**에서 밝혀진다고 주장된다. 세번째 이론은 그런 용어의 의미는 '통속' 심리학을 구성하는 **법칙의 망상 구조**(network of laws) 안에서 그 용어가 차지하는 위치에서 유래한다고 한다. 더 이야기할 필요 없이 첫번째 이론부터 살펴보자.

3.1. 내적 현시에 의한 정의

어떤 사람에게 새로운 단어를—예를 들어 "말"(馬)이나 "소방차" 같은 단어를—소개하는 한 가지 방법은 합당한 유형의 견본을 보이면서 "저것이 말이다" 또는 "이것이 소방차이다"라는 식으로 말하는 것이다. 이것은 소위 현시적 정의(ostensive definition)의 예들이다. 여기서 우리는 듣는 사람이 주어진 상황의 합당한 특성들에 주의를 기울이고, 그런 특성을 포함하는 새로운 상황에서 그 단어를 다시 사용할 수 있으리라 기대한다.

물론 여기서 인용된 두 표현들은 다른 방식으로 도입될 수도 있을 것이다. 우리는 듣는 사람에게 단지 "말(馬)이란 우리가 타고 다니는데 쓰이는 발굽을 가진 큰 동물이다"라고 이야기할 수도 있다. 여기서 우리는 어떤 단어의 의미를 듣는 사람이 이미 알고 있는 다른 단어들과 일정한 방식으로 연결시켜 알려 주고 있는 것이다. 이렇게 단어를 소개하는 방식은 명확하고 완벽한 것("이등변 삼각형은 적어도 두 변의 길이가 같은 세 변으로 이루어진 평면 도형이다")에서부터 부분적이고 인과적인 것("에너지란 차를 움직이게 해주는 것이고 불빛을 밝혀 주는 것이다")에까지 걸쳐 있다. 그러나 모든 말들이 이런 식으로 그것들의 의미를 얻게 되는 것은 아니라고 자주 주장된다. 어떤 단어들은 오직 첫번째 방식으로 즉 직접적인 현시로써만 의미를 얻게 되는 것이다. 그런 단어들의 의미는 그 단어들이 다른 단어들과 갖는 관계의 문제가 아니라, 어떤 물체에 의해 드러나는 특정한 성질과 그 단어들이 직접적으로 연결되는 문제이다. 정통파 의미론과 상식은 꼭같이 그런 주장을 한다.

상식적인 심리 상태를 나타내는 단어들의 경우는 어떠한가? "통증", "가려움" 그리고 "빨강에 대한 감각" 같은 말들을 생각해 보면 현시라는 것이 의미의 뚜렷한 출처인 것처럼 보인다. 통증이나 가려움이나 빨강에 대한 감각을 실제로 가지지 않았다면, 어떻게 그런 말들의 의미를 감히 알 수 있겠는가? 첫눈에 당장은 그럴 수 없는 것처럼 보인다. 이것을 "표준적 견해"라 부르자.

이 표준적 견해가 심리 용어들 중 몇몇의 중요한 경우에 있어서는 올바른 것이라 할 수도 있겠지만, 모든 심리 용어들에 대해 타당한 것도 또 대부분의 용어들에 대해서도 타당한 것이 아니다. 심리 상태들의 많은 중요한 유형들은 감각질적인 특징을 전혀 갖지 않거나, 감각질적인 특징이 그 유형을 확인하는 데 전혀 관련되지도 않는다. 예를 들어 여러 다양한 믿음, 즉 P라는 믿음, Q라는 믿음, R이란 믿음 기타 등등을 살펴보자. 우리는 여기서 매우 다른 상태들을 무한히 많이 가질 수 있다. 하지만 우리는 각각의 상태에 고유한 감각질적인 특성을 하나하나 배워 감으로써 각각의 상태들을 표현하는 단어들의 의미를 깨달을 수는 없다. 또 각각의 상태가 특정한 감각질을 따로 가지는 것도 아니다. 같은 사항이 P라는 생각, P라는 욕구, P라는 두려움 그리고 그 외의 모든 다른 '잠재적으로 무한한 명제적 태도들'에도 역시 적용된다. 이런 상태들은 아마 우리의 상식적 개념의 틀 안에서 가장 핵심적인 표현들일 것인데, 그것들은 내성에 의해 파악 가능한 감각질(='현상적 성질')에 의해서가 아니라, 문장 P라는 역할 수행적 요소에 의해 구분된다. 그런 표현들의 의미는 다른 출처에서 유래하는 것임에 틀림없다.

명백하게도 이 표준적 견해는 심리적 술어들의 의미에 관한 오직 하나의 설명일 수는 없다. 게다가 이 기본 견해는 그 입장에 가장 잘 맞아떨어진다고 여겨지는 경우에 있어서조차 의심스럽게 보이는 것이다. 감각질과 관련이 되는 심리 상태들 가운데서도 모든 유형들이 하나의 **획일적인** 감각질을 각각 가지는 것은 아니다. 실제로, 그런 유형들이 있다면 그것은 아주 극소수에 지나지 않을 것이다. "고통"이란 말을 보라. 그리고 그 말 속에 포함되는 상당히 다른 감각들의 여러 다양함을 생각해 보라. (두통, 화상, 찢어지는 소리, 슬개골에 입은 타격 등을 생각해 보라.) 만약 상황이 그러하다면, 이 모든 감각질들은 아픈 사람에게 있어 혐오의 반응을 불러일으킨다는 점에서 비슷한 것들이다. 그러나 이것은 모든 고통에 있어서 공통적인 **인과적/관계적 속성**이지 공통되는 감각질은 아니다. 빨강에-대한-감각도 갈색, 오렌지색, 분홍색, 자주색 또는 그런 여러 가지 색들이 극단에 놓여 있는 검은색 등을 포함하고 있는 명암과 색조를 통해 매우 폭넓은 다양성을 드러내고 있다. 그렇다 하더라도 본래적인 유사성이 이 산만한 다양성을 통일시키는 데 한몫 거들어야 할 것이다. 그러나 입술, 딸기, 사과 그리고 소방차 같은 빨간색의 표준적인 예들을 보는 것을 통해 통상적으로 빨강에-대한-감각이 나타나고 그것에 의해서 빨강에-대한-감각이라는 집합의 범위가 한정된다는 점은 확실한 것처럼 보인다. 즉 그런 예들은 그것들이 공유하는 인과적/관계적 속성들에 의해 하나로 묶여지는 것들이다. 그래서 의미가 하나의 단일하고 분명한 감각질에 의해 몽땅 설명된다고 하는 생각은 신화인 것처럼 여겨진다.

감각질에 대해 아는 것이 의미를 아는 데 있어 필요하기조차 한 것인지 아닌지에 대해 우리는 어떤 확신을 가지고 있는가? (아마 그의 신경계의 이상 때문에) 아파 본 적이 없는 사람도 마치 우리가 통증이라는 말을 가지고 다른 사람에 대해 이야기하는 것처럼, "통증"이라는 말의 의미를 알 수 있고 대화와 설명과 예측에 있어 그 말을 쓸 수 있다고 한다. 그렇다 하더라도 그는 도대체 통증이란 것이 어떤 식으로 **느껴지는지**를 알지 못할 것이다. 그렇지만, 그는 통증의 모든 인과적/관계적 속성들을 알 수는 있을 것이고, 따라서 우리와 마찬가지로 통증의 상태가 어떤 것인지 알고 있을 것이다. 그가 알지 못하고 있는 그 **무엇**이 남아 있긴 할 것이지만, 바로 그 무엇이란 것이 "아프다"는 말의 의미인지는 분명치가 않은 것이다.

만약 "통증" 그리고 "빨강에-대한-감각" 같은 말의 의미가 내적인 감각질과의 관련에 의해서 모조리 밝혀지게 된다면, 우리는 **의미론적 유아론**(유아론이란 각 개인의 자아에 관한 직접적인 지식 이외의 모든 지식은 성립 불가능한 것이라 주장하는 입장을 말한다.)을 피해야 하는 무거운 부담을 안게 된다. 우리들 각 개인은 그 **자신**의 의식의 상태들만을 경험할 수 있기 때문에, "통증"이라는 말에 대해 한 사람이 가지고 있는 의미가 다른 사람의 의미와 같은 것인지 아닌지를 누구도 말할 수 없게 된다. 그래서 어떤 사람도 다른 사람이 의미하는 바를 이해할 수 없다는 점을 함축하는 의미 이론은 매우 이상스런 이론이라 아니할 수 없는 것이다.

　이런 표준적인 '내적 현시' 의미론에 대한 불신은 철학자들로 하여금 다른 통로를 찾도록 자극하였다. 대안이 되는 이론을 구성하고 방어하려는 첫번째 진지한 시도는 철학적 행태주의자들에 의해 행해지게 되는데, 우리는 앞 장에서 그들을 만난 바 있다. 그런 입장에 선 사람들은 표준적 견해에 대해 부가적인 반론을 제시했는데, 그것을 이제부터 살펴보려고 한다.

3.2. 철학적 행태주의

　행태주의자들에 의하면, 모든 심리 용어들의 의미는 그 용어가 다른 용어들과 갖게 되는 무수한 관계들에 의해 결정된다. 즉 공개적으로 관찰 가능한 행동과 상황들에 관한 용어들과 갖게 되는 관계들에 의해 그 의미가 확정된다. 가장 명료히 정식화된 행태주의에서는 "용해됨" 그리고 "무름"(부서지기 쉬움)과 같은 순전히 성향적 속성을 나타내는 용어들은 심리적 용어들에 대한 의미론적인 본보기들로 지적되었으며, 심리적 용어들의 의미가 분명해질 수 있는 구조로는 조작적 정의가 거론되었다. 이런 입장의 자세한 세부 사항은 2장 2절에서 이미 대강 설명했으므로 여기서 그것을 다시 반복하지 않으려 한다.

　행태주의의 주된 문제는 우리의 심리 상태의 감각질에 대해 중요하지 않은 역할이 부여된다는 점에 있다. 그러나 우리는 이미 감각질에 대해 일반적으로 부여된 중요성을 (낮게) 재평가해야 할 어떤 좋은 이유를 알고 있다. 행태론적 전통에 서 있는 가장 영향력 있는 철학자들 중 한 사람인 비트겐슈타인(Ludwig Wittgenstein)은 표준적 견해에 대한 부가적인 반론 즉 사적 언어 논증(private language argument)을 제시하고 있다.

의미론적 유아론이란 귀결에도 불구하고 표준적 견해의 많은 지지자들은 감각에 관한 용어들은 사적(私的)인 언어일 수밖에 없다는 생각에 기꺼이 사로잡히는 경향이 있다. 비트겐슈타인은 사적일 수밖에 없는 언어는 전적으로 성립 불가능하다는 것을 보여주려 했다. 그 논증은 다음과 같이 진행된다. 어떤 일정한 시간에 여러분이 느끼게 된 그 어떤 감각만을 여러분이 "W"라는 용어의 의미로 삼으려 한다고 생각해 보자. 그 이후에 가끔 그 감각을 느끼게 되면, "또다른 W가 나타났다"고 여러분을 말할 것이다. 그렇지만 어떻게 이 경우에 여러분이 그 용어를 올바로 사용했는지 그렇지 않은지를 결정할 수 있는가? 만에 하나 첫번째 감각을 잘못 기억할 수도 있는 것이고, 혹은 실지로는 단지 희미하고 어렴풋한 유사성밖에 없는데도 첫번째 감각과 두번째 감각 사이에 밀접한 유사성이 있는 것처럼 부주의하게 처리할 수도 있는 것이다. 만약 "W"라는 용어가 그 의미에 있어 어떤 다른 현상들과도 관련을 갖지 않는다면, 즉 주어진 감각의 일반적 원인과 결과들 또는 그 어느 한 쪽과도 전혀 관련을 갖지 않는다면, "W"라는 용어의 올바른 사용과 잘못된 사용을 구분할 방법은 어디에도 없게 될 것이다. 그런데 그 합당한 적용에 관해 영원히 결정을 내릴 수 없는 용어는 의미없는 용어라 아니할 수 없는 것이다. 사적일 수밖에 없는 언어는 그러므로 성립할 수 없다.

이 논증은 심리 상태들에 대한 우리의 상식적인 표현들을 그 표현들이 공개적으로 관찰 가능한 상황 그리고 행태들과 갖는 연결 관계로써 정의하려 시도하는 행태주의자들에게 큰 격려가 되었다. 그런 격려에도 불구하고 그런 시도들은 결코 참된 성공을 달성하지 못했고 (2장 2절에서 본 바처럼) 급작스레 좌절에 빠지게 되었다. 아마 이 점은 이미 예상된 것인지도 모른다. 왜냐하면 비트겐슈타인의 사적 언어 논증에서 행태주의자들은 그 전제가 정당화시키려는 것보다 훨씬

더 강한 결론을 이끌어냈기 때문이다. 유의미성을 얻기 위해 필요한 것이 올바른 사용을 위한 점검 수단이라 한다면, "W"라는 용어의 이해에 필요한 모든 것이란 W라는 감각의 나타남과 다른 현상의 나타남 사이의 어떤 연결 관계가 된다. 그런데 이 다른 현상들은 공개적으로 관찰 가능한 현상일 필요는 없다. 예를 들어, 그런 현상들은 다른 심리 상태들일 수도 있는데, 이것들도 "W"라는 용어의 올바른 사용을 위한 점검 수단으로 여전히 이용될 수 있다.

비트겐슈타인의 논증이 따라서 결론으로 내렸어야 했던 주장은 다른 용어들과의 체계적인 연결 관계 없이는 어떤 용어도 유의미성을 얻을 수 없다는 점이다. 의미란 어떤 단어가 다른 단어들과 얽혀 있는 그물망 형태의 맥락에서만, 즉 관련되는 단어들 모두를 포함하는 일반 진술을 통해 제시되는 그물망 형태의 맥락에서만 그 단어가 가질 수 있는 어떤 것인 것처럼 보인다. 만약 비트겐슈타인과 행태주의자들이 이 다소간 약한 결론을 이끌어 냈더라면, 철학자들은 아마도 그들이 실지로 그랬던 것보다 훨씬 수월하게 다음 절에 나오는 의미론에 도달하게 되었을 것이다.

추천도서 ━━━━━━━━━━━━━━━━

Malcolm, Norman, "Wittgenstein's *Philosophical Investigations*," the *Philosophical Review*, Vol. LXIII(1954). Reprinted in *The Philosophy of Mind*, ed. V.C. Chappell (Englewood Cliffs, NJ : Prentice-Hall, 1962).

Strawson, Sir Peter, "Persons," in *Minnesota Studies in the Philosophy of Science*, Vol. II, eds. H. Feigl and M. Scriven (Minneapolis : University of Minnesota Press, 1958). Reprinted in *The Philosophy of Mind*, ed. V.C. Chappell (Englewood Cliffs, NJ : Prentice-Hall, 1962).

Hesse, Mary, "Is There an Independent Observation Language?" in *The Nature and Function of Scientific Theories*, ed. R. Colodny (Pittsburgh : Pittsburgh University Press, 1970). 특히 pp. 44~45 참조.

3.3. 이론적 망상 구조 논지와 통속 심리학

이 절에서 다루어지게 될 견해는 다음과 같이 이야기될 수 있다. 심리 상태들에 대한 우리의 상식적 용어들은 상식에 뿌리 박고 있는 이론적 틀(통속 심리학)에 속해 있는 **이론적 용어**들이고, 그런 용어들의 의미는 이론적 용어들의 의미가 일반적으로 결정되는 것과 같은 방식으로 정해진다. 특별히 그 용어들의 의미는 그것들이 나타나는 법칙들과／원칙들／일반화들의 집합에 의해 결정된다. 이 견해를 설명하기 위해서 몇 발자국 뒤로 물러서서 이론이란 것에 대해 잠시 이야기해 보겠다.

3.3.1. 이론적 용어들에 대한 의미론

자연 과학에서 찾아볼 수 있는 대규모 이론들을 고찰해 보자. 화학 이론, 전자기 이론, 원자론, 열역학 기타 등등. 통상적으로 그런 이론은 문장들—보통 일반 문장들이나 **법칙**들—로 이루어져 있다. 이 법칙들은 그 이론들에 의해 전제되는 대상들, 집합들, 수치들, 속성들 사이에서 성립하는 관계들을 표현하고 있다. 그런 속성들이나 대상들은 문제되는 이론이 가지고 있는 독특한 **이론적 용어**들의 집합에 의해 표현되고 그 의미가 정해지게 된다.

전자기 이론을 예로 들어 본다면, 이 이론은 전하와 전기장 그리고 자기장의 존재를 가정한다. 전자기 이론의 법칙들은 이런 것들이 서로서로 그리고 여러 다른 현상들과 어떻게 관련을 맺고 있는가에 관해 진술하고 있다. "전기장"이란 표현을 충분히 이해하기 위해서는 그 표현이 나타나고 있는 이론적 원칙들의 망상 구조에 익숙해져야 한다. 그런 구조가 전체적으로 우리에게 전기장이 무엇이고 그것이 어떤 작용을 하는지를 알려 주게 되는 것이다.

이것은 하나의 전형적인 경우이다. 이론적 용어들은 일반적으로 그것의 사용을 위한 필요 충분 조건을 제시하는 단일하고 명확한 정의에 의해 그 의미가 밝혀지게 되는 그런 것들이 아니다. 이론적 용어는 그것들이 포함되어 있는 원칙들의 망상 구조에 의해 암묵적으로 정의되는 것이다. 우리에게 제시된 것과 같은 그런 인과적 '정의들' (예를 들어 "전자는 전기의 기본 단위이다"와 같은 정의들)는 그 용어가 가지고 있는 의미의 작은 부분만을 알려 주고 있는 것이며, 어떤 경우에는 반증당할 수 있는 가능성을 갖는 것들이다(예를 들어 요즘에 와서는 전자의 3분의 1의 전하량을 갖는 **쿼크**가 전기의 기본 단위라 여겨지고 있다). 이상과 같은 견해를 **망상 구조 의미론**(network theory of meaning)이라 한다.

3.3.2. 법칙 연역적 설명 모델

모든 이론의 법칙들은 단지 그것들이 포함하고 있는 이론적 용어들의 의미를 주는 일만을 하는 것은 아니다. 그 법칙들은 예측과 설명에 있어 한 몫을 하게 되는데, 이것이 이론의 참된 가치가 된다. 이 점은 어떤 사건이나 사태에 대해 **설명**을 한다는 것이 무엇이며 어떻게 이론이 그런 설명을 가능하게 하는지에 대해 질문을 던지게 만든다. 이 점에 관한 통상적인 해결 방안을 다음과 같은 이야기를 통해 찾아볼 수도 있을 것이다.

내 연구실에는 긴 금속 막대기와 그 막대기 양쪽 끝에 붙어 있는 두 개의 서로 마주보는 거울로 구성된 장치가 하나 있다. 그 막대기의 양 끝은 거울들이 항상 일정한 거리만큼 정확히 떨어지도록 조절되어 있다. 어느 날 아침 어떤 실험을 막 시작하기 전에 그 거리를 다시 측정하던 나의 조수가 막대기가 약 1 mm 정도 전보다 길어진 것을 발견했다.

> "이것 봐요. 이 막대기가 늘어났는데 왜 그렇죠?"라고 그는 알려 왔다.
> "내가 그것을 뜨겁게 만들었으니까" 하고 나는 설명했다.
> "네에? 도대체 그 일이 무얼 어떻게 만들었다는 겁니까?" 하고

그는 물었다.

"아, 그거. 그 막대기는 구리로 되어 있단 말일세." 나는 계속 설명했다. "네에?" 그는 이야기했다. "그래서 도대체 그것이 뭐가 어떻다는 말입니까?" 하고 그는 고집스럽게 묻는다.

"아, 그것. 모든 구리는 열을 가하면 늘어나거든" 나는 화가 나는 것을 누르면서 대답했다.

"아, 알겠어요," 형광등이 깜빡거리다가 결국 밝아지는 것처럼 그는 말했다.

만약 나의 그 마지막 말이 떨어졌는데도 내 조수가 여전히 이해하지 못했다면, 나는 그를 해고해야 했을 것이다. 왜냐하면 왜 막대기가 길어졌는지에 대한 설명은 이제는 완전해서 삼척 동자라도 그것을 이해할 정도가 되었기 때문이다. 우리는 왜 막대기가 그렇게 된지를 그리고 어떤 의미에서 그 설명이 완전한지를, 나의 설명이 포함하고 있는 일련의 정보들을 살펴봄으로써 알 수 있다.

1. 모든 구리는 열을 가하면 늘어난다.
2. 이 막대기는 구리로 되어 있다.
3. 이 막대기에 열이 가해졌다.
_____
4. 이 막대기는 늘어났다.

독자들은 앞의 세 명제들이 모여서, 설명되어야 하는 사태 또는 사건에 대한 진술 즉 네번째 명제를 **연역적으로** 함축하게 된다는 점을 눈치챘을 것이다. 그 막대기의 팽창은 처음 세 명제들이 기술하고 있는 조건들의 필연적 귀결이다.

우리는 여기서 타당한 연역적인 **논증**을 구하고 있는 셈이 된다. 설명이란 논증의 형태 즉 그 전제들(설명항)이 설명에 필요한 정보를 포함하고 그 결론(피설명항)이 설명되어야 하는 사실을 기술하는 식의 논증의 형태를 가진 것처럼 보인다. 가장 중요한 점은 전제들이 **법칙적** 진술 즉 자연의 법칙이나 자연이 따르고 있는 질서를 표현하는 일반적인 진술을 포함한다는 점이다. 다른 전제들은 소위 말하는 "초기 조건들"을 표현하고 있는데, 그 초기 조건이 바로 설명되어야 하는 특정한 사실과 법칙을 연결시키는 것이 되는 것이다. 결국 어떤 사태나 사건을 설명하는 것은 자연 법칙으로부터 그 사태에 관한 기술을 연역해 내는 것이 된다. (그래서 "법칙 연역적 설명 모델"이라는 이름이 생긴 것이다.) 포괄적인 이론과 설명력 간의 연계성을 이제 쉽사리 이해할 수 있게 되었다.

　사건이나 사태의 **예측**도 본질적으로 같은 방식을 따르고 있다는 점을 우리는 명심해야 할 것이다. 예측과 설명의 차이는 관련되는 논증들의 결론들의 시제가 현재나 과거가 아니라 미래라는 데 있을 뿐이다. 몇 가지 점에 대해 더 주목해 보자. 일상 생활에서 설명할 때에는, 관련되는 논증의 전제를 모두 다 이야기하는 것은 아니다. (내 조수에 대한 나의 첫번째 반응을 보라.) 설명을 하는 사람은 설명을 듣는 사람이 관련되는 정보의 대부분을 이미 습득하고 있다고 가정하기 때문에, 그런 생략에 대해서는 일반적으로 어떤 문제도 발생하지 않는다. 설명을 듣는 사람에게 설명하는 사람이 제시하는 것은 단지 그들이 모르고 있다고 여겨지는 특정한 정보(예를 들어 "나는 그것을 가열했다") 같은 정보뿐이다. 구두로 제시되고 있는 설명의 대부분은 개략적인 설명일 뿐이다. 설명을 듣는 사람은 말해지지 않은 채 내버려진 부분을 채우게 되는 것이다. 마지막으로 지적해야 할 점은 우리의 상식적인 설명의 배후에 놓여 있는 '법칙이란 것'은 관계되는 참된 규칙성에 대충 근접하는 것 또는 그것에 대한 불완전한 파악을 표현하고 있는 항상 임시 변통적인 성격을 가진다는 점이다. 이 점은 따라서 우리의 설명이 일반적으로 개략적인 설명일 수밖에 없는 또 하나의 이유가 된다.

3.3.3. 통속 심리학

보통 사람들이 자기 동료들의 행위를 예측하고 설명하는 데서 가지는 상당한 능력들을 살펴보자. 우리는 다른 사람의 심리 상태를 설명하고 예측하기조차 할 수 있다. 우리는 어떤 사람들이 갖는 믿음, 욕구, 고통, 희망, 두려움 등을 가지고 그 사람들의 행동을 설명한다. 우리는 그들의 슬픔을 그들의 실망스러움으로 설명하고, 그들의 의도를 그의 욕구로써, 그들의 믿음을 그들의 지각과 추론으로 설명한다. 어떻게 우리는 이 모든 것들을 할 수 있는가?

앞 절에서 나타난 설명에 대한 자세한 논의가 올바른 것이라면 우리들 각각은 여러 심리 상태들을 (1) 다른 심리 상태들 (2) 외적인 상황 (3) 밖으로 드러난 행위들과 연결하는 일반적인 진술들이나 상당히 비중이 있는 법칙들의 집합에 관해 알고 있거나 통달하고 있어야만 할 것이다. 과연 그런가?

앞에서 예로서 제시된 대화에서 조수가 설명을 해 달라고 졸랐던 것처럼, 몇몇의 상식적인 설명을 좀더 추궁함으로써 통상적으로 어떤 다른 요소가 명시적으로 드러나지 않은 것인지를 알아낼 수 있다. 우리가 그런 요소를 찾아 나섰을 때, 우리는 글자 그대로 수백 가지의 심리 상태들에 관한 아래와 같은 상식적인 일반화를 발견하게 된다고 통속 심리학의 옹호자들은 주장한다.

사람들은 바로 직전에 일어난 신체적 상해로 인해 통증을 느끼는 경향이 있다.

얼마 동안 물을 먹지 못한 사람들은 갈증을 느끼는 경향이 있다.

고통 속에 있는 사람들은 그 고통을 완화시키고자 하는 경향을 갖는다.

갈증을 느끼는 사람들은 마실 물을 찾는 경향이 있다.

화난 사람들은 잘 참지 못하는 경향이 있다.

갑작스럽고 격심한 통증을 느끼는 사람들은 움츠러드는 경향이 있다.

화난 사람들은 얼굴을 찡그리는 경향이 있다.

P를 원하고, Q라는 것이 P를 일으키기에 충분한 것이라고 믿고 있는 사람들은, 그것에 상반되는 욕구나 보다 나은 전략이 없는 한 Q를 일으키려고 할 것이다.

이런 상투적인 이야기들 그리고 다른 심리 용어들이 포함되어 있는 비슷한 수백 가지의 다른 이야기들은 사람들이 어떻게 행동하는가에 대한 우리의 이해를 구성하고 있는 것이다. 이런 임시 변통적인 일반 진술들 또는 **법칙들**은 정상적인 방식의 설명과 예측을 뒷받침해 주는 것들이다. 그런 일반 진술들이나 법칙들이 모여 하나의 **이론**을 구성한다. 이러한 이론은 일정한 범위의 내적 상태를 가정하며, 이때 일반 진술이나 법칙은 그 상태들의 인과 관계를 기술한다. 우리들 모두는 그런 개념의 틀을 (어머니의 무릎 위에서 모국어를 배우는 것처럼) 배웠고 그러는 동안 무엇이 의식을 지닌 지성의 **참된 모습**인지에 대한 상식적 개념을 획득하게 된다. 이런 이론적 틀을 "통속 심리학"(folk psychology)이라 부를 수 있을 것이다. 통속 심리학은 우리 인간이 어떻게 행동하고 있는지를 이해하려는 수천 세대에 걸친 시도를 통해 형성되고 축적된 지식이 구체화된 것이다.

그런 법칙들이 일상적인 설명에서 어떤 역할을 하게 되는지를 잠시 밝혀 보기 위해, 다음과 같은 대화를 살펴보자.

"왜 그 모임에서 마이클이 처음 앉았을 때 조금 머뭇거렸지?"

"왜냐하면 그는 갑작스럽게 예리한 통증을 느꼈기 때문이지."

"알겠어. 그런데 왜 그가 통증을 느꼈을까?"

"왜냐하면 그는 내가 그의 자리에 뿌려 놓은 압정에 올라 앉았기 때문이지."

여기서 우리는 하나가 다른 하나의 꼬리를 물고 있는 두 가지의 설명을 보고 있다. 최초의 예에서 드러난 방식대로 각각의 설명을 추궁해 보면, 가정된 배경으로부터 바로 앞의 목록 중에 여섯번째와 첫번째 법칙이 드러날 것이고, 늘어난 막대기에 대한 설명과 같은 방식으로 두 연역적인 논증들이 분명히 드러날 것이다.

만약 통속 심리학이 글자 그대로 하나의 이론―인간의 언어와 문화에 깊이 뿌리 박고 있는 매우 오래된 이론이라 할지라도―이라 한다면, 우리의 심리 용어들의 의미는 이 절에서 나타나고 있는 논지에 따라서, 그 용어들이 포함되어 있는 통속 심리학적 법칙들의 집합에 의해 실제로 고정되어야 한다. 이 견해는 어떤 면에서는 직접적인 타당성을 가지고 있다. 만일 신체적인 상해에 의해 통증이 일어나고, 사람들은 통증을 싫어하고, 또 통증은 괴로움을 만들고, 움츠러들게 하고, 끙끙 앓게 만들고, 통증을 피하고자 하는 행위를 하게 만든다는 사실들을 어떤 사람이 전혀 모른다면, 그 사람이 "통증"이란 용어의 의미를 이해하고 있다고 누가 말할 수 있겠는가?

3.3.4. 다시 감각질 문제로 돌아와서

그러면 우리의 여러 심리 상태들의 감각질은 어떤가? 망상 구조 이론이 주장하고 있는 것처럼 감각질이 우리의 심리 용어들의 의미를 결정하는 데 아무런 역할도 하지 **않는**다고 정말 믿을 수 있는가? 감각질이 어떤 역할을 한다는 직관적 확신은 매우 강하다. 망상 구조 의미론의 지지자들이 이 영원한 직관을 다루는 데는 적어도 두 가지 방식이 존재한다.

첫째는 단지 부수적이거나 기껏해야 이차적인 역할이긴 하지만, 감각질도 **어떤** 용어들의 의미를 결정하는 데 있어 **모종의** 역할을 하고 있다는 점을 인정하는 것이다. 이런 양보는 우리의 직관을 달래는 데 커다란 기여를 할 것이고, 그래서 단지 그런 방식을 채택하고 나서 문제가 다 해결되었다고 선언하게 되기 쉽다. 그러나 그것은 해결되지 못한 어떤 문제들을 남겨 놓게 된다. 당신의 감각질은 당신에게만 뚜렷하게 드러나고 나의 감각질은 나에게만 뚜렷하기 때문에, 우리의 감각에 관한 용어들의 의미의 한 **부분**은 사적인 것으로 남게 되고, 그래서 그런 용어가 같은 것을 의미하고 있는지 아닌지는 여전히 끈질기게 문제거리가 될 것이다.

두번째 타협은 감각에 관한 용어들의 내성적인 적용에서 감각질이 중요한 역할을 한다는 점을 인정하는 것이지만, 감각질이 의미라는 것 자체에 있어서 어떤 역할을 하게 된다는 점은 여전히 부정하는 것이다. 통증을 간지러움과 또는 빨강에 대한 감각을 초록에 대한 감각과 구분할 때 여러분이 가지게 되는 내성적인 분별력은 물론 관련되는 상태들에 대한 감각질적인 특징에 맞추어져 있는 것이다. 우리들 각각은 스스로가 어떤 상태에 놓여 있는지에 대한 자발적인 관찰 판단을 내리기 위해, 그런 상태를 반영하는 감각질을 이용하는 법을 배우고 있다. 그러나 예를 들어 "통증"이라는 말이 정확히 의미하는 바는 특정한 감각질에 대한 어떠한 언급도 포함하지 않는다. 통증의 감각질적인 특징은 한 사람의 개인에게 있어서도 상당히 많이 변화하는 것이며, 서로 다른 개인들 사이에서는 더욱더 폭넓게 변화할 수 있고, 서로 다른 생물학적 종 사이에서는 극히 다른 것이라 거의 확신할 수 있다. 따라서 감각질이란 인식론적 중요성을 갖긴 하지만, 상호 주관적인 성격을 갖는 언어로 표현된 용어들에 대해서는 의미론적인 중요성을 갖지는 않는다.

이렇게 하여 망상 구조 의미론에 대한 2개의 경합을 벌이고 있는 추가적인 입장이 제시되었다. 둘 중에 어떤 것이 채택되어야 하는지는 독자들의 결정에 맡기겠다. 두 경우 모두, 배경이 되는 교훈은 평범한 것이다. 즉 심리 용어들의 의미의 주된 혹은 유일한 바탕은 그런 용어가 나타나고 있는 상식적인 이론의 틀이란 점이다. 이론적 용어가 일반적으로 그러하듯이, 그런 용어들이 나타나는 예측적 일반화와 설명적 일반화를 이용하는 법을 배우면서 우리는 비로소 그런 용어들을 이해하게 되는 것이다.

3.3.5. 일반적인 의의

망상 구조 의미론의—심신 문제에 대한—의의는 다음과 같다. 망상 구조 의미론은 최근에 나타난 세 가지의 유물론적 입장, 그리고 그뿐만 아니라 이원론과도 정합적인 것이다. 망상 구조 의미론은 그 자체로서는 이런 입장들 그 어느 것도 배제하거나 함축하지 않는다. 이 이론은 그런 입장들간의 대립의 본성에 관해 그리고 그런 대립이 해소될 방안에 대해 무엇인가를 우리에게 알려 주고 있을 뿐이다. 이 이론이 알려 주고 있는 바는 다음과 같다.

만약 심리적 상태에 대한 우리의 상식적인 개념의 틀이 글자 그대로 하나의 이론이라면, 심리 상태와 두뇌 상태의 관계에 관한 문제는 옛 이론(통속 심리학)이 어떻게든 그 이론을 대치하려고 위협하는 새 이론(완숙한 단계에 이른 신경 과학)에 어떻게 관련되느냐 하는 문제가 될 것이다. 심신 문제에 대한 네 가지 주요 입장들은 어떻게 이런 이론적인 대립이 해소될 수 있는지에 대한 네 가지 서로 다른 기대로서 나타난 것들이다. 동일론자들은 옛 이론이 완숙의 단계에 이른 신경 과학으로 어려움없이 환원될 것이라 예상한다. 이원론자들은 인간의 행위가 비물질적인 기반을 가지고 있다는 점을 들어 옛 이론이 완숙한 신경 과학으로 환원될 수 없다고 주장한다. 기능주의자들은 너무도 많은 종류의 물리적 체계들이 (아이러니컬하게도) 옛 이론에 의해 규정되는 하나의 인과적 조직체를 구성할 수 있기 때문에 옛 이론이 새 이론으로 환원될 수는 없을 것이라 본다. 그리고 제거론자들도 옛 이론이 환원되지 못할 것이라 보지만, 그 옛 이론이 이론들간의 환원을 만족시키기에는 너무도 혼란스럽고 부정확하다는 다른 이유를 들고 있다.

여기서 문제되는 것은 어떤 이론의 운명 즉 사변적인 설명 체계의 운명, 말하자면 우리의 사랑을 받아 온 통속 심리학의 운명에 관한 것이다. 그리고 분명한 점은, 위에서 나타난 네 가지 가능한 운명의 문제는 신경 과학, 인지 심리학, 그리고 인공지능 분야에서의 계속적인 연구에 의해서만 결정적인 해결을 볼 수 있는, 근본적으로 경험적인 문제란 것이다. 우리가 유용하게 써먹을 수 있는 연구의 결과들 중 몇몇은 2장에서 이미 소개된 바 있다. 나머지 세 장에서도 더 많

은 것이 밝혀질 것이다. 이 장에서의 결론 즉 계속 그러해 왔고 지금
도 그렇지만 우리 자신에 관한 낯익은 개념들은 하나의 고유한 이론
적 개념이란 결론은 이 모든 앞서의 결론을 보다 차원 높은 시점에
올려다 놓는다.

　이제 곧 알게 되겠지만, 망상 구조 의미론은 다음 장에서 다루어
질 성가신 인식론적 문제들에 대해 주된 결론도 제공한다. 의미에 관
한 마지막 한 가지 문제, 즉 우리의 여러 가지 심리 상태들의 지향성
(intentionality) 문제를 다루고 나서 인식론적 문제를 다루기로 하자.

추천도서 ▬▬▬▬▬▬▬▬▬▬

Sellars, Wilfrid, "Empiricism and the Philosophy of Mind," in *Minnesota Studies in the Philosophy of Science*, Vol. I, eds. H. Feigl and M. Scriven (Minneapolis : University of Minnesota Press, 1956). Reprinted in Wilfrid Sellars, *Science, Perception, and Reality* (New York : Routledge & Kegan Paul, 1963) 특히 sections 45~63 참조.

Fodor, Jerry, and Chihara, C., "Operationalism and Ordinary Language : A Critique of Wittgenstein," *American Philosophical Quarterly*, Vol. 2, no. 4 (1965).

Churchland, Paul, *Scientific Realism and the Plasticity of Mind* (Cambridge : Cambridge University Press, 1979), section 12.

Hempel, Carl, and Oppenheim, Paul, "Studies in the Logic of Explanation," *Philosophy of Science*, Vol. 15 (1948), Part I. Reprinted in *Aspects of Scientific Explanation*, ed. Carl Hempel (New York : Collier-Macmillan, 1965).

Churchland, Paul, "The Logical Character of Action Explanations," *Philosophical Review*, Vol. LXXIX, no. 2 (1970).

3.4. 지향성과 명제 태도

　우리는 지금까지 우리의 심리 상태들에 관해서 우리가 늘상 써먹어

온 말들과 그 말들의 의미의 기반에 관한 이론들에 대해 살펴보았다. 이제 우리의 관심을 일정한 심리 상태들 자체에—예를 들어 생각, 믿음, 두려움 등에—돌려 보자. 그런 상태들 각각은 '의미' 즉 특정한 명제적 '내용'을 갖는 것들이기 때문이다.

> [어린 아이들은 깜찍한 데가 있다]고 **생각하고**
> [인간은 커다란 잠재력을 갖고 있다]고 **믿고**
> [문명은 또 한 번 암흑기를 맞게 된다]고 **두려워하기도** 한다.

이러한 각각의 상태들은 **명제 태도**라 부르는데, 그 이유는 각각이 어떤 특정한 명제에 대한 일정한 '태도'를 나타내고 있기 때문이다. 철학자들의 전문적인 용어로 그런 상태들은 **지향성**을 나타내고 있다고 한다. 그것은 그런 상태들이 무엇을 '지향'하거나 혹은 그 자신을 넘어서 있는 어떤 것을 '지시하고' 있기 때문이다. 즉 그런 상태는 어린 아이들, 인간들 그리고 문명을 '뜻'(志向)하거나 지시(指向)하고 있다. ("지향성"(intentionality)이라는 용어의 이런 사용은 "무엇을 고의적으로 꾀한다"라는 뜻의 "의도적"(intentional)이라는 용어와 아무런 관계가 없다는 점에 주의해야 한다.)

명제 태도라는 것은 그렇게 드문 것은 아니다. 그것은 우리의 통속 심리학적 어휘의 거의 대부분을 차지하고 있다. P라는 것에 대해 의심할 수 있고, P를 희망할 수 있고, P를 바랄 수 있고, P라는 것을 들을 수 있고, P를 마음 속으로 되새겨 볼 수도 있고, P를 추리할 수 있고, P라고 가정할 수 있고, P라 추측할 수 있고, Q라는 것보다 P를 선호할 수 있고, P라는 사실에 혐오감을 느낄 수도 있고, P라는 사실에 기쁨을 느낄 수도 있고, P라는 사실 때문에 놀랄 수 있고, 기타 등등의 태도를 P나 Q 또는 여러 명제들에 대해 취할 수 있음을 상기해 보라. 통속 심리학이 인정하듯이 이런 상태는 모두 의식을 가진 지성의 본질을 구성하는 것들이다.

이런 명제 태도들의 지향성은 순수히 물리적인 상태는 결코 가질 수 없는 성격으로서, 종종 정신적인 것과 물질적인 것을 구분해 주는 결정적인 특징으로 지적되어 왔다. 명제 태도들에 대한 합리적인 조작이 실지로 의식을 가진 지성의 독특한 특징일 수 있다는 점에서 그런 주장은 부분적으로 옳다고 할 수 있다. 그러나 비록 지향성이 '정신적인 것의 표식'으로 자주 지적되고 있다 해도, 그것이 어떤 형태의 이원론을 반드시 전제하는 것은 아니다. 2장 3절에서 우리는 이미 두뇌 상태들과 같은 순수 물리 상태들이 어떻게 명제적 내용을 갖게 되어서 지향성을 드러내게 되는지에 대해 살펴본 바 있다. 내용이나 의미를 갖는다는 것은 어떤 복합적인 추론 계산 체계에서 드러날 단지 특정한 역할 수행의 문제인 것처럼 보인다. 그래서 두뇌의 내부적 상태나 컴퓨터 같은 것조차도 그런 역할을 수행하지 못하라는 법은 없는 것이다.

만약 어떤 두뇌 상태가 그런 역할을 수행하고, 또 만약 우리의 심리 상태들이 어떤 의미에서 그런 상태들과 동일하다고 한다면(기능주의와 동일론 모두가 주장하는 것처럼), 우리는 여기서 유물론에 대한 논박을 얻게 되는 것이 아니라, 오히려 일차적으로 우리의 명제들이 어떻게 명제적 내용을 갖게 되는지에 대한 그럴 듯한 설명을 얻게 되는 것이다. 그리고 만약 그런 태도들이 다른 것과 구분되는 하나의 의미나 명제적 내용을 가지게 된다면, 그것들은 물론 지시체(혹은 상정된 지시체) 또한 가지게 될 것이다. 즉 애초에 지향성의 특징으로 지적된 그 자신을 '넘어서 지시함'이란 속성을 갖는다.

철학자들에 의해 명제 태도들이 물질적인 것으로부터 정신적인 것을 완전히 다른 것으로 구분해 내는 수단으로 자주 언급되어 왔다는 사실에는 역사적인 아이러니가 깃들어 있다. 그것은 우리가 여기서 통속 심리학적 개념들의 논리적 구조를 다루면서, 통속 심리학의 구조와 전형적인 물리 이론의 구조 사이의 차이점이 아니라 매우 긴밀한 유사성을 발견하였기 때문이다. 다음 두 목록의 각 요소를 비교해 보자.

명제 태도들	수적 태도들
…은 P를 믿는다	…은 n이란 길이(m)를 갖는다
…은 P를 바란다	…은 n이란 속도(m/s)를 갖는다
…은 P를 두려워한다	…은 n이란 온도(K)를 갖는다
…은 P를 이해한다	…은 n이란 전하량(c)을 갖는다
…은 P를 의심한다	…은 n이란 운동 에너지(J)를 갖는다

통속 심리학이 **명제 태도**를 가지게 되는 반면, 수학적으로 표현되는 물리학은 **수적**(數的) 태도를 갖는다. 첫번째 목록에 있는 표현들은 "P"의 자리에 특정한 명제를 채워 넣음으로써 완전하게 되고, 두번째 목록의 표현들은 "n"의 자리에 특정한 숫자를 집어 넣음으로써 완전하게 된다. 그렇게 하고 나서야 완전한 술어가 되는 것이다. 이런 구조적 유사성은 부가적인 유사점들을 낳는다. 수들간의 관계(예를 들어 n보다 2배 크다)가 수적 **태도들**간의 관계를(예를 들어 내 몸무게는 네 몸무게보다 2배 더 나간다) 특징지을 수도 있는 것처럼, 명제들간의 관계들(예를 들어 논리적 부정합성, 함축 관계)은 명제 **태도들**간의 관계(예를 들어 내 믿음은 너의 믿음과 정합적이지 못하다)를 특징짓는 것이다. 태도들 각각의 종류들은 각각의 추상적 대상들이 갖는 추상적 속성들을 '되물려받는' 것이다.

이러한 유사점들은 매우 중요한 유사성의 기반이 된다. 모종의 명제 태도들간의 관계 혹은 모종의 수적 태도들간의 관계가 보편적으로 성립하는 상황에서는, 태도들간의 추상적 관계들을 이용하여 성립된 **법칙**들을 진술해 낼 수가 있다. 통속 심리학의 많은 설명 법칙들은 정확히 이런 형식을 따르고 있다.

· x가 P라는 사실을 두려워한다면, x는 P를 바라지 않는다.

- x가 P를 희망하고 있고 P를 발견했다면, x는 P라는 사실로 인해 기뻐한다.
- x가 P를 믿고 또 P이면 Q라는 점도 믿는다고 한다면, 이때 혼란이나 착오나 기타 등등이 없다면, x는 Q를 믿게 될 것이다.
- x가 P를 바라고, 또 x가 Q라면 P라는 것을 믿고, 그리고 x는 Q라는 것을 일으킬 수 있다고 한다면, 상반되는 다른 욕구나 보다 나은 방도가 없는 한 x는 Q를 일으킬 것이다. *

마찬가지로 물리학의 수학적인 법칙들도, 논리적인 관계가 아니라 숫자들 사이의 관계가 문제가 된다는 점을 제외하고는, 꼭같은 구조를 드러내고 있다.

- x가 P의 압력, V의 체적, μ의 질량을 갖는다면, 높은 압력이나 밀도가 없는 한 x는 $PV/\mu R$의 온도를 갖는다.
- x가 M이란 질량을 갖고 F의 힘을 받고 있을 때 x는 F/M의 가속도를 갖는다.

이런 식의 예들은 수천 가지가 있다. 그뿐만 아니라 자연 과학에서 나타나는 많은 문장들은 벡터에 관한 용어도 포함하는데, 그런 '벡터적 태도들'을 포괄하는 법칙들은 그 용어들에 의해 지시되는 벡터량들 사이에서 성립하는 **대수적/삼각 함수적** 관계들을 특징적으로 나타내거나 이용한다. 예를 들어,

- x가 P_x라는 운동량을 가지고 y는 P_y라는 운동량을 가지며, x

---

* 엄밀하게 말해서 이 문장들은 모두 전칭 양화가 되어야 하고, 용어들과 접속어들에 대해 단서가 붙어야 한다. 그러나 이 개설서는 형식 논리에 관한 사항을 전제하지 않은 책이기 때문에, 이런 세부적인 사항들은 무시하겠다. 이 문제는 이 절 끝에 있는 추천 도서 가운데 P. Churchland의 논문에서 제대로 논의될 것이다.

와 y는 폐쇄된 체계 내에서 서로 상호 작용하는 유일한 물체들이라면, P_x와 P_y의 벡터량의 총합은 항상 일정하다.

이런 예에서 나타나고 있는 바는 다른 모든 경우에 있어서도 동일하다. 추상적 대상들의 영역에서—수, 벡터 또는 명제—성립하는 추상적 관계들은 온도와 압력, 힘과 가속도, 상호 작용하는 운동량들 사이에서 성립하는 경험적 규칙을 즉 **실제적인** 상태와 대상들 사이에서 성립하는 경험적 규칙을 우리가 이끌어 내는 데 도움이 되고 있으며 여러 유형의 심리 상태들의 경우에 있어서도 역시 경험적 규칙을 얻는 데 도움이 된다. 그래서 통속 심리학의 개념적 틀은 우리의 많은 개념적 탐구의 표준적인 지적 전략을 단지 이용하고 있을 뿐이라 생각할 수 있다. 수나 벡터를 이용한다고 해서 어떤 이론이 본질적으로 물질적이거나 혹은 본질적으로 비물질적이지는 않는 것과 마찬가지로, 명제들을 이용한다고 해서 어떤 이론이 본질적으로 물질적이거나 본질적으로 비물질적이거나 하지는 않는 것이다. 명제 태도가 궁극적으로 물질적인 본성을 갖느냐 하는 것은 경험적인 문제로 남는다. 단순히 어떤 것이 **명제 태도**라 해서(그래서 지향성을 띠고 있다고 해서) 그런 사실이 곧바로 물질적인 것이나 비물질적인 것을 함축하는 것은 결코 아니다.

이런 짧은 논의에서 두 가지의 확연한 교훈을 이끌어 낼 수 있다. 첫번째 것은 어떤 용어의 의미란 그 용어가 속해 있는 가정들의 망상 구조에서 그 용어가 차지하는 위치에서부터 나타나는 것이고 그 체계의 전반적인 추론의 체제 내에서 그 용어가 결과적으로 떠맡게 되는 개념적 역할에서부터 나타나는 것이므로 우리의 심리 상태들은 그것들이 가지고 있는 복잡한 **관계적인** 특징 바로 그것 때문에 명제적 내용을 갖게 된다는 생각이다. 그러나 원칙적으로 물리적 상태들도 합당한 관계적 특성들을 쉽사리 가질 수 있기 때문에, 이 생각은 물리적 상태들도 명제적 내용을 가질 수 있다는 점을 아무런 문제 없이 함의한다. 이 견해는 요즘 이 분야의 연구자들 사이에서 널리 퍼져

있는 생각이지만 보편적인 주장은 아니므로 독자들은 조심할 필요가
있다.

두번째 교훈은 통속 심리학의 법칙들과 개념들 사이에서, 그리고
다른 이론들의 법칙들과 개념들 사이에서 성립하는 매우 밀접한 구조
적인 유사성에 관련된다. 이러한 유사한 점들의 출현은 이미 앞 절에
서 제시된 통속 심리학도 글자 그대로의 의미에서 하나의 이론이라는
견해와 밀접하게 관련된다. 이 견해에 대한 좀더 발전적인 확대는 다
음 장에서 나타날 것이다.

추천도서 ----------------------------

Brentano, Franz, "The Distinction between Mental and Physical Phenomena," in
    Realism and the Background of Phenomenology, ed. R.M. Chisholm (Glencoe,
    IL : Free Press, 1960)

Chisholm, Roderick, "Notes on the Logic of Believing," *Philosophy and
    Phenomenological Research*, Vol. 24 (1963).

Churchland, Paul, "Eliminative Materialism and the Propositional Attitudes,"
    Journal of Philosophy, Vol. 78, no 2 (1981), section 1.

Churchland, Paul, *Scientific Realism and the Plasticity of Mind* (Cambridge :
    Cambridge University Press, 1979), section 14.

Field, Hartry, "Mental Representation," *Erkenntnis*, Vol. 13, no. 1(1978). Reprint-
    ed in *Readings in Philosophy of Psychology*, Vol. II, ed. N. Block (Cambridge,
    MA : Harvard University Press, 1981).

Fodor, Jerry, "Propositional Attitudes," *Monist*, Vol. 61, no. 4 (1978). Reprinted
    in *Readings in Philosophy of Psychology*, Vol. II, ed. N. Block (Cambridge,
    MA : Harvard University Press, 1981).

Fodor, Jerry, "Methodological Solipsism Considered as a Research Strategy in
    Cognitive Psychology," *The Behavioral and Brain Sciences*, Vol. 3(1980):

Stich, Stephen C. *From Folk Psychology to Cognitive Science : The Case Against Belief*
    (Cambridge, MA : MIT Press/Bradford, 1983).

의미와 지향성에 대한 추론적-역할-망상 구조 이론에 대한 반대 입장에 관한 도서

Searle, John, "Minds, Brains, and Programs," *The Behavioral and Brain Sciences*, Vol. III, no. 3 (1980).

제 4 장

인식론적 문제

인식론적인 문제는 두 부분으로 나누어지는데, 두 부분 모두는 우리가 의식을 지닌 지적인 마음의 내적인 활동에 대한 **지식**을 어떻게 가질 수 있게 되는가 하는 문제에 관련된다. 첫번째 문제는 **다른 존재의 마음의 문제**라고 부른다. 자기 자신과는 다른 어떤 존재가—외계인, 똑똑한 로봇, 사회 활동이 가능한 컴퓨터, 또는 다른 인간—생각하고 느끼고 의식을 가지고 있는 존재인지를 어떻게 결정할 수 있는가? 예를 들어 어떤 행동이 진짜 심리 상태에서부터 나타나는 것이 아니라, 의식이 없는 자동 기계에서부터 나타나는 움직임인지 어떻게 알 수 있는가? 이 문제에 관해 우리는 어떤 답을 줄 수 있을까? 두번째 문제는 **자기 의식의 문제**라 부른다. 의식을 가지고 있는 모든 존재는 그 자신의 감각, 감정, 믿음, 욕구 기타 등등에 대한 직접적이고 특별한 지식을 갖게 되는데, 그것은 도대체 어떻게 가능한가? 그리고 얼마만큼 그 지식이 믿을 만한가? 이 두 문제에 대한 답은 서로 연관을 갖게 된다는 점이 이제 드러날 것이다. 첫번째 문제를 먼저 살펴보자.

4.1. 다른 존재의 마음의 문제

  언어적 행태를 포함하여 다른 존재의 행동을 관찰함으로써, 그 존재가 의식을 가지고 있고 생각을 하는 존재라고—즉 '또 다른 마음'을 가진 존재라고—판정을 내리게 되는 것이 보통이다. 신체적인 상해와 신음 소리에서 우리는 고통을 추리한다. 미소와 웃음에서 우리는 기쁨을 추리한다. 눈 뭉치를 피하는 행동에서 우리는 지각이 있음을 추리한다. 환경에 대한 복합적이고 적절한 이용에서 우리는 욕구와 의도 그리고 믿음을 추리한다. 이런 것들과 관련된 것들을 통해 그리고 특별히 언어의 사용을 통해 우리는 문제가 되는 존재에서 의식을 가진 지성의 존재 여부를 추리하는 것이다.

  이런 점들에 대해선 이론의 여지가 없을 것이다. 그러나 이런 주장들은 우리의 문제를 해결하는 것이 아니라 소개하는 것에 지나지 않을 뿐이다. 문제는 우리가 위에서 지적된 종류의 추론을 정당화시키는 것은 무엇이냐고 묻기 시작할 때 나타난다. 일정한 종류의 행동이 나타난다는 사실에서부터 일정한 종류의 심리 상태의 (감추어진) 발생을 추리하는 것은 "만약 B라는 종류의 행동이 어떤 존재에게서 나타난다면, S라는 종류의 심리 상태가 항상 나타나고 있다"는 잠정적인 형태를 가진 합당하고 일반적인 연결 관계가 둘 사이에 성립한다고 가정하는 것이다. 그러한 '심리 행동적 일반화'는 "천둥 소리가 나면 그 근처에 항상 번개가 친다(혹은 쳤다)"라는 것과 같은 경험적 일반화의 표준적인 형태를 갖는다. 심리 행동적 일반화의 정당화도 아마 이와 비슷할 것이다. 그런 일반적 진술들은 지적된 현상들 간의 규칙적인 연관성에 대한 과거의 경험에 의해 정당화된다. 언제 어디서나 번개가 내리치는 것을 지각한 경우에 우리는 일반적으로 (매우 큰) 천둥 소리 역시 지각하게 된다. 근처에 전쟁에 사용될 무기가 없다면 아무것도 정확히 그런 소리를 내지 못할 테니까.

그러나 우리가 관찰할 수 있는 모든 것이란 고작 제시된 연결 관계의 반쪽 즉 어떤 존재의 행위밖에는 없다고 할 때, 합당한 심리 행동적 일반화가 다른 존재들에 대해서도 적용될 수 있다는 우리의 믿음은 어떻게 정당화될 수 있을 것인가? 만약 어떤 존재가 일정한 심리 상태를 가지고 있다고 한다면, 그 존재의 심리 상태는 오직 그 존재 자체에 의해서만 직접적으로 관찰될 수 있을 것이다. 우리는 그의 심리 상태를 관찰할 수 없다. 그래서 우리는 심리 행동적 일반화의 정당화에 필요한 종류의 경험적 지지를 얻을 수 없는 것이다. 그렇다면 명백하게도 그런 심리 행동적 일반화는 정당화될 수 없게 된다. 따라서 다른 존재의 행동에서부터 그가 어떤 심리 상태들을 가지고 있다고 추리하는 것은 정당화될 수 있는 것이 아니다. 말하자면 자기 자신을 제외한 다른 존재가 심리 상태들을 가지고 있다는 믿음은 누구도 정당화시킬 수 없는 믿음이란 것이다!

이 결론은 매우 부적절하다. 그러나 이 회의론적인 문제는 아주 강력한 것이다. 다른 존재들의 마음이 존재한다는 것에 대한 믿음은 행동으로부터의 추리를 필요로 한다. 그런데 그 추리는 다른 존재들에 대한 일반화를 필요로 하는데, 그런 일반화는 그 다른 존재의 경험에 의해서만 정당화될 수 있다. 그러나 단지 자기 자신의 경우에 있어서의 경험만이 우리가 가진 모든 것이다. 이것이 다른 존재의 마음에 대한 고전적인 문제이다.

4.1.1. 유추에 의한 논증

다른 존재의 마음의 문제에 대한 고전적인 해결 방안으로는 세 가지 시도가 있는데, 그 중에서 가장 단순한 것은 아마도 유추에 의한 논증일 것이다. 정확히 한 경우에만 우리는 심리 행동적 연결 관계의 두 측면 모두를 관찰할 수 있다고 한다. 그것은 바로 자기 자신의 경우이다. 그래서 적어도 자기 자신의 경우에 있어서는 관련된 이 일반화는 실제로 참이라고 결정할 수 있다. 그런데 내가 관찰할 수 있는 한, 다른 인간들의 경우는 나의 경우와 매우 비슷하다고 볼 수 있다.

그 일반화가 나에게 해당된다면 유추에 의하여 그런 일반화가 다른 인간들에게도 적용될 수 있다고 추론하는 것은 타당하다. 따라서 나는 결국 그런 일반화를 받아들이게 되는 정당한 근거를 갖게 되고, 이에 따라 그런 일반화들의 힘을 빌려 어떤 특정한 존재들의 심리 상태에 관해 일정한 추리를 하는 것이 나에게 있어 정당화되는 것이다.

다른 존재의 마음의 문제에 대한 회의적 결론에 반대하고자 하는 우리의 충동이 너무도 커서, 그런 회의적 결론을 피할 수 있음을 약속하는 어떤 해결책도 우리는 다 받아들일 수 있을 듯하다. 그러나 유추에 의한 논증에도 심각한 난점이 있으며 그래서 그 논증은 조심스럽게 받아들여야 할 것이다. 첫번째 문제는 이 논증이 다른 존재의 마음에 대한 지식을 정확히 **하나의** 사례에서 도출되는 귀납적 일반화에 의존하는 것으로 간주한다는 점에 있다. 이런 식의 논증은 귀납 논증에 있어서 가장 약한 경우로서 마치 한 마리의 곰(북극곰)의 관찰을 토대로 모든 곰은 하얗다고 추리하는 것과 비교될 만하다. 타인의 마음이 존재한다는 것에 대한 우리의 강한 확신이 그런 연약한 논증에 의해 설명되고 남김없이 그 근거가 주어질 수 있는지에 대해선 의문의 여지가 있다. 확실히 우리는 여러분들이 의식을 가진 존재라는 나의 믿음은 그런 **논증에서 드러난 바**보다는 훨씬 훌륭한 근거를 가지고 있다고 이의를 제기하고 싶을 것이다.

그런데 거기에는 또 다른 문제가 있다. 다른 존재의 마음에 대한 어떤 사람의 지식이 궁극적으로 그 사람 자신에 대해 스스로가 관찰할 수 있는 것에만 한정된다면, 색맹인 사람들이 그들에게는 불가능한 종류의 시감각을 다른 사람들이 가지고 있다고 단적으로 믿는 것은 가능하지 않을 것이고, 듣지 못하는 사람이 다른 사람은 들을 수 있다는 점 등등을 믿는다는 것도 가능하지 않을 것이다. 이 견해에 따르면 우리는 오직 우리가 우리 자신의 마음에서 발견한 것만을 다른 존재의 마음에 합당하게 부여할 수 있는 것이다. 이로부터 귀결되는 것은 예를 들어 만약 한 외계 존재의 심리 구조가 우리 자신의 것과 체계적으로 다르다면(결국 그럴 확률이 높지만), 우리는 그 존재

116

들에 대해 합당하게 심리 상태들을 부여할 수 없게 된다는 점이다. 다른 존재의 마음의 내용에 대한 우리의 합당한 가정이 정말 이런 편협한 방식으로 제한되고 있는가?

세번째 반론은 문제가 되는 심리 행동적 연결 관계의 이해를 돕는 설명을 제공하는 유추에 의한 논증을 전체적으로 붕괴시키려고 한다. 내가 많은 다양한 심리 상태를 확연히 파악하고 그것들 각각을 구분하려 한다면 그리하여 그런 상태들이 나의 행동에 대해 갖게 되는 연결 관계를 점칠 수 있으려면, 나는 그런 판단들을 내리는 데 필수적인 개념들을 가지고 있어야 한다. 즉 나는 "고통", "슬픔", "두려움", "욕구", "믿음" 그리고 기타 등등의 말들의 의미를 파악하고 있어야 한다. 그러나 그런 용어들의 의미는 대체로 또는 거의 전부 그 용어들과 다른 심리 상태들, 외적인 상황들 그리고 관찰 가능한 행동들을 나타내는 용어들을 연결하는 일반적인 가정들의 망상 구조에 의해 주어진다는 점은 앞 장에서 이미 살펴본 바 있다. 따라서 단순히 관련이 되는 개념들을 파악하고 있다는 것은, 자기 자신의 경우를 살펴봄으로써 나타난다고 여겨지는 심리 상태와 외적인 행위간의 일반적인 연결 관계를 이미 알고 있다는 것을 의미하는 것이다. 따라서 우리의 통속 심리학적 개념에 대한 이해는 단지 어떤 한 사람에게 있어서 나타나는, 타인에게는 알려질 수 없는 스스로의 의식의 흐름에 대한 개인적인 파악의 수준을 넘어서 있는 어떤 것에서 유래함에 틀림없는 것이다.

결론적으로 유추에 의한 논증에서 나타나는 이런 난점들은 다른 존재의 마음의 문제에 대해 다른 해답을 찾고자 하는 강한 동기를 제공하고 있다. 해결해야 하는 문제와 같은 수준의 문제들을 또다시 만들어 내지 않는 그런 해결책을 찾고자 하는 동기말이다.

4.1.2. 다시 행태주의로 돌아와서

철학적 행태주의자들은 유추에 의한 논증에서 발견된 난점들에 대해 장래성있는 다른 해결책을 재빠르게 만들어 냈다. 특별히 그들은 심리 상태들과 행동들을 연결하는 일반화가 경험적 관찰에 의해 적절히 정당화될 수 없다면, 그것은 아마도 그런 정당화가 애초부터 경험적 정당화가 아니기 때문일지도 모른다고 주장한다. 오히려 그들은 그런 일반화는 단순한 정의로서 참이 되는 것이라고 제안한다. 그런 일반화는 그것이 포함하는 심리 용어들에 대한 조작적 정의라는 것이다. 그러한 한에서 그 일반화는 경험적으로 정당화될 필요가 전혀 없는 것이다. 그래서 적합한 방식으로 행동하고 또는 행동하려는 성향을 가진 어떤 존재는 **정의에 의해** 의식과 감각을 가진, 지적인 존재가 되는 것이다. (전형적인 행태주의자들이 항상 이런 주장을 이처럼 대담하고 직접적으로 한 것도 아니고 이처럼 분명히 한 것도 아니지만.)

다른 존재의 마음에 관한 문제를 해결해야 한다는 압력, 유추에 의한 논증의 무기력함 그리고 심리 용어들의 의미는 어떤 방식으로 심리 행동적 일반화와 밀접한 관련을 갖는다는 생각의 매력 같은 것들을 고려해 본다면, 왜 철학자들이 이 입장의 몇몇 변형들을 위해 그렇게 열심이었던지를 이해할 수 있을 것이다. 그러나 그들은 실패하고 만다. 통속 심리학의 일반화들을 살펴 보면, 그 일반화들이 단순한 '조작 정의'의 형식을 거의 취하지 않고 있음을 발견할 수 있다. ("용해됨"이란 용어에 대한 2 장 2 절에서의 논의를 상기해 보라.) 행태주의자들은 하나의 단순한 심리 용어에 대해서조차도 그 적용에 대한 **행태적** 필요 충분 조건을 진술할 수 없는 것이다. 또한 통속 심리학의 일반화도 정의에 의해 참인 것처럼 보이지 않는다. 오히려 그런 일반화들은 우리의 언어적 직관에 영향을 미치고 또한 일상적인 교제에 있어 설명적이고, 예측적인 기능도 행하는 다소 엉성한 경험적 진리인 것처럼 보인다. 이 사실로 인해 우리는 다른 존재의 마음에 대한 우리의 지식이 의존하고 있는 것처럼 보이는 다양한 심리 행동적 일반화를 **정당화**해야 하는 문제로 다시 돌아오게 된다.

4.1.3. 설명적 가설들과 통속 심리학

다른 존재의 마음에 대한 문제는, 이론적 정당화라는 것에 대한 우리의 파악이 아직 매우 초보적인 시기에 처음으로 정식화되었다. 최근에 이르기까지도 거의 대부분의 일반 과학 법칙은 그 법칙에 포함되어 있는 요소들에 대한 적당한 빈도의 관찰 사례에서 얻어지는 귀납적 일반화에 의해 정당화될 수 있으리라 믿어졌다. 어떤 사람이 몇 마리의 까마귀를 보았고, 그것들이 검은 것임을 알아 차렸고, 그래서 그는 "모든 까마귀는 검다"고 일반화한다. 이런 식으로 모든 법칙이 만들어진다고 여겨졌다. 이 생각은 관찰 가능한 대상들과 속성들을 연결하는 법칙들에 대해서는 합당한 것이 되었을지도 모른다. 그러나 현대 과학은 **관찰할 수 없는** 대상과 속성들을 규제하는 법칙으로 꽉 차 있는 것이다. 원자들, 분자들, 유전자들 그리고 전자기파 등에 대해 생각해 보자. 평범하게 이야기해서 관찰 가능하지 않는 것에 관한 법칙들은 만약 정당화되어야만 한다면 경험적 정당화 이외의 형식을 취해야 할 것이다.

이 다른 형식의 정당화는 찾기 어려운 먼 곳에 있는 것이 아니다. 이론가들은 관찰 불가능한 대상들을 상정하고 또 그것들을 규제하는 특정한 법칙을 만들어 낸다. 왜냐하면, 종종 이런 작업이 우리로 하여금 지금까지 설명되지 않은 관찰 가능한 현상들에 대한 예측과 설명을 가능하게 하는 이론을 만들 수 있게 해주기 때문이다. 보다 정확히 말해서 우리가 어떤 가설들을 가정하고 관찰 가능한 상황에 대한 정보를 그것들과 연결하면, 관찰 가능한 부가적인 현상들에 관한 진술들 즉 체계적으로 **참**인 진술들을 종종 연역할 수 있게 된다. 어떤 이론이 그러한 설명적·예측적 장점을 가질 수 있는 한, 그 이론은 믿을 만한 가치가 있는 가설이 된다. 그 이론은 소위 말하는 "가설-연역적"(Hypothetico-deductive) 정당화(또는 줄여서 "H-D" 정당화)를 갖는다. 결론적으로, 관찰 불가능한 것에 대한 이론은 그것이 우리로 하여금 관찰 가능한 현상의 어떤 영역을 경합을 벌이고 있는 그 어떤 이론보다 잘 설명하고 예측할 수 있게 해 주는 한, 믿을 만한 가치를 가지게 된다. 이러한 점들이 실제로 이론 일반에 대한 표준적인 정당화 양식이 된다.

통속 심리학을 구성하는 일반적 원칙들의 망상 구조—심리 상태들이 다른 상태들과 신체적인 상황들 그리고 행위들과 연결된 구조—들을 이제 살펴보자. 이 '이론'은 현재까지 우리 손 안에 있는 다른 어떤 가설들보다 인간의 행위들을 잘 설명하고 예측하게 해주는데, 도대체 관찰 불가능한 상태들과 속성들에 대한 일반 법칙의 존재를 믿을 이유가 있는가? 통속 심리학의 법칙들이 믿을 가치가 있는 이유는 우리가 다른 어떤 이론을 믿을 가치가 있는 것으로 받아들이는 이유와 같은 것이다. 즉 그런 이론의 설명적·예측적 성공이 그 이유이다. 여기서 정당화는 어떤 사람 자신의 경우에 대한 그 사람 자신의 세밀한 관찰에 전혀 의존하는 바가 없다는 점을 덧붙여 명심해야 한다. 사람들의 행동 일반에 관한 통속 심리학의 성공이 문제일 뿐이다. 생각컨대 한 사람 자신의 경우는 다른 사람들의 경우와 다를 수도 있다. (유추에 의한 논증을 '외계인'에 의한 논증이 논박하는 것을 상기해 보자.) 그러나 내적 상태들이 아무리 다를 수 있다 하더라도, 그런 점이 다른 사람의 내적 상태에 대한 이론적 접근에 어떤 영향을 반드시 미치는 것은 아니다. 그런 다른 사람들의 행동을 이해하기 위해 단순히 다른 심리학 이론, 즉 자기 자신의 내적인 상태와 외적인 행동을 포괄하는 이론과는 다른 이론을 써먹을 수도 있다.

일반적인 법칙에서 개별적인 것들에 대한 주장들로 주의를 돌려 다음의 가설을 살펴보자. 즉 이 견해에 의하면 어떤 특정한 개별적 존재가 의식이 있는 지성을 가지고 있다는 것도 하나의 설명적 가설이라 하는데 그런 가설을 살펴보자. 그 개별적 존재의 연속되는 행동들이 바람들, 믿음들, 지각들, 감정들, 기타 등등에 의해 가장 잘 설명되고 예측될 수 있는 한 그런 견해는 그럴 듯하게 보인다. 그런 방식이 실제로 대부분의 인간 행위를 이해하는 최선의 방식이기에, 그런 연유로 '다른 사람들의 마음'이 존재한다는 것을 정당하게 믿을 수 있다. 또한 계속되는 행동에 대한 가장 성공적인 예측과 설명을 유지할

수 있는 한, 다른 사람들 혹은 기계들에게 심리 상태를 부여하는 것
도 같은 방식으로 정당화될 수 있을 것이다.

이렇게 해서 다른 존재의 마음에 관한 문제에 대한 가장 최근의 해
결 방안을 살펴보았다. 그런 해결 방안의 장점은 매우 직접적이다.
또한 그것은 의미론적인 문제에 관한 이전의 우리의 해결 방안과 매
우 잘 조화된다. 두 가지 문제는 모두 심리 상태들에 대한 우리의 상
식적인 개념의 틀은 이론이 갖추어야 할 특성을 다 갖추고 있다는 가
정을 포함하고 있는 것처럼 보인다. 그런데 그 장점에도 불구하고 누
구나 이런 가정이 합당한 것이라고 믿는 것은 아니다. 만약 당신이
당신 자신의 심리 상태들에 대한 직접적인 의식을 주의 깊게 살펴본
다면, 그런 상태들이 '이론적 대상들'이라는 생각은 매우 이상스런 제
안처럼 보인다. 이런 제안이 어떻게 의미를 갖는지 그리고 도대체 의
미를 가질 수 있는지는 다음 절에서 다루어지게 될 것이다.

추천도서 --------------------------

Malcolm, Norman, "Knowledge of Other Minds," *Journal of Philosophy*, Vol.
LV(1958). Reprinted in *The Philosophy of Mind*, ed. V.C. Chappell (Engle-
wood Cliffs, NJ : Prentice-Hall, 1962).

Strawson, Sir Peter, "Persons," in *Minnesota Studies in the Philosophy of Science*, Vol.
II, eds. H. Feigl, M. Scriven, and G. Maxwell (Minneapolis : University of
Minnesota Press, 1958). Reprinted in *The Philosophy of Mind*, ed. V.C.
Chappell (Englewood Cliffs, NJ : Prentice-Hall, 1962).

Sellars, Wilfrid, "Empiricism and the Philosophy of Mind," in *Minnesota Studies in
the Philosophy of Science*, Vol. I, eds. H. Feigl and M. Scriven (Minneapolis :
University of Minnesota Press, 1956). Reprinted in Wilfrid Sellars, *Science,
Perception, and Reality* (London : Routledge & Kegan Paul, 1963), sections
45~63.

Churchland, Paul, *Scientific Realism and the Plasticity of Mind* (Cambridge :
Cambridge University Press, 1979), section 12.

4.2. 자기 의식의 문제

언뜻 생각하기에는, 자기 의식이란 도대체가 신비스럽고 전적으로 독특한 그 무엇인 것처럼 보인다. 이 점은 이 문제를 그토록 매력적인 것으로 만드는 이유의 일부이기도 하다. 그러나 곰곰이 생각해 보면 이 신비의 장막이 조금씩 벗겨지는 듯하고 그래서 자기 의식은 보다 일반적인 현상의 한 사례로 이해될 수 있을 것이다.

자기 의식적인 상태가 된다는 것은 적어도 자기 자신에 대한 **지식**을 갖게 된다는 것을 뜻한다. 그러나 이것만이 다는 아니다. 자기 의식은 어떤 사람 자신의 단지 육체적인 상태에 대한 지식만을 포함하는 것이 아니라 특별히 그의 **심리 상태**에 대한 지식도 포함한다. 덧붙여서 자기 의식은 어떤 사람이 외부 세계에 대한 그 자신의 부단한 지각에서 얻을 수 있는 것과 같은 종류의 **끊임없이 새로운** 지식도 포함한다. 자기 의식은 내적인 것, 즉 심리 상태와 심리적 활동에 대한 일종의 끊임없는 파악인 것처럼 보인다.

4.2.1. 자기 의식 : 현대적 견해

파악이라는 점은 중요하다. 확실히 단지 심리 상태들을 가진다는 사실만으로는 충분하지 못하니까. 사람들은 보통 한 종류의 상태를 다른 종류의 상태로부터 구분할 수 있어야 한다. 그리고 그런 상태들이 어떤 상태인지도 파악할 수 있어야 한다. 결론적으로 여러 다른 심리 상태의 유형들을 분류할 수 있게끔 해주는 어떤 개념적 틀 내에서 그런 심리 상태들을 파악해야 한다는 것이다. 그리고 나서야 어떤 상태가 어떻다는 인지적 **판단**이 가능해진다. ("나는 화가 났다" "나는 들떠 있다" "나는 P 라는 점을 믿는다" 기타 등등.) 이 점은 자기 의식에는 서로 다른 정도가 있다는 점을 시사한다. 왜냐하면 심리 상태들 사이의 미묘한 차이를 구분해 내는 능력은 아마도 반복되는 상황과 계속되는 경험과 더불어 향상되기 때문이며, 또 명확한 파악의 배경이 되는 개념의 틀은 우리가 인간 본성의 얽히고 설킨 점에 대해 보다 많은 것을 알게 되어 가면서 보다 복잡하고 포괄적인 것이 되기 때문이다. 따라서 어린 아이의 자기 의식은 그런 것이 실지로 있다고 하더라도 민감한 어른의 자기 의식보다 훨씬 폭이 좁고 조잡한 것이다. 한 어린 아이에 있어서 단순히 어떤 사람을 싫어한다는 상태는 정직하고 자기 자신을 늘 꿰뚫어 보려고 하는 어른의 경우에 있어서는 어떤 사람에 대한 질투심, 두려움 그리고 도덕적인 거부감 등의 혼합 상태로 분석될 수 있는 것이다.

이 점은 더 나아가 심리 상태의 어떤 영역에 대한 식별 능력과 개념적 이해가 완전하게 숙달되었느냐에 따라 사람마다 자기 의식이 다를 수 있음을 시사한다. 소설가나 심리학자는 보통 사람들이 가지고 있는 것보다 훨씬 통찰력 있는 실질적인 자기 파악 능력을 가질 수 있으며, 논리학자는 그의 믿음을 계속적으로 확대 발전시키는 것에 관한 좀더 섬세한 의식을 가질 수 있고, 의사 결정 이론가들은 그 자신의 욕구와 의도 그리고 실천적인 추론의 흐름에 대해 매우 뛰어난 파악 능력을 가질 수 있으며, 화가는 그의 시감각의 구조에 대한 매우 예리한 지각을 가질 수 있고, 이와 비슷한 경우도 수없이 많다. 자기 의식은 확실히 **학습된** 매우 광범위한 요소를 포함하고 있다.

이런 점들을 바탕으로 생각해 보면 어떤 사람이 그 자신에 대해 갖는 내성적인 자기 의식은 외부 세계에 대한 지각의 경우에 있어서의 그의 의식과 매우 흡사하게 보인다. 둘 사이의 차이란 전자의 경우에 있어 구분을 가능케 해주는 구조가 작용하는 것은 외적인 환경이 아니라 내적인 환경이라는 점뿐이다. 그런 구조 자체는 아마도 본구(本具)적인 것일 수 있지만 그것의 이용은 본구적인 것이 아니고 배워야 하는 것이다. 쓸모있는 구분을 하고 통찰력있는 판단을 재촉하기 위해서는 배워야 한다는 것이다. 학습의 결과로 생긴 감각적 능숙함은 외적인 지각의 경우에는 흔히 있는 일이다. 교향악단의 지휘자는 어린 아이들에게는 매끈한 하나의 소리에 지나지 않을 합주 소리에서 클라리넷들이 기여하는 소리를 가려 들을 수 있다. 천문학자는 다른 사람들에게는 단지 밤 하늘의 얼룩처럼 보이는 것들에서 행성들, 성운들 그리고 적색 거성들을 판별해 낼 수 있다. 능숙한 주방장은 배고픈 손님들에게는 단지 맛 좋은 것일 뿐인 음식 가운데서 로즈마리와 골파류 식물의 맛을 볼 수 있다. 이런 식으로 계속 나갈 수 있는 것이다. 따라서 지각은 내적인 것이든 외적인 것이든 기본적으로 학습된 능력이라는 점이 분명하다. 물론 대부분의 그런 학습은 우리가 아주 어릴 적에 나타난다. 지금 우리의 지각에 분명하게 나타나는 것도 우리가 8개월이었을 때는 매우 어렵게 판별해 낸 것이었다. 그러나 더 학습해야 하는 여지는 항상 남아 있다.

요약해 보면 이 견해에 의하면 자기 의식은 단지 지각의 한 종류 즉 자기 지각이다. 예를 들어 어떤 사람이 자기의 눈으로 자기의 발을 보는 그런 지각이 아니라, 오히려 그의 내적인 상태를 우리가 흔히 (대부분 잘 모르고) 말하는 그의 내성의 능력으로 파악할 때의 그런 지각이 자기 의식이다. 따라서 자기 의식은 일반적으로 지각보다 더 (혹은 덜) 신비스러운 것이 결코 아니다. 그것은 단지 외부가 아니라 내부로 향해진 지각에 지나지 않는다.

고등한 지적 능력을 지닌 생물체만이 자기 의식을 가질 수 있다는 점도 결코 놀랄 만한 일이 아니다. 지각이 성립되기 위해 필요한 것은 지각에 관한 우리의 판단 능력이 지각될 영역과 체계적인 인과 관련을 갖게 되는 것 그것뿐이다. 하지만 그런 일은 주어진 지각 영역에 관해 자발적이고 비추론적이고 적합한 판단을 내리는 법을 우리가 연속적으로 배워 감으로써 이루어지는 것이다. 여러 다양한 감각의 양태들을 통해 우리의 판단 능력은 외부 세계와 인과적 접촉을 유지한다. 그러나 그 판단 능력은 그것 자체가 부분이 되는 내적 영역의 나머지 부분들과도 체계적인 인과 접촉을 가지고 있는 것이다. 한 종류의 두뇌 활동이 다른 종류의 두뇌 활동보다 풍부한 인과적 연결 관계를 갖는다는 사실에 대해 누가 놀라움을 표할 것인가? 그러나 그런 연결 관계는 정보를 전달하고 따라서 '정보에 밝은' 판단을 가능하게 한다. 이리하여 어떤 일정한 단계나 어떤 수준의 통찰력을 지닌 자기 의식이란 것은 고등한 지적 능력을 갖춘 거의 모든 생물체에서 기대할 수 있는 것이다.

이 견해는 진화론의 입장과 잘 맞아떨어진다. 아마도 인간은 두 차원에 걸쳐서 자기 의식을 향한 투쟁을 진행시켜 온 듯하다. 즉 쓸 만한 내성적 구분을 가능하게 하는 우리 능력의 신경 생리학적 진화의 차원과 그런 판별의 능력을 설명이나 예측에서 유용한 판단을 이끌어 내는 데 써먹을 수 있게 하는 개념적 틀의 사회적 진화의 차원에서 인간은 자기 의식을 향한 투쟁을 진행시켜 왔다. 뿐만 아니라 우리들 각자도 그 각각의 일생 동안, 타고난 구분의 능력을 사용하고 다듬는 법을 배우고, 그런 능력들을 써 먹는 데 필요한 사회적으로 뿌리깊게 확립된 개념적 틀(통속 심리학)을 익히게 된다. 즉 우리는 자기 파악을 향한 진화론적 경쟁의 장에 놓인 존재이다.

4.2.2. 전통적인 견해

자기 의식에 대한 위와 같은 주장들은 정말 그럴 듯하게 보인다. 그러나 마음에 관한 철학의 오랜 전통에 따르면 우리의 내성적 지식에 대한 매우 다른 입장이 취해진다. 내성이란 외적인 지각의 어떤 형태와도 근본적으로 다른 것이란 점이 주장되어 온 것이다. 외부 세계에 대한 우리의 지각은 모종의 인상들(impressions)이나 감각들에 의해 매개되어지는 것이어서, 외부 세계는 다만 간접적이고 불확실한 방식으로 알려질 뿐이다. 그러나 내성에 따르는 우리의 지식은 직접적이고 즉각적이다. 우리는 어떤 감각을 그 감각에 대한 감각을 통해 내성적으로 파악하거나, 어떤 인상을 그 인상에 대한 인상을 통해 파악하는 것은 아니다. 이 이야기는 결과적으로 우리가 (어떤 인상에 대한) 거짓된 인상의 혹은 (어떤 감각에 대한) 거짓된 감각의 희생물이 될 필요가 없음을 의미한다. 따라서 일단 어떤 사람이 그 자신의 마음의 상태를 살펴볼 때는 가상과 실재(appearance and reality)의 차이는 전적으로 사라지고 만다. 마음은 그 자신에 대해서 투명하며, 마음 속의 대상들은 틀림없이 그것들이 그렇게 보여지는 바와 정확히 일치한다. 예를 들어 "내가 심한 통증을 겪고 있는 것처럼 나에게 느껴졌는데 그것은 내가 잘못 안 것이었다"고 이야기하는 것은 넌센스일 뿐이다. 그래서 각자 자신의 심리 상태들—또는 그 자신의 **감각들**에 관한 것이든 어쨌든—에 대한 그의 정직한 내성적 판단들은 오류가 있을 수 없는 것들이고 수정 불가능한 것들이다. 그런 판단들이 잘못된다는 것은 논리적으로 불가능하다. 마음은 독특한 방식으로 그 자신을 먼저 알고 있으며, 그것도 마음이 외부 세계를 알고 있는 것보다 훨씬더 잘 알고 있다.

이런 특별한 입장은 몇 가지 이유로 인해—적어도 당분간은—매우 신중하게 다루어야 한다. 첫째로, 그런 입장은 오래되고 널리 영향력을 미치고 있는 인식론 일반의 즉 정통적 경험론의 핵심적인 부분이다. 둘째로 어떤 사람의 감각에 대한 그 자신의 지식은 그것과는 다른 '감각$_2$'에 의해 매개되지 않는다는 주장이 그럴 듯하게 보인다는 점이다. 이런 점을 부정하려는 모든 시도는 '감각$_3$', '감각$_4$' 기타 등등 무한히 계속되는 무한 후퇴(infinite regress)에 빠지거나 혹은 감각들에 대한 우리의 지식이 궁극적으로 매개되지 않는 '감각$_n$'의 단계에 머물거나 해야 한다. 셋째로, 이 입장의 옹호자들은 강력한 수사적인 질문을 가지고 있다는 점이다. "도대체 어떤 사람이 그 자신이 **아픈지** 아닌지에 대해 잘못 알 수 있는가? 이런 종류의 문제에 대해 틀릴 가능성이 도대체 있는가?" 독자들도 주목하게 되겠지만, 이 질문에 대해 대답하기란 쉽지 않다.

4.2.3. 전통적 견해에 대한 반론

마음은 독특한 방식으로 그 자신을 먼저 알고 있으며, 그것도 마음이 외부 세계를 알고 있는 것보다 훨씬더 잘 알고 있다는 견해는 3세기에 걸쳐 서양 사상을 지배해 왔다. 그런데 만약 우리가 마음에 대해 전적으로 자연주의적이고 진화론적인 시각을 받아들이게 된다면, 전통적인 견해는 쉽사리 옛날 이야기 같은 특성을 지닌 입장이 되고 말 것이다. 두뇌는 두뇌를 지닌 생물체들에게 번식에 있어서의 유리함을 제공했기 때문에 결국 자연에 의해 선택된 것이 아닌가. 즉 그러한 유리함은 두뇌가 생물체들로 하여금 그들의 환경에 대해 예측을 할 수 있게 하고, 먹을 수 있는 것과 먹을 수 없는 것, 자신들을 잡아 먹을 적과 그렇지 않은 것, 안전함과 위험 그리고 짝을 지을 수 있는 것과 그렇지 못한 것을 구분할 수 있게 해주기 때문에 나타나게 된 것이다. 결과적으로 두뇌는 그들에게 **외부 세계에 대한** 지식과 그 세계를 통제하는 능력을 주었다. 바로 그런 특성 때문에 두뇌는 자연의 선택의 수혜자가 되어 온 것이다. 그래서 두뇌가 가장 먼저 그리고 가장 잘 아는 것은 분명히 그 자신이 아니라 그 내부에서 두뇌가 살아 남아야 하는 환경인 것이다.

　자신에 대한 앎의 능력은 일반적인 지적 능력의 우연적인 부수물로서 선택된 것이라고 여길 수도 있고, 외부 세계에 대한 지식을 획득하는 두뇌의 능력을 어떤 방법으로 우연히 증진시키게 되는 과정에서 선택되었을 수도 있는 것이다. 하지만 두 경우 모두 자기 자신에 대한 앎은 기껏해야 외부 세계에 대한 통제와 지식의 증가에서 파생적으로 나타나는 2차적인 유리함이 될 수 있을 뿐이다. 그래서 우리는 어떤 경우에 있어서든 자기 지각을, 그것이 진화의 산물인 한, 외적인 지각과 종류상 근본적으로 다르다고 가정할 이유가 없으며, 그것이 오류를 범하지 않는 것이라 가정할 이유 또한 없는 것이다.

　전통적인 견해가 근본적으로 부적절한 것이라면 우리는 그런 견해를 뒷받침하기 위해 제시된 논증을 검토해 보고, 그것이 세밀한 검사를 견디어 낼 수 있는 것인지도 확인해 보아야 한다. "자기 자신의 감각에 대한 파악이 어떻게 잘못될 수 있을 가능성이 있는가?" 하는 수사적인 질문부터 먼저 살펴보자. 이런 질문은 우리 자신의 감각에 관한 우리의 지식이 갖는 수정 불가능성에 대한 논증으로서, "우리들 중 누구도 우리 감각에 대한 우리의 판단에 잘못이 있게 될 가능성을 **생각**할 수 없다. 그래서 우리가 실수할 가능성은 **없는 것이다**"라는 형식을 갖는다. 그러나 이런 주장은 초보적인 오류를 범하고 있다. 즉 이것은 무지에 의한 논증(argument from ignorance)이다. 우리가 잘 알고 있지 못하다 하더라도 실수가 가능한 길은 얼마든지 있는 것이다. 실지로는 아마도 우리가 내성의 감추어진 구조에 대해 너무도 잘 알고 있지 못하다는 바로 그 이유 때문에 그런 실수를 알아채지 못했을 수도 있다. 따라서 우리가 대답할 수 없게 되었다 하더라도 아무 무리 없이 그 수사적인 질문을 내던질 수 있는 것이다. 조금만 노력을 기울인다면, 우리가 지금 보고 있는 것과 같은 내성적 판단의 오류가 실지로 나타나는 여러 방식들을 생각할 수 있다.

감각에 대한 우리의 파악은 그런 감각을 잘못 나타내고 있는 그 어느 것에 의해서도 매개되고 있지 않기 때문에 가상과 실재의 구분은 이 경우에 무너져야 한다는 논증을 이제 살펴보자. 이 논증은, 매개해 주는 것에 의한 잘못된 표상이, 오류가 나타날 수 있는 유일한 가능성인 한에 있어서만 괜찮은 논증이다. 그러나 실지로는 그렇지 않다. 내성이 2차 감각인 '감각$_2$'에 의해 매개되지 않는다 해도, "나는 통증을 느낀다"라는 내성적 판단이 오로지 진짜 통증에 의해서만 야기되었음을 보증하는 것은 아무 것도 없다. 아마도 진짜 원인이 아닌 것들도 적어도 특별한 상황에서 통증이 있다는 판단을 야기할 수 있는 것인데 그 경우 그 판단은 거짓인 것이다. 통증과 매우 **비슷한 것**이 일어나는 경우—예를 들어 매우 차가운 것에 대한 갑작스런 느낌—에도 우리는 통증을 느끼고 있다고 당연하게 생각한다. 뜨거운 인두로 등을 여러 번 잠깐씩 지져 대는 고문을 당하며 오랫동안 심문을 받게 된 체포된 스파이가 바로 여러분 자신이라고 생각해 보라. 20번째 고문에서 몰래 **얼음 덩어리**가 여러분의 등을 누르게 되었다고 한다면, 여러분의 즉각적인 반응은 처음 19번째까지의 반응과 거의 또는 전혀 다르지 않을 것이다. 짧은 순간 동안 거의 확실히 여러분은 스스로가 통증을 느끼고 있다고 생각할 것이다.

수정 불가능성을 주장하는 사람들은 여러분이 어떤 것을 통증이라 간주한다면 즉 어떤 것이 여러분에게 통증으로 느껴진다고 생각된다면 그것은 진짜 통증이 아니냐는 근거를 내세워 우리를 아프게 하지 않는 원인에 의해 야기되었음에도 불구하고 20번째 감각이 통증이라고 주장하려 할지도 모른다. 이런 해석은 방금 살펴보았던 종류의 통증에 대한 잘못된 파악에서 다시 제정신을 찾을 수 있다는 사실과 잘 조화되지 않는다. 처음의 공포의 비명 소리는 "잠깐…잠깐만…이건 앞의 느낌과는 다른데. 도대체 등을 어떻게 하고 있는 거요??"라는 말로 이어지는 것이다. 만약 20번째의 감각이 진짜 통증이었다면, 왜 몇 분 후의 그의 판단이 그것을 뒤집게 되는가?

다음과 같은 비슷한 경우를 살펴보자. 라임 얼음 과자에 대한 맛 감각은 오렌지 얼음 과자에 대한 맛 감각과 아주 조금밖에 차이가 나지 않아서, 눈을 감고 두 가지를 구분하는 테스트에서 사람들은 어떤 감각이 어떤 얼음 과자에 대한 맛 감각인지를 놀랄 정도로 잘 알아맞히지 못한다. 라임 얼음 과자를 주었지만 실은 오렌지 얼음 과자를 기대하고 있는 사람은 그의 맛 감각이 오렌지 얼음 과자에서 보통 나타날 수 있는 종류의 감각이었다고 확신하지만, 진짜 오렌지 얼음 과자 맛을 (눈을 감고) 보자마자 그러한 자신의 식별을 즉시 취소하고 마는 것이다. 실수는 불가능하다는 생각에 정면으로 모순되게, 여기서 그는 그의 감각적인 식별을 **수정**하는 것이 아닌가. 이런 종류의 실수를 **기대 효과**(expectation effects)라고 부르는데, 그런 것들은 감각 일반에서 흔히 나타나는 기본적인 현상이다. 확실히 그런 효과는 내성에 대해서도 적용된다. 기대 효과의 존재는 외적인 대상들이건 내적인 상태들이건간에 여러분이 원하는 거의 모든 잘못된 식별을 일으킬 가능성을 우리에게 제공하는 것이다.

게다가 우리는 내성에 대한 감각이나 판단에는 아무 것도 매개되는 것이 없다고 주장할 수 있을 정도로 내성의 구조에 대해 실제로 충분히 알고 있는가? 그런 매개자가 있다고 하더라도, 우리가 알고 있는 매개자는 여지껏 없다고 이야기할 수도 있다. 그러나 어떤 측면에서든 내성적인 파악의 범위를 넘어선 곳에서도 많은 마음의 작용이 있는 것이 분명하므로 그 점은 터무니없는 이야기이다. 그래서 여기에 실수의 또 다른 가능한 원천이 있게 된다. 사태가 어떻게 잘못될 수 있고, 또 실지로 어떻게 잘못되는가 하는 데 대해 우리가 너무도 잘 알고 있지 못하다는 오직 그 이유 때문에 감각의 경우에 가상과 실재의 구분을 유지하기 어려운 것처럼 여겨질 수 있는 것이다.

감각에 대한 잘못된 판단을 내리는 또 다른 경우는 우리가 감각을 매우 짧은 시간 동안만 느끼게 되는 경우이다. 감각은 임의의 시간 동안 지속할 수 있게끔 인위적으로 조절될 수 있다. 놀랄 것 없이, 지속되는 시간이 짧아질수록 믿을 만한 판별(감각의 질적 성질에 대한 파악)이 점점더 어려워지고, 실수는 단지 가능한 것이 아니라 피할 수 없는 것이 되고 만다. 말하자면 감각의 주체가 그 감각에 대해 뭐라고 이야기하는 것과 감각이 드러나는 방식에서 그것 자체가 실지로 어떤 것이 되는 것 사이의 일치 관계는 감각이 오랫동안 지속되는 경우에는 거의 완벽하게 성립되나, 그 지속의 시간이 거의 0에 가까워질수록 운좋은 우연이 되고 만다는 것이다. 그런 '제시 효과'(presentation effects)는 감각 일반에서 전형적인 것이다. 그리고 만약 그 주체가 어떤 약을 복용했다든지 기진맥진해 있다면 감각에 대한 그의 파악의 신뢰도는 더욱 쉽게 떨어질 것이다. 이것 역시 하나의 전형적인 현상이다.

기억 효과(memory effects)에 대해서도 언급해야겠다. 젊은 시절 입은 신경 계통의 손상 때문인지는 몰라도 50여 년 동안 통증을 느끼지 못하게 됐거나 다른 촉각이나 혹은 내장 감각을 느끼지 못하거나, 혹은 그 기간 동안 색맹이었던 사람을 한 번 생각해 보자. 만약 그 사람의 신경계의 결함이 그 같은 세월의 긴 간격이 있은 후에 갑자기 정상으로 회복되었다면, 그는 즉석에서 새롭게 드러나는 그의 모든 감각들을 판별해서 구분할 수(=어떤 비슷한 유형의 감각이 일어나고 있는지를 파악할 수) 있다고, 그것도 결코 잘못될 수 없을 정도의 정확성을 가지고 그렇게 할 수 있다고 정말 생각할 수 있을까? 결코 그럴 듯한 생각은 아니다. 비슷한 효과가 여러 종류의 감각 유형들에 대한 기억을 일시적으로 잃게 하는 약을 이용해서도 잠시 일어날 수 있다. 구분을 못 하거나 잘못된 구분을 하는 것은, 그래서 아주 자연스러운 것이 된다. 정상적인 경우에서도 별개의 독립적이고 자발적이지만 우리가 눈치채지 못하고 지나가는 잘못된 기억이 있다는 것이 전적으로 불가능한 것인가? 전통적 견해의 옹호자들은 어떻게 이런 경우를 배제할 것인가?

우리에게 좀더 친숙한 종류의 경우들에 대해서도 이야기해 보자. 여러분이 머리가 쪼개지는 듯한 두통을 느끼거나 고문을 당하게 되어 이루 말할 수 없는 통증을 느끼게 되는 꿈을 꾸고 있다고 생각해 보자. 갑자기 꿈에서 여러분이 깨어났을 때, 그 꿈 속에서 가졌던 확신에도 불구하고 안도의 한숨을 쉬면서 극심한 통증을 또는 두통을 겪었던 희생자가 **진짜로** 여러분 자신이 **아니었다**는 점을 깨닫게 되지 않는가? 수정 불가능성 논지는 매우 부당하게 보이기 시작한다.

이 모든 이야기는 결코 놀라운 것이 아니다. 감각의 경우 처음에는 그럴 듯하게 보이는 듯싶던 수정 불가능성 논지가 믿음, 바람 그리고 감정과 같은 대부분의 다른 심리 상태들에 대해서는 거의 그럴 듯하게 보이지 않는다. 예를 들어 우리는 우리가 질투감에 사로잡혀 있는지 또는 정당한 복수감을 느끼고 있는지를 판단하는 데 있어 지독하게 서투른 편이며, 우리의 대부분의 욕구들을 판단하는 데 있어서도 그러하고, 우리 자신의 성격이 어떠한지에 대해서도 제대로 판단을 내리지 못한다. 만약 그런 판단에 능숙하다고 해도, 오류 불가능성이 감각 이외의 것에 대해서는 거의 주장될 수 없는 것이다. 그런데 이 제한은 그 자체가 문제이다. 왜 감각에는 오류 불가능성이 따르는데, 감정이나 욕구에는 그렇지 않은가? 감정이나 욕구에 대한 파악도 감각에 대한 파악처럼 '매개되어 있지' 않은 것처럼 보이는데 말이다.

흥미롭게도 사회 심리학의 최근 연구는 어떤 사람이 그 자신의 행동에 대해서 내리는 설명은 내성적인 파악에 충실하려는 믿음에도 불구하고 믿을 만한 내성에 거의 또는 전혀 의존하지 않고, 그 대신 관찰된 상황과 행동에 맞도록 설명적 가설로서 그 즉석에서 꾸며진 이야기로 둘러대어진다는 점을 보여주고 있다(이 절 마지막에 나오는 추천도서에서 인용되어 있는 니스벳(R. Nisbett)과 윌슨(T. Wilson)의 논문을 참조). 또한 그런 행동에 대한 그 사람 자신의 설명은 주어진 '내성적' 보고들이 실험 상황의 전적으로 외적인 특성들의 작용 즉 실험자의 통제 아래 놓여 있는 특성들의 작용임이 드러났기 때문에 종종 명백히 잘못된 것으로 드러난다. 연구자들의 견해에 따르면, 내성적 보고에서 제시되고 있는 대부분의 것들은 실은 내적 상태에 대한 관찰 보고가 아니라, 행동의 이유, 동기 그리고 지각에 대한 그 자신의 자발적인 **이론화**의 표현이라는 것이다. 그런데 그 이론은 보통 사람이라면 누구나 둘러댈 수 있는 외부적인 증거를 바탕으로 만들어진 이론적 가정이었다.

수정 불가능성 논지에 대한 마지막 반론을 살펴보자. 우리의 내성적 판단들은 통속 심리학의 개념들에 의해 짜맞추어진 것인데, 그 개념의 틀은 경험적 이론의 구조와 그에 합당한 지위를 가지고 있는 것이라고 우리는 이미 결론지은 바 있다(3장 3절, 3장 4절 그리고 4장 1절에서). 모든 경험적 이론에 근거를 두고 있는 판단이 그러하듯이 내성적 판단들의 완전성의 정도는 관련되는 개념들이 의미론적으로 뿌리를 내리고 있는 경험적 이론의 완전성의 정도만큼일 뿐이다. 그것은 무슨 이야기인고 하니, 만약 통속 심리학이 근본적으로 잘못된 이론이라는 점이 밝혀졌다고 한다면 통속 심리학적 존재론에서 상정된 존재들에 대한 존재 주장은 전적으로 포기되어야 한다는 것이다. 따라서 이런 통속 심리학의 용어로 짜여진 모든 판단은 잘못된 배경 이론을 전제하고 있다는 이유로 인해 잘못된 판단으로 간주될 수밖에 없다. 통속 심리학은 경험적 이론이므로, 그것이 근본적으로 잘못된 것으로 드러날 가능성이 언제나 확실히 존재하는 것이다. 따라서 통속 심리학의 용어들로 꾸며진 모든 판단은 항상 잘못될 가능성이 있다. 그러므로 우리의 내성적 판단들은 수정 불가능한 것이 아니다. 그런 판단들 하나하나가 가끔 잘못될 수 있을 뿐만 아니라, 그것들 **모두**가 왜곡된 것일 수도 있는 것이다.

4.2.4. 모든 지각의 이론 의존성

심리 상태들이 '이론적인 것들'이라는 생각의 이상스러움은 다음과 같은 성찰에 의해 줄어들게 될 것이다. 단순히 몇몇의 지각 판단뿐만 아니라 모든 지각 판단들은 '이론 의존적'(theory-laden)이다. 즉 모든 지각은 이론적인 해석과 연계되어 있다는 것이다. 이것은 적어도 보다 최근에 새롭게 해석된 경험론의 주장이다. 이런 주장의 배경이 되는 기본 아이디어는 다음과 같은 매우 짧지만 아주 일반적인 논증, 즉 **망상 구조 논증**(the network argument)에 의해서 표현될 수 있을 것이다.

1. 모든 지각 판단은 **개념들**의 적용(예를 들어, a 는 F 라는)을 포함한다.
2. 모든 개념들은 상호 대조되는 개념들의 **그물망**(network)의 한 마디이며 그 각각의 의미는 그런 그물망 내에서 그것들이 차지하는 특정한 위치에 의해 결정된다.
3. 개념들의 모든 그물망은 하나의 **이론**이거나 이론적 가정이다. 최소한 자연이 몇몇의 부류로 스스로 분류된 것에 비해서 볼 때 그리고 그런 부류들 사이에서 성립하는 주된 관계들에 비해 볼 때 개념들의 모든 그물망은 자의적인 하나의 이론이거나 이론적 가정이다.

따라서

4. 모든 지각 판단은 이론을 전제한다.

이 일반적인 입장에 의하면 마음 / 두뇌는 우리가 말을 시작할 때부터 굉장한 이론가였던 것이다. 지각된 세계는 새로 태어난 어린 아이에게 있어서는 크게 보아 이해할 수 없는 혼돈일 뿐이지만, 마음 / 두뇌는 그 세계를 파악하고 설명하고 예측할 수 있게 해주는 개념적 틀을 즉각적으로 마련하기 시작한다. 그리하여 이 세계에 대한 우리의 상식적 개념에 근접하는 체계를 만들어 낼 수 있도록 개념을 새롭게 만들어 내고 변형시키고 그리고 개념적 혁명을 일으키고 하는 일이 뒤따르게 된다. 처음 2년 동안 모든 아이들에게 일어나는 놀라울 정도의 개념적 발전은 일생의 나머지 기간을 통틀어 다른 어떤 변화와도 비교될 수 없다.

이런 모든 주장의 요점은 우리의 목표와 관련해서 다음과 같이 정리할 수 있을 것이다. 삶이 시작되면서 마음/두뇌는 외부 세계를 이해할 수 없고 혼란스러운 것으로 여기는 것처럼, 자기 자신도 꼭같이 이해할 수 없고 혼란스러운 것으로 여긴다. 마음/두뇌가 외부 세계의 움직임과 구조에 대해 배우기를 시작해야 하는 것과 마찬가지로, 자기 자신의 내적인 상태들의 움직임과 구조에 대해서도 배우기를 시작해야 하는 것이다. 시간이 지나면서 마음/두뇌는 자기 자신에 대해서 알게 되지만 그것은 마음/두뇌가 그 자신의 외부 세계를 이해해 가는 과정과 정확히 평행하는 과정 즉, 학습을 통한 구분의 과정과 개념적 발전의 과정을 통해서이다. 이리하여 전통적 견해는 단적으로 잘못된 것처럼 보인다.

추천도서 ----------------------------

Armstrong, David, *A Materialist Theory of the Mind* (London : Routledge & Kegan Paul, 1968), chapter 6, sections IX, X과 chapter 15, section II.

Dennett, Daniel, "Toward a Cognitive Theory of Consciousness," in *Minnesota Studies in the Philosophy of Science*, Vol. IX, ed. C.W. Savage (Minneapolis : University of Minnesota Press, 1978). Reprinted in Daniel Dennett, *Brainstorms* (Montgomery, VT : Bradford, 1978 ; Cambridge, MA : MIT Press).

Nisbett, Richard, and Wilson, Timothy, "Telling More Than We Can Know : Verbal Reports on Mental Processes," *Psychological Review*, Vol. 84, no. 3 (1977)

Churchland, Patricia, "Consciousness : The Transmutation of a Concept," *Pacific Philosophical Quarterly*, Vol. 64 (1983).

Churchland, Paul, *Scientific Realism and the Plasticity of Mind* (Cambridge :

Cambridge University Press, 1979), sections 13 and 16. 일반적으로 지각의 이론 의존성에 대해서는 chapter 2 참조.

Nagel, Thomas, "What Is It Like to Be a Bat?" *Philosophical Review*, Vol. LXXXIII(1974). Reprinted in *Readings in Philosophy of Psychology*, Vol. I, ed. N. Block (Cambridge, MA : Harvard University Press, 1980).

제 5 장

방법론적 문제

통속 심리학의 친근한 개념적 틀이 우리에게 인간 정신의 많은 측면에 대한 쓸 만한 지식을 제공하고 있다는 점은 분명한 사실이다. 그러나 통속 심리학이 의식을 가진 지성의 많은 측면들을 의문의 어둠 속에 그냥 내버려 두고 있다는 점도 앞의 사실만큼이나 자명한 사실이다. 통속 심리학은 학습, 기억, 언어 사용, 지능의 차이, 수면 운동 신경의 협조(motor coordination), 지각, 광기 등에 대해 제대로 설명을 하고 있지 않다. 우리는 우리가 더 알아야 하는 것에 대해 그렇게 조금밖에 이해하고 있지 못하다. 그래서 우리를 둘러싸고 있는 의문의 그림자를 걷어내고 마음의 감추어진 작용과 그것의 내적인 본성을 우리에게 드러내는 것은 과학의 임무가 되는 것이다.

이 점까지는 모든 입장이 서로 동의할 수 있다. 그러나 가장 좋은 성공의 기회를 얻기 위해서 마음에 대한 학문이 어떤 방식으로 진행되어야 하는가 하는 점에 이르러서는 상당한 불일치가 있다. 말하자면 선택되어야 할 지적인 **방법들**에 대해 불일치가 있다는 것이다. 금세기에 마음에 관한 탐구를 이끌어 온 네 가지 매우 영향력 있는 방법론에 대한 간략한 기술과 토의가 아래에서 이어질 것이다.

5.1. 관념론과 현상학

잠시 뒤로 물러서서 역사를 조금 더듬어 보는 것이 여기서는 유익할 듯하다. 드 라 메트리(de la Mettrie, p.162 참조)가 마음을 물질로 환원시키려고 노력한 반면, 다른 사상가들은 정반대 방향으로의 환원을 위해 연구에 몰두하고 있었다. 버클리 주교(Bishop George Berkeley, 1685~1753)는 물질적 대상들은 의식을 가지고 있는 마음의 지각 상태들의 '내용들' 또는 '대상들'로서만 존재하지 그 이외의 의미에서는 존재하지 않는다고 주장했다. 이 주장의 요점을 대강 이야기해 보면 물질 세계는 단지 앞뒤가 잘 들어맞는 **꿈**에 지나지 않는다는 것이다. 물질적인 세계가 단지 자신의 꿈에 지나지 않는다고 믿는 사람은 **주관적 관념론자**라 할 수 있다. 그러나 버클리처럼 물질 세계는 우리 모두가 공유할 수 있는 신의 꿈이라 누가 생각한다면 그는 **객관적 관념론자**이다. 두 경우에 있어서 존재하는 것을 구성하는 근본 실체는 물질이 아니고 마음이다. 따라서 관념론이란 말이 붙는다.

이것은 놀랍고도 재미있는 가정이다. 우리는 '객관적인' 물질 세계를 단지 '신의 마음'인 것으로 생각하기를 요청받고 있는 것이다. 즉 신의 마음이 물질 세계에 대해 갖는 관계는 여러분 자신의 마음이 여러분의 감각적 경험에 대해 갖는 관계와 똑같은 것이란 이야기이다. 어떻게 보면 우리 모두는 신의 꿈, 즉 물질계의 관람자이다. 이 가정은 어떤 사람들에게는 그 자체가 거의 미친 환상인 것처럼 여겨질 것이지만, 우리는 어떤 중요한 근거가 이 가정을 지지할 수 있는지를 적어도 상상할 수는 있다. (우리의 혹은 신의)마음의 구조에 관한 이론적 가정에 근거하여 물질의 구성과 행태에 대한 상세한 **설명**을 제공할 수 있게 되었다고 생각해 보자. 그러고 나면 관념론은 진짜 그럴듯하게 보이기 시작한다.

그런데 실제로 이런 종류의 참으로 유용한 설명들이 전혀 주어진 바가 없으므로 관념론은 상당히 부당하게 보인다. 다른 방향에서의 설명—물리적 현상으로 여러 다양한 심리적 현상들을 설명하는 방향에서의 설명—이 보다 실질적이다. 우리는 앞서 가고 있는 유물론자들의 영역의 폭을 보기 위해 다만 진화론, 인공지능, 신경 과학들만을 생각하면 된다. (6∼8장에 걸쳐 이것들이 검토될 것이다.)

그러나 관념론자들의 물질 세계에 대한 그러한 설명이 유용하게 보였던 시기가 있었다. 칸트(Immanuel Kant, 1724∼1804)가 《순수 이성 비판》에서 물질 세계에 대한 친근한 인간의 경험은 대부분이 활동적인 인간의 마음에 의해 **구성**된다고 주장했을 때 그는 서양 철학에 하나의 지속적인 영향을 남기게 된다. 칸트가 이해한 것처럼 인간 지각의 본유적인 형식들과 인간 오성의 본유적인 범주는 가공되지 않은 감각적 입력의 원초적 혼돈에 불변하는 질서를 부여한다. 그러므로 모든 인간은 매우 구체적인 경험적 세계에서 경험을 서로 공유할 수 있는 것이다. 이런 방식으로 칸트는 왜 유클리드 기하학과 뉴턴 물리학의 법칙들이 인간에게-경험된-바-세계에 대해 필연적으로 참이 될 수 있는지를 설명하려 했다. 그런 이론들은 마음 자신의 구성 작용의 피할 수 없는 결과라고 칸트는 생각했던 것이다.

유클리드 기하학과 뉴턴 물리학 모두는 경험적으로 거짓임이 밝혀졌는데 이 사실은 칸트의 주장의 세세한 면들을 확실히 손상시킨다. 그러나 칸트의 핵심적인 생각—우리의 지각 경험의 일반적인 형식과 범주들은 능동적으로 구성을 수행하고 있는 마음에 의해 제공되는 것이란 생각—은 여전히 살아 남아 있다. 우리의 구성된 경험에 있어서의 물질적 대상들이란 따라서 경험적으로 실재적일(＝모든 인간 경험에 대해서 실재적일) 수는 있으나 초월적으로 실재적일(＝가상적인 신의 시점에서 실재적일) 필요는 없다.

물질을 현상계의 주요 범주로 깎아 내린 점은 칸트 이래의 많은 철학의 특징이다. 그러나 칸트는, 순수히 관념론적인 흐름에서 자신의 입장을 멀어지게 한 그리고 그에게 가장 유별난 관념론자라는 낙인을

찍게끔 한, 두번째 요소를 자신의 이야기에 덧붙였다. 칸트에 의하면, 내적인 감각의 세계 즉 감각과 사고와 감정의 세계 **역시** '구성된 세계'인 것이다. 마음이 '외부' 세계에 접근해 갈 때처럼 마음이 그 자신에 접근할 때도 꼭같이 마음은 그 자신의 구조적이고 개념적인 밑받침에 의해 매개되어야 하는 것이다. 마음은 그 자신이 스스로에 대해 갖는 자기-표상에 의해서만 그 자신에 접근할 수 있는 것이다. 따라서 물질이 그러하듯이 마음도 경험적으로 실재적이라 하더라도 초월적으로는 실재적일 필요는 없다는 것이다. 칸트에 있어서 마음 -자체의 초월적 본성은 물질-그-자체의 초월적 본성만큼이나 우리에게는 애매모호한 것이다. 그래서 일반적으로 칸트는 그-자체에-있어서의-대상들(인간의 지각과 개념화에서 독립적인 물자체)은 영원히 인간에게는 알려질 수 없는 것이라 생각했다.

이후의 철학자들은 마음의 자기 이해에 대한 궁극적인 가능성에 있어서 칸트보다는 훨씬더 낙관적이었다. 과학적인 탐구의 결과로 많은 사람들은 마음도 스스로가 개념적인 **발전**을 이룩할 수 있다고 생각하게 되었다. 물자체(things-in-themselves)의 참 본성을 지적하는 개념적 용어들로써 물질 세계와 마음을 다시금 파악하려는 목표를 향한 발전을 말이다. 이것이 대부분 현재 진행되고 있는 심리학이나 신경 과학적 탐구의 배경이 되는 철학적 입장인 **과학적 실재론**의 희망이다. 그런데 **현상학적** 전통은 자기 이해에 관해서는 낙관적이긴 하지만 상당히 다른 입장을 취한다.

현상학(Phenomenology)은 유럽 대륙을 중심으로 일어났던 철학적 전통의 이름이다. 칸트 철학에 뿌리를 두고 있는 이 전통은 많은 잔가지를 가지고 있는 것이긴 하지만, 이 전통의 여러 다양한 옹호자들은 마음의 본성에 대한 참된 이해는 과학 일반을 이끄는 방법들과는 근본적으로 다른 방법으로써만 얻어질 수 있다는 점에 모두 동의하고 있다. 이런 강한 입장의 근거는 부분적으로는 현상학자들이 내세우고 있는 지식 이론(인식론)에서 유래한다. 칸트의 저작이 나온 이후 거의 대부분의 철학자들이 그러했듯이, 그들도 우리의-경험의-세계는 크게 보아 구성된 세계라는 점을 명확히 의식하고 있었다. 우리가 가지고 있는 지각의 본유적 형식, 오성의 본유적 형식 그리고 우리가 학습한 개념의 틀 들은 모두 서로 연결되어서 우리에게 친숙하고 상식적인, 지각된 세계 즉 **레벤스벨트**(Lebenswelt) 혹은 **생활 세계**(life-world)를 구성한다.

그들의 견해에 의하면 표준적인 과학적 활동은 그러한 마음의 '구성적인' 활동들의 연속일 뿐이다. 우리는 객관적인 세계에 대한 보다 정교하고 보다 깊이 있는 해석을 가능하게 하는 개념들을 구성하고 있으며, 그런 개념들이 예측이나 설명, 기타 등등을 통해 우리의 **생활 세계**의 지각적 사실들을 해명하게끔 만든다.

그러나 그런 구성적 절차는 **마음**, 즉 이 모든 구성 활동의 **주체**인 마음에 대한 참된 이해로 우리를 이끄는 방법은 아니라고 현상학자들은 주장한다. 그런 절차는 마음을 본래적인 '순수한' 현상으로부터 자꾸만 멀어지게 만들고 그 자신의 구성의 복잡성에 마음을 보다 단단하게 묶어 버릴 뿐이다. 자연 과학의 개념들이란 '객관적' 세계에 대해 마음이 구성한 해석 그 이상일 수는 결코 없는 것이다. 그런데 그에 반해서 **마음**을 이해하기 위해 우리가 해야 할 필요가 있는 일은 180도 입장을 바꾸어서 우리 경험을 분석하고 해체해 보는 과정을 선택하는 것이다. 그런 방법론은 마음의 구성 작용을 거꾸로 추적하여 그 정체를 밝히는 것인데, 이때 이 방법론은 우리를 마음 자체의 본질적인 속성에까지 이끌어 간다. 자신의 본질적인 속성에 대해 직관하는 것이 마음에 있어서는 가능한데, 왜냐하면 객관적 세계에 대한 지식의 경우와는 달리, 마음은 그 자신에 대해 직접적이고 매개되지 않은 접근을 하고 있거나 또는 그렇게 하기를 희망할 수 있기 때문이다. 분석적이고 내성적인 탐구의 그러한 계획은 보통 학문이 가지고 있는 본질상 구성적이고 해석적인 과정에 의해 산출될 모든 가능한 이해보다 뛰어나고 또 동시에 그것과 독립적인 수준의 통찰력과 이해를 우리에게 가져다 줄 것이다.

위와 같은 시각을 공유하는 것 말고는 현상학자들은 매우 다양한 입장을 취한다. 이런 전통의 선구적인 인물들 중 하나인 헤겔(Georg Wilhelm Friedrich Hegel, 1770~1831)은 객관적 관념론이라는 참신한 입장을 전개시켰다. 궁극적인 자기지(自己知)를 향한 정신의 역정은 주관적 자아와 객관적 세계 사이의 구분의 해소를 향한 역정이라고 그는 생각했다. 개인이건 집단이건 인간 의식의 역사적인 발전은 아직도 비틀거리는 절대 정신(=신=우주)이 자기-의식에 도달하려 열망하는 느리고도 산만한 과정일 뿐이다. 각각의 개별적인 인간 '의식'은 보다 총괄적인 정신의 한 측면일 뿐이며 자아와 타자 사이의 대립 그리고 자아와 객관 세계 사이의 대립은 절대 정신이 완전한 자기-인식에 결국 도달하게 될 때 궁극적으로 해소되게 될 것이다. 당분간은 우리의 **생활 세계**는 절대 정신의 평화스런 **꿈**으로서가 아니라 자기-의식적 파악을 향한 투쟁적인 노력의 내용으로 더 잘 해석될 수 있다.

그런데 이후의 전통에 있어서 헤겔은 하나의 전형적인 사상가는 아니다. 게다가 현상학은 관념론적 존재론에 본질적인 관련을 갖지도 않게 된다. 훗설(Edmund Husserl, 1859~1938)이 현대적 전통의 핵심적 인물이다. 훗설은 마음과 물질이 동등하게 실재적인, 크게 봐서 데카르트적인 틀 속에서 그의 현상학적 탐구를 진행시키는데, 그의 주된 관심은 우리 심리 상태들의 **지향성**(intentionality)을 이해하는 것이었다(3장 4절을 참조). 마음의 구성적인 활동에 대한 내성적 추적은 우리의 심리 상태의 '내용'이 유래하는 근원들을 밝혀 주고, 경험적인 혹은 현상적인 자아를 넘어서 개별적인 선험적 자아에 대한 정화된 명증적 의식에로 우리를 이끈다고 그는 주장한다. 또한 그는 여기서 우리 인간 경험 및 모든 객관적 경험 과학들의 명증적인 기반을 발견할 수 있게 된다고 생각한다.

이런 간략한 스케치가 매우 풍부한 전통을 다 정당화시켜 줄 수는 없을 뿐더러 그 정도의 전통이 한 단락의 글로 반박될 수 있는 것도 아니다. 그러나 독자들은 지난 장에서 우리가 내성에 관한 "전통적 견해"라 불렀던 것이 현상학적 전통에 어떤 형태로든 중요한 부분이 되고 있다는 점을 알 수 있을 것이다. 자아에 대한 초과학적 지식을 가질 수 있다는 생각, 즉 대상을 객관화시키는 구성적인 개념화의 매개를 거치지 않는 특수한 형태의 지식을 우리가 가질 수 있다는 생각은 이 전통 전체에 걸쳐 공통된 생각이다. 이런 입장은 내성적인 자기지도 외부 세계에 대한 지식처럼 객관화 작용을 수행하는 '구성 활동'의 한 예가 되지 않을 수 없다는 칸트 자신의 확신과 반대되는 것이다. 또한 이 입장은 우리의 내성적 판단은 지각 판단 일반과 다른 점이 하나도 없고, 그 특수한 위치나 순수함이나 혹은 권위에 있어 전혀 두드러진 바 없는 지식을 우리에게 제공하고 있다는 현대 심리학의 증거와도 상치된다.

만약 모든 지식이 필연적으로 개념적 구성이나 이론적 해석의 문제라면(4장 2절의 결론을 상기해 보시오), 현상학자들이 추구하는 마음의 '본질적 속성'에 대한 '특수한 접근'은 꿈에 지나지 않으며, 그래서 경험 과학의 표준적 방법만이 마음이 그 자신을 도대체 이해해 보려 할 때 갖게 되는 유일한 희망이 되는 것이다. 이 점은 내성적 판단을 과학적 연구에 필요한 자료로 받아들일 수 없다는 주장을 내세우는 것은 아니며 그래서 '현상학적 탐구'를 반드시 배제하는 것이 아니다. 그러나 이 입장은 어떤 특수한 혹은 독특한 인식론적인 위치를 갖는 현상학적 연구의 결과들은 받아들이지 않을 것이다.

그런데 '경험 과학의 표준적 방법들'로 돌아가는 것이 즉각적인 의견 일치를 귀결시키는 것은 아니다. 왜냐하면 다음 절에서 드러나겠지만, 그런 '표준적 방법들'이 어떤 것들인가 혹은 어떤 것들이어야 하는가에 관해 경쟁 관계에 있는 다수의 입장들이 있기 때문이다.

추천도서 ------------------------

Marx, Werner, *Hegel's Phenomenology of Spirit* (New York : Harper and Row, 1975).

Spiegelberg, Herbert, *The Phenomenological Movement*, Vols. I, II (The Hague : Harper and Row, 1960), 특별히 훗설에 관한 부분을 참조하시오,

Vol. I, pp. 73～167.

Dreyfus, Hubert L., ed., *Husserl, Intentionality, and Cognitive Science* (Cambridge, MA : MIT Press/Bradford, 1982).

Smith, D.W., and McIntyre, R., *Husserl and Intentionality* (Boston : Reidel, 1982).

Piaget, Jean, *Insights and Illusions of Philosophy* (New York : World Publishing Co., 1971), chapter 3, "The False Ideal of a Suprascientific Knowledge."

5.2. 방법론적 행태주의

방법론적 행태주의는 그것보다 시대적으로 앞섰던 이원론적이고 내성적인 심리학적 접근법에 대한 매우 강한 반발을 표현하고 있는 입장이다. 금세기 문명의 총아인 이 입장은 굉장한 성공을 거둔 물리학, 화학 그리고 생물학 같은 자연 과학들의 노선을 따라 심리학을 재건하려는 자기 의식적인 시도라고도 볼 수 있다. 지난 반 세기에 걸쳐 영어권 세계에 있어서 행태주의는 가장 영향력 있었던 유일한 심리학의 일파였다. 물론 지난 20년 동안 행태주의적 주장들은 재해석되고 좀더 약한 것으로 교체될 수밖에 없기도 했지만, 아직도 주된 영향력을 미치고 있다.

5.2.1. 핵심적인 논지들과 논거들

행태주의의 핵심적 원칙은 이해하기 어려운 것은 아니다. 행태주의에 의하면 심리학의 1차적인 그리고 가장 중요한 임무는 그것이 다루는 인간을 포함한 모든 생물체들의 **행위**를 설명하는 것이다. 행태주의자들에게 "행위"란 주어진 주체의 공개적으로 관찰 가능하고, 측정 가능하고, 기록 가능한 활동을 의미한다. 즉 신체의 움직임, 소리를 내는 것, 온도 변화, 화학 물질을 방출하는 것, 환경과의 상호 작용 등을 의미한다. 이런 현상들이 객관적으로 실재한다는 점에 대해선 의심의 여지가 없는 것처럼 느껴지며 그래서 그 1차적인 설명 대상을 동물들의 **행위**로 삼는 심리학은 샛길로 빠질 염려가 없는 것이다. 이 점은 내적인 **의식**의 요소들과 내용들을 심리학의 고유한 설명 목표로 삼고 있는 앞의 견해와 근원적으로 대조된다.

그런데 대부분의 행태주의자들에게 비교적 중요한 사항은 행위가 적절히 설명될 **방식**에 관한 것이었다. '심리 상태'에 의존하는 상식적인 설명은 여러 다양한 점에서 결함투성이인 것으로 간주된다. 그런 설명은 합당한 과학적 기반을 가지지 못한 전승된 민속에 의존하는 것이며 우리의 많은 과거의 개념들처럼 미신과 혼동으로 엮어진 것이다. 우리에게 낮익은 심리적 개념들은 제대로 정의되지 않았으며 특히 인간이 아닌 동물의 경우에는 그 개념의 적용에 대한 명확한 객관적 기준도 없다. 게다가 인간의 경우에서 조차도 개별적인 내성이 그러한 개념들의 적용에 대한 통일적이고 믿을 만한 근거를 제시하지 못하고 있다. 이런 내성적 설명은 일반적으로 사후(事後)에나 구성되는 것이며 그래서 개입된 원칙도 매우 약한 예측력을 가진다. 그러한 '자신의 안을 들여다 보는' 식의 설명은 모든 생물체들의 행위를 통제하는 외적인 환경의 매우 폭넓은 역할을 우리로부터 감추어 버리고 만다.

심리 상태들에 호소하는 대신에, 행태주의자들은 생물체들의 행동을 그 생물체의 특수한 환경적 상황들을 가지고 설명할 것을 제안한다. 또는 환경과 그 생물체의 관찰 가능한 특성을 가지고서, 또는 그것이 잘 **안** 되면 그 생물체의 관찰 가능하지 않은 특성을—성향들 그리고 본유적으로 조건지워진 반사 작용들을—가지고 그 행동을 설명할 것을 제안한다. 이 때 그 관찰 가능하지 않은 특성들은 다음과 같은 매우 엄격한 조건을 만족시켜야 한다. 각설탕이 가지고 있는 녹는 특성이 그것을 물에 넣었을 때(환경적 상황) 실지로 녹는 것(행동)으로 드러나듯이 그런 특성들의 존재나 부재는 행동 실험을 통해 결정적으로 판별되어야 한다. 결국 심리학의 설명은 철저히 공개적으로 관찰 가능하거나 또는 그렇게 관찰 가능한 용어들로 조작 정의를 내릴 수 있는 개념에 전적으로 기초하여야 한다(2장 2절의 조작 정의에 대한 개념을 참조).

　행태주의자들은 이러한 방법만을 자신들에게 허용하려 한다(또는
했다). 그리고 다른 사람들도 이러한 규제를 받게 되기를 요청했는
데, 그것은 이런 규제가 심리학이 진짜 과학이 되기 위해 치러야 하
는 피할 수 없는 대가라 그들에게 여겨졌기 때문이다. 상식의 오래된
개념적 도구들을 옆으로 제쳐 놓는 것은 그런 가치있는 목표를 추구
하는 데 치러야 하는 단지 작은 희생인 것처럼 보인다. 만약 그런 심
리적 개념들이 진정으로 참된 개념들이라면, 행태주의적 방법론은 우
리를 결국에 가서 그런 개념들에로 혹은 행태주의적으로 적절히 정의
된 그런 개념들에로 이끌게 되리라 생각된다. 그런데 만약 그런 개념
들이 진정으로 참된 개념들이 아니라면 그것들을 부정해 버리는 것이
결코 손해보는 일은 아니다.

　게다가 관련된 분야의 영향력있는 어떤 견해는 행태주의자들의 입
장에 부수적인 지지를 하고 있다. "논리 실증주의" 혹은 "논리 경험
주의"라 불리는 자연 과학의 정신을 따르는 철학의 한 일파에서는,
어떤 학문에 있어서든, 모든 이론적 용어는, 아무리 간접적이라 하더
라도 감각 경험에서 직접적으로 의미를 얻는 **관찰** 용어들과 그 용어가
정의상 가지게 되는 관계들에서, 궁극적으로 그 의미가 드러나게 된
다는 점이 주장되었다. 이런 입장에 동조하는 어떤 과학 철학자들은
특별히 모든 의미 있는 이론적 용어는 관찰 가능한 것들을 통한 **조작**
정의를 가져야만 한다고 주장했다. 따라서 행태주의는 일반적으로 정
당하게 과학을 지배한다고 인정되는 규칙들을 단지 따르고 있는 것처
럼 보였다.

5.2.2. 행태주의에 대한 비판들
　심리 상태의 존재에 대한 그리고 인간 행동의 원인에 대한 우리의
친근한 개념에 대해 솔직하게 회의적인 태도를 가진다는 점 때문에
행태주의자들은 폭넓고 다양한 계층의 사회 비평가들, 성직자들, 문
학가들 그리고 심리학과 철학의 다른 학파 사람들로부터 강한 반발을

불러일으키게 되었다. 그 주된 불만은 행태주의가 우리 인간 자신을 특별한 존재이게끔 하는 바로 그 특성을 즉 의식을 가지고 심리적 생활을 영위한다는 점을 자의적으로 학문의 영역에서 배제시킴으로써 인간을 비인간화하는 경향을 가지고 있다는 점이었다. 이런 불만은 어느 정도 선결 문제의 오류를 범하고 있다. 인간이 '특수한' 존재인지 아닌지 그리고 만약 그러하다면 어떤 특성이 우리를 그렇게 특수하게 만드는지는 그것 자체가 과학적인 답변이 필요한 과학적인 질문인 것이다. 우리가 과연 특별한 존재인지, 또 왜 그런 존재인지에 관한 우리의 상식적인 생각들에서 아마도 우리는 실수를 범하고 있는지도 모른다. (이런 생각은 최초의 것이 아니다. 물리적 우주의 중심에 인간이 위치하고 있다는 보편적 확신을 상기해 보라.) 그래서 문화적으로 뿌리깊은 우리의 확신을 다만 고집스레 되풀이하는 것은 행태주의에 대한 비중있는 비판이 결코 될 수 없다.

그런데 그렇다고는 하지만 행태주의가 심리학의 학문적 위치를 공고히 하는 데, 필요 이상으로 최초의 제한과 주장을 극단적으로 하였다는 점에 대해서는 이제 넓은 공감대가 형성되고 있다. 한 가지 예를 들어본다면 모든 이론적 용어는 관찰 가능한 것을 통한 **조작** 정의를 가질 수 있어야 한다는 실증주의적 견해는 즉시 잘못된 것으로 여겨지게 되었다. 예를 들어 이론 물리학의 이론적 용어들은 관찰 가능한 것들과 적어도 어렴풋한 관련을 갖기는 하지만, 그런 관찰 가능한 것을 통해 조작 정의를 할 수 있을 그런 단순한 종류의 관련을 갖는 것은 아니다. "x는 중성미자이다" 혹은 "x는 그것과 가장 가까운 궤도에서 하나의 전자를 갖는다"라는 것들에 대해 그런 조작 정의를 내리려고 해 보라. 그런 용어들을 관찰 가능한 것들과 연결시키게 되는 적절한 조건문들에서는 많은 **다른** 이론적 용어들이 개입할 여지가 항상 생기게 되며 그래서 정의는 순수히 '조작적'이지는 않게 된다. 따라서 만약 조작 정의를 따라야 한다는 제한이 지켜지게 된다면, 이론 **물리학**의 대부분은 의미 없는 사이비 학문으로서 제거되어야 할 것이다!

의미에 대한 최근의 입장은 실증주의자들의 입장을 전적으로 뒤엎는 경향을 따르고 있다. 즉 관찰 용어를 포함한 모든 용어의 의미는 그 용어가 나타나는 믿음의 망상 구조 내에서의 그 용어의 위치에 의해 결정된다. (망상 구조 의미론은 3장 3절에서 논의되었다.) 따라서 심리 상태를 나타내는 우리의 어휘는 단순한 추상적 원칙 하나 때문에 학문의 영역에서 추방될 수는 없다. 만약 꼭 그러해야 한다면, 인간의 본성에 대해 경쟁을 벌이고 있는 다른 이론들보다 설명력과 예측력에 있어 상대적으로 부족한 점이 있다는 근거에서 그것이 추방되어야 할 것이다. 아무리 혼란스럽다 하더라도 적어도 우리가 상당한 내성적인 접근을 하고 있는 대상인 내적인 현상들의 존재를 그리고 설사 그것이 잘못 이해되고 있다 하더라도 행위의 인과적인 출발점에 있어 적어도 상당한 역할을 하고 있는 내적 현상들의 존재를 부정하거나 단순히 무시하는 것 역시 과학적으로 보아 합당하다고 여겨지지는 않는다. 행태주의가 우리로 하여금 그런 현상을 전적으로 무시하게끔 내몰고, 인간을 내적인 구조나 활동을 통해서는 밝혀질 수 없는 반사 작용만을 가진 '검은 상자'(black box)로 간주하게끔 만든다면, 행태주의는 너무 도가 지나친 것이 된다. 행태주의는 이전에 나타난 과도한 견해에 대해 불필요하게 제한적일 뿐 아니라, 그것에 대해 도를 넘어선 반응을 보이는 잘못을 저질렀던 것이다.

이러한 비판들의 정당함이 인정된 이상 대부분의 사상가들은 행태주의를 단순히 무시해 버리는 경향을 갖게 되었다. 그러나 이것은 적절한 반응은 아니다. 행태주의에 대한 최근의 해석이나 최근의 옹호자들은 이미 언급된 비판을 받아들일 준비가 되어 있다. 그들은 행태주의의 어떤 중요한 요소들은 살아 남아 있고, 여전히 옳다는 것이 증명될 수도 있으리라 본다.

수년 동안 행태주의의 옹호자로 가장 널리 알려진 하버드 대학의 스키너(B.F. Skinner)는 내적인 현상에 대한 우리의 내성적 접근뿐만 아니라 그런 현상의 존재 또한 언급되는 그리고 그 내적인 현상에 대해 완전히 정당한 역할이 심리학적으로 부여되는 그러한 행태주의에 관한 해석을 최근 내놓았다. 이러한 일보 후퇴에도 불구하고 스키너는 세 가지 중요한 주장을 하였다. 첫째로, 우리가 우리 자신의 내부를 들여다 볼 때, 우리가 '보게' 되는 것은 우리의 신체와 신경계의 생리학적 상태일 뿐이지 '비물질적' 실재가 아니다. 둘째로, 내성은 우리의 내적 상태들과 활동들 중에 매우 작은 부분에 대해서만 접근할 수 있고 그런 제한된 범위 안에서도 내성은 혼란스럽고 믿을 만하지 못하다. 그리고 셋째로, 따라서 내성을 통해 우리가 구분해 내는 상태들은 설령 우리의 행위와 연결되는 것이라 해도 반드시 우리의 행위의 실질적인 원인일 필요는 없다.

우리의 행위를 통제하는 환경적 요소를 다시 점검해 보고, 그리고 나서 내적으로 그런 요소들의 인과적 영향들을 추적함으로써 우리 행위의 참된(내적인) 원인을 가려내는 일을 우리가 시작할 수 있을지도 모르는 것이다. 행위를 통제하는 **환경**의 역할은 이런 접근법의 핵심적인 특성으로 남는데, 그 근거를 이해하기는 어려운 일이 아니다. 현재 살아 있는 생물학적 종들은 모두 그 종에 속한 개별적 생물체가 다른 생물체들보다 확실히 환경에 적절히 반응해 왔다는 사실 때문에 살아 남게 된 것이다. 인간의 심리 상태 또는 다른 생물학적 종들의 심리 상태는 환경적으로 통제받아 온 행동들—예를 들어, "좋은 냄새가 나는 것은 먹어라" "공격해 오는 것과는 싸워라(혹은 그것으로부터 도망쳐라)" "멋있게 보이는 상대와는 짝지어라" 등 오랫동안 진화론적으로 형성되어 온 결과인 것이다. 환경의 그러한 통제에 대한 체계적인 연구 이외에 도대체 어디서 심리학을 출발시킬 것인가?

그런데 우리가 곧 보게 되겠지만 심리학이 출발할 수 있는 흥미있는 다른 장소들이 **존재**한다. 그렇지만 행태주의적 연구 계획은 여전히 살아 있는 하나의 선택지로 남아 있으며, 그래서 최근의 행태주의적 학설들로부터 손을 털고 일어서는 것은 잘못이 될 것이다.

추천도서 ----------------------------

Skinner, B.F., *About Behaviorism* (New York : Random House, 1974).

Dennett, Daniel, "Skinner Skinned," in *Brainstorms* (Montgomery, VT : Bradford, 1978, Cambridge, MA : MIT Press).

Chomsky, Noam, "A Review of B.F. Skinner's *Verbal Behavior*," *Language*, Vol. 35, no. 1 (1959). Reprinted in *Readings in Philosophy of Psychology*, Vol. I, ed. N. Block (Cambridge, MA : Harvard University Press, 1980).

5.3. 인지적 / 연산적 접근법

2장 4절에서 다루어진 것처럼, 마음에 대한 기능주의적 개념의 넓은 틀 속에서 우리는 의식을 지닌 지성의 신비를 풀 목적을 가진 두 가지의 밀접히 연결되어 있는 연구 프로그램을 발견할 수 있다. 그것은 인지 심리학과 인공지능이다. 이 두 접근법은 지적인 존재의 행동을 설명하기 위해 내적인 상태들의 복잡한 체계를 그 존재에 꺼리낌없이 부여하거나 상정한다는 점에서 행태주의의 전통적인 형태와 대조된다. 일반적으로 상정된 상태들은 어떻든지간에 '정보-담지' 상태들이며 그들 전체의 상호 작용은 그것들이 담지하고 있는 특정한 정보의 기능인 것이다. 따라서 "정보-처리 접근법"(the information-processing approach) 또는 보다 단순하게 "연산적 접근법"(the computational approach)이라는 일반적 칭호가 생긴 것이다.

휴대용 전자 계산기의 경우와 비교해 보자. 이 계산기의 다양한 입력 상태는 일정한 숫자들과 산술적인 조작들을 나타내며 그런 입력 상태에 이어지는 내적인 상태들은 입력 상태들의 연산적 특성에 의해 결정된다. 계산이 끝나면 출력 상태들은 그 입력 상태들과 규칙에 의해 지배되는 체계적 관계를 가지게 된다. 자연적인 지능을 구사하는 생물체들의 경우에도, 입력 상태들이 단순한 숫자들보다 훨씬더 많은 것들로 구성되고 그것에 이어지는 '연산들'이 단순한 산술적 관계들보다 훨씬더 많은 것들에 관련된다는 점을 제외한다면, 계산기의 경우와 같은 사항을 예상할 수 있다. 그런 계산들은 예를 들어 논리적 관계, 공간적 형태, 사회 관계, 언어 구조, 색, 운동 그리고 기타 등등의 것들과도 관련을 갖는다. (예들은 다음 장에서 살펴볼 것이다.)

인지 심리학의 목표는 연산 과정들의 체계에 의해 지배되는 내적 상태들의 체계를 상정하거나 혹은 연산 과정들의 집합에 의해 지배되는 내적 상태들의 체계의 상호 작용하는 집합을 상정함으로써 지성을 구성하는 여러 다양한 활동들—지각, 기억, 추론, 숙고, 학습, 언어 사용, 신체 움직임에 대한 조절 등—에 대해 설명하는 것이다. 인간의 신경계 혹은 그것이 무엇이든 연구되고 있는 존재의 신경계의 실질적인 **기능적** 조직의 윤곽을 엮어 보는 것이 그 목표이다.

지적인 존재의 놀라운 복잡성을 생각해 볼 때 이것은 터무니없는 요구이고 그래서 단편적인 연구가 항상 이루어지고 있는 것이다. 예를 들어 어떤 이론가는 지각이나 언어 사용에 주의를 집중시킬 수 있는데, 그러고 나서 그는 그 능력의 특정한 활동을 설명할 수 있는 정보 처리 체계를 꿰어 맞추어 보려 노력하게 된다. 이런 단편적인 성공들은 그것들이 나타날 때마다 낱낱이 모아져서 그 생물체의 지적인 능력에 대한 일반적인 설명을 형성할 수 있게 되는 것이다.

이런 연산적 가정을 만들고 평가하는 데는 세 가지 기준이 관련된다. 첫째, 제안된 정보 처리 체계는 연구의 대상이 되는 인지적 능력들의 입력들과 출력들을 설명하는 데 성공해야만 한다. 예를 들어 그 능력이 지각이라면 상정된 정보 처리 체계는 그 감각 기관에 물리적 자극이 주어졌을 경우, 주어진 존재가 실제로 하는 구분들을 설명할 수 있어야만 한다. 그 능력이 언어 사용이라고 한다면, 그 체계는 문법적으로 바른 문장과 그렇지 않은 문장을 구분하는 우리의 능력 그리고 문법적으로 바른 문장들만을 거의 전적으로 구사하는 우리의 능력을 설명할 수 있어야만 한다. 일반적으로 이야기해서, 상정된 체계는 문제가 되는 그 존재가 할 수 있는 또는 그것의 선택된 능력이 하게 되는 것들을 할 수 있어야 한다.

첫번째 기준은 중요하긴 하지만, 그 자체로서 적절한 것이 되기에는 너무도 조잡하고 엉성하다. 문제는 목적을 달성하는 데는 매우 다른 여러 방식이 있다는 것이다. 입력과 출력간의 어떤 합당한 관계에 대해서도 정확히 그 관계를 산출할 수 있는 수없이 많은 서로 다른 정보 처리 과정이 있다는 점이다.

이 문제는 초보적인 예로써 쉽게 예시될 수 있다. 다음과 같이 작동하는 계산기의 역할을 하는 작은 장치를 우리가 가지고 있다고 상상해 보자. 그 장치의 누름판을 통해 n이란 숫자가 입력되면 그 장치는 즉시 $2n$에 해당되는 수를 화면에 나타내도록 되어 있다. 이 장치가 해답을 계산해 내는 한 가지 방식은 다만 주어진 입력에 2를 곱하는 것이 될 수 있다. 두번째 방식은 주어진 입력에 6을 곱해서 그 답을 3으로 나누는 것이다. 세번째 방식은 주어진 입력을 10으로 나누어서 그 답에 20을 곱하는 것이 된다. 이렇게 해서 계속 가능성을 만들어 나갈 수 있다. 주어진 숫자를 두 배로 만드는 데 관한 한 이 모든 계산 과정들은 꼭같은 '외적 행동'을 산출할 것이다. 그러나 계산기는 그것들 가운데 오직 하나의 과정만을 선택하게 된다. 어떤 과정이 선택될 것인지 어떻게 우리가 결정할 수 있을까?

여기서 연산적 가정들을 평가할 두번째 기준이 나타난다. 일정한 한 수준의 분석을 통해 볼 때 '꼭같은 행동'을 산출하는 과정들은 보다 세밀하게 구성된 분석의 수준에서는 미세한 차이를 나타낼지도 모른다. 예를 들어 두번째, 세번째 과정들은 각각이 2개의 다른 조작을 포함하지만 첫번째 과정은 단지 하나의 조작만을 포함한다. 따라서 다른 여건이 동일하다면, 우리는 두번째, 세번째 과정들은 계산을 끝내는 데 보다 시간이 많이 걸릴 것이라 예상할 수 있다. 그래서 관련되는 시간에 대한 면밀한 측정은 두 계산기 중에 어느 것이 보다 단순한 과정을 거치고 있는가를 밝혀내 줄 수 있을 것이다. 또한 실수의 유형들도 가정들을 구분해 내는 데 도움이 될 수 있다. 각각의 계산을 위한 조작이 개별적인 계산의 실행에 있어 작지만 일정한 확률의 실수할 가능성을 갖게 된다면 두번째 세번째 과정들에서는 보다 단순한 과정들보다 훨씬 자주 실수가 나타나게 될 것이다. 긴 시험적 작동은 결과적으로 한 과정을 다른 과정과 구분하는 우리의 작업에 도움이 될 수 있을 것이다. 실수들의 일정한 속성들도 그런 실수가 나타나는 과정들에 관해 우리에게 많은 것을 알려 줄 수 있다.

연산적 가정을 평가할 세번째 기준은 생물체이거나 인공물이거나 간에 명확하다. 즉 상정된 정보 처리 과정은 그 존재의 순환계 혹은 신경계의 물리적 수용 능력과 맞아떨어지는 것이어야 한다는 것이다. 우리가 받아들일 만한 가정은 주어진 정보 처리 활동을 실제로 수행하는 '몸체' 혹은 '육체'에 조화되는 것이어야 한다.

매우 피상적인 단계를 제외하고는 세번째 기준은 적용하기가 매우 어렵다. 왜냐하면 발전된 신경계를 이루고 있는 신경 구조는 매우 작은 요소들과 매우 복잡한 구조들과 매우 광대한 범위를 가지고 있기 때문이다. 7장에서 보게 되겠지만, 신경계를 밝혀 내는 일은 보통 일이 아니다. 결과적으로, 이 세번째 기준은 인지 심리학의 이론화 작업에 처음 두 조건들보다 약한 영향력을 미치게 된다. 그리고 아마도 이 점은 예상된 일일 뿐이다. 대부분의 인지적 기능들의 경우, 똑같은 정도로 합당한 연산적 가정들 사이에서 하나를 선택해야 하는 문제를 아직 우리는 가지고 있진 않다. 우리는 아직도 주어진 행위에 전적으로 합당한 **하나**의 가정을 만드느라 여념이 없는 판이다. 그렇긴 하지만 두번째, 세번째 기준들은 심리학을 순수한 경험 과학이게끔, 즉 자연적인 지능이 어떻게 실지로 나타나게 되는가에 관한 문제에 관여하는 학문이게끔 해주는 것이다.

이에 반해 **인공지능**의 연구 계획은 나머지 다른 조건이 없이 첫번째 기준만으로도 진행될 수 있다. 이 계획의 목표는 오직 자연적인 생물체에서 관찰할 수 있는 일체의 지적인 행위를 할 능력을 갖춘 정보 처리 체계를 고안하는 것이다. 상정된 체계가 어떤 주어진 생물체가 가지고 있는 연산 과정과 **똑같은** 것을 가지고 있느냐 하는 것은 기껏해야 이차적인 관심거리가 될 뿐이다.

지능에 대한 이 대안적 접근법을 고집하게 되는 데는 **강력한 이유**가 있다. 첫째로, 자연적인 생물체들에서 채택되어지고 있는 연산 과정이 관련된 목적을 달성하는 최선의 과정임에 틀림없다고 믿을 이유가 없기 때문이다. 우리의 진화의 역사와 생물학적 구조는 우리가 채택할 수 있는 종류의 과정들에 대해 중요한 그리고 아마도 자의적인 제약을 확실히 가하고 있다. 예를 들어 고속도 전자 계산기는 우리의 신경계에서는 불가능한 낱낱의 명령들을 수행할 능력을 갖고 있다. 그래서 어떤 경우든 우리는 다만 자연적인 지능만이 아니라 지능 일반의 많은 차원들에 대해서도 연구해 보아야 할 필요가 있다고 주장된다. 게다가 지능 일반에 관한 연구에 있어서의 발전은 순수한 자연 지능에 대한 우리의 이해를 증진시켜 줄 것이다.

두 접근법 사이의 대조는 분명하지만 실제로 그 대조는 종종 사라지게 되는 경향이 있다. 어떤 존재의 정보 처리 활동에 관한 가설을 검증해 보는 한 방법은 그것과 관련되는 연산 작용을 실행할 프로그램을 만들고 그것을 컴퓨터로 실행시켜 보고 나서, 그 존재의 행동과 출력되어 나오는 행동을 비교해 보는 것이다. 이 점에서는 인지 심리학을 연구해 나가는 것이 인공지능을 연구해 나가는 것과 아주 흡사하게 보인다. 다른 한편으로, 인공지능 연구가들이 괜찮은 프로그램을 위한 좋은 아이디어를 얻기 위해 실지로 살아 있는 존재의 행동과 내성적인 보고들을 참조하는 데 전혀 가책을 느낄 필요는 없다. 이 점에서는 인공지능이 인지 심리학과 매우 흡사하게 보이는 것이다.

인공지능에 대해서는 다음 장에서 더 자세히 알아 보기로 하겠다. 대충 윤곽을 잡아 본 두 연구 전략 모두에 대한 한 가지 반론에 대해 논의하면서 이 절을 마치고자 한다. 연산적 접근법에 있어서는, 의식을 가진 지성이란 것이 단순하고 독특한 본성을 가진 것 혹은 단일하고 통일적인 본질을 가진 것으로 드러나지는 않게 된다는 점이 독자들에게 떠올랐을지도 모르겠다. 오히려 지적인 존재는 마치 어느 때인가 한 학생이 내 차를 "허술한 형태로 급작스레 움직여 가는 볼트와 넛트의 집합체"라 이야기한 것처럼, 느슨하게 상호 연결된 매우 다양한 계산적 과정들을 담은 손주머니로 묘사되고 있다.

　공교롭게도, 내 차에 대한 그런 기술은 정확한 것이었고 컴퓨터적 접근법에 의해 제기된 지성의 개념도 마찬가지로 정확한 것이 될지 모르는 것이다. 반독립적인 통제 체계들의 점진적인 증가는 진화론적인 의미를 갖는다. 신경 체계들은 우연하고 임시적인 부가물에 의해 조금씩 부분적으로 진화해 가는데, 이러한 부가물은 주어진 존재의 행위나 내적 작용의 일정한 측면을 수월하게 통제할 수 있게 해주기 때문에 선택되는 것이다. 장기적인 자연 도태로 살아 남게 된 생물체들은 환경과 순조로운 상호 작용을 갖게 되는 것처럼 보이지만, 그런 상호 작용을 밑받침해 주는 내적 구조는 자의적이고 임기응변적이고 억지 춘향식일 수도 있는 것이다. 따라서 이 사실은 지적인 존재들을 손주머니처럼 묘사하고 있다고 해서 연산적 접근법을 비판할 수는 없다는 점을 보여준다.

추천도서

Dennett, Daniel, "Artificial Intelligence as Philosophy and as Psychology," in *Brainstorms* (Montgomery, VT : Bradford, 1978 ; Cambridge, MA : MIT Press).

Johnson-Laird, P.N., and Wason, P.C., *Thinking : Readings in Cognitive Science* (Cambridge : Cambridge University Press, 1977).

Anderson, J.R., *Cognitive Psychology and Its Implications* (San Francisco : Freeman, 1980).

Boden, Margaret, *Artificial Intelligence and Natural Man* (New York : Harvester Press, 1977).

Pylyshyn, Zenon, "Computation and Cognition," *The Behavioral and Brain Sciences*, Vol. 3 (1980).

6장의 여러 절에서 제시된 추천 도서도 참조하시오.

5.4. 방법론적 유물론

앞 절에서 서술된 방법론은 통상적으로 "하향적 접근법"(the top-down approach)이라 불린다. 왜냐하면 지적인 존재들이 무엇을 하는가에 대한 현재의 이해에서 출발해서, 어떤 종류의 바탕을 이루는 작용들이 그런 인지적 활동을 가능케 하고 혹은 그것을 설명할 수 있는가를 묻는 데로 나아가기 때문이다. 그것과는 날카로운 대조를 이루면서 이 절에서 서술될 방법론은 다양한 방법론이 놓여 있는 방법론 스펙트럼의 반대쪽 끝에서 시작되며 "상향적 접근법"(the bottom-up approach)이라 불린다. 기본적인 생각은 인지적 활동들은 궁극적으로 신경계의 활동일 뿐이며, 그래서 누가 신경계의 활동을 이해하려 할 때 그런 이해를 얻게 되는 최선의 방법은 신경계 자체를 조사해 보는 것 즉 신경계를 이루는 최소 단위들의 구조와 움직임, 그들의 상호 연결 상태와 상호 작용, 그들의 시간적인 발달 상태 그리고 행동에 대한 그들의 집합적 통제 들을 알아내는 것이다.

이것이 **신경 과학**(neuroscience)이라는 이름 아래 하나로 모아진 몇 개의 분과 학문들로 우리를 이끄는 방법론이며, 또한 이것은 우리를 자명 시계 뒷 뚜껑을 열고 무엇이 시계를 울게 만드는지를 알아보려고 시계를 분해하게끔 만드는 정신과 본질적으로 같은 정신을 갖는 방법론이다. 지적인 행위에 대한 이런 접근은 매우 오랜 역사를 가지고 있다. 고대 그리스인 히포크라테스(Hippocrates)는 두뇌 기능의 쇠퇴는 제정신을 잃게 만든다는 점을 알고 있었으며 로마 시대의 의사 갈렌(Galen)은 체성 감각 신경계(somatosensory nervous system, '촉감'에 대한 정보를 두뇌에 전달하는 일련의 신경 섬유들)와 운동 신경계(두뇌와 척수로부터 갈라져 나와 신체의 근육들을 통제하는 일단의 신경 섬유들)의 존재와 그 둘의 차이를 이미 발견했다. 죽은 동물들의 해부를 통해 그 둘의 존재가 밝혀졌는데, 갈렌은 살아 있는 동물의 두 체계가 국부적인 상해나 절단을 통해 전자에 있어서는 국부적인 촉각 '장애' 그리고 후자에 있어서는 국부적인 마비가 나타나게 만든다는 것을 발견했다.

신경계의 구조와 작용에 관한 연구의 체계적인 발전은 보다 최근의 세기에 이르러서야 가능하게 되었다. 왜냐하면 종교 관계 당국은 공공연한 사체 부검을 금하거나 그것에 대해 난색을 표명했기 때문이다. 그렇긴 했지만 신경계에 대한 조야한 해부적 구조는 1600년대 후반까지는 다소간 알려지게 되었다. 그러나 이것은 신경계의 기능에 대한 제한된 시각만을 제시했을 뿐이며, 따라서 두뇌의 미세 구조와 미세 활동에 대한 연구의 진정한 발전은 현대의 현미경 기술의 발달, 화학 이론, 전기 이론의 발달, 현대적인 전자 측정, 기록 기기의 발전을 기다려야만 했다. 결과적으로, 가장 중요한 발전들은 금세기에 나타났다.

이런 방법들로 드러난 신경 구조는 그 복잡 다단함이 숨막힐 정도이다. 두뇌의 기능적인 원자는 뉴런(neuron)이라 불리는 작은 정보 처리 세포인 것으로 여겨지는데, 대강 10^{11}(1 다음에 0이 11개 붙은 것 즉 1,000억) 개의 뉴런이 하나의 인간 뇌 속에 있다. 이 숫자에 대해 감을 잡기 위해, 지하실부터 서까래까지 모래로 가득 채워진 이층집을 생각하면 된다. 그 집 안에 있는 모래알의 갯수만큼 많은 뉴런이 여러분 두뇌 속에 있는 것이다. 더욱 흥미를 자아내는 것은 뉴런으로부터 뻗어나간 수상 돌기(dendrite) 및 축색 돌기(axon)라 불리는 작은 신경 섬유에 의해 뉴런은 다른 뉴런과 3,000가지의 연결을 갖게 되는데, 그래서 전 체계의 상호 연결은 실로 어마어마하다. 즉 약 10^{14} 가지 혹은 100조 가지의 연결을 갖는다.

이런 복잡성을 우리가 즉각적으로 이해하기는 힘들며 그래서 우리는 단지 신경계를 막 풀어 헤치기 시작한 것에 불과하다. 윤리적인 고려들은 물론 살아 있는 인간에 대한 자유스런 실험을 막고 있으며 자연도 호락호락 그 자신의 신비를 드러낼 실험을 하도록 친절을 베풀지는 않는다. 그래서 신경 과학자들에게는, 화학 약품의 물리적 충격에 희생된 혹은 퇴행성 이상 증세의 희생물인, 상처입은 다양한 두뇌들이 끊임없이 제공되고 있다. 그런 경우 많은 사항들이 수술이나 혹은 사체 부검에서 알려질 수 있게 된다. 매우 단순한 신경계를 가진 생물체들은 이 문제에 관한 이해를 가능하게 하는 또 하나의 가능성을 제시한다. 예를 들어 해삼의 신경계는 약 1만 개의 뉴런을 포함하고 있는데, 연구자들은 이미 그 뉴런의 전 체계를 도표로 나타냈다. 특정한 자극에 대해 그것이 취하는 습관적 행동—즉 원시적인 학습의 경우—에 관한 화학적 기술도 이미 미세 실험(microexperimentation)으로부터 힘들게 얻어졌다. 그런 경우에서부터 얻어진 통찰력은 바다 가재, 쥐, 원숭이—그리고 인간—같은 보다 복잡한 신경 활동을 하는 생물체를 탐구하는 데 있어 우리에게 도움이 된다.

우리가 뉴런들과 특별히 뉴런 체계들의 물리적·화학적·전기적 움직임과 발달 상태들 그리고 그런 것들이 각각의 뉴런들에 영향을 주고 외적인 행동을 통제하는 방식들을 이해하려고 작정했다면 우리는 생물체들이 가지고 있는 지능에 대해 알아야 할 모든 것을 이해하게 될 올바른 길로 접어든 셈이라고 방법론적 유물론자들은 확신한다. 물론 상향적 접근법이 통속 심리학에서 파악되는 친근한 심리적 현상들을 직접적으로 다루지는 않는다. 그러나 그런 사실은 이 접근법의 장점으로 여겨질 수 있다. 만약 통속 심리학의 닳고 닳은 범주들(믿음, 바람, 의식, 기타 등등)이 진짜 객관적 실재성을 갖는다면 상향적 접근법은 우리를 결국에 그런 범주들로 거슬러 인도해 줄 것이다. 그런데 만약 그렇지 않다면, 상향적 접근법은 경험적으로 드러나는 두뇌에 아주 밀접하게 연결되어 있으므로 우리의 내적인 상태를 이해할 수 있게 해주는 새롭고 보다 적합한 개념들의 집합을 만들 최선의 희망을 제공할 뿐이다. 확실히 동일론이나 제거론에 의해 개진되는 철학적 논제들을 가장 직접적으로 표현해 주는 것이 이 방법론이다.

이런 인정 사정 없는 유물론적 접근법이 의식을 가지고 있는 지성의 참된 본성을 격하시키거나 심각하게 과소 평가하지나 않나 하는 느낌이 들었을지도 모른다. 그러나 유물론자들은 그런 반응 자체가 신경과학적 탐구를 통해 계속적으로 드러나고 있는 인간 **두뇌**의 힘과 기교를 격하시키고 심각하게 과소 평가 하는 것이라 대답한다. 그런 몇 가지 신경 과학적 탐구가 어떤 것이고, 그런 탐구가 의식을 가진 지성에 관한 문제들에 어떤 해결책을 던지게 될는지에 대해선 7장에서 검토될 것이다.

추천도서 ▰▰▰▰▰▰▰▰▰▰▰▰▰▰▰▰▰▰▰▰

7장의 각 절에서 소개된 추천도서의 목록을 참고하시오.

제6장

인공지능

    진짜 기능을 갖추고 있는 순수하게 물리적인 장치를 구성하고 조립해 내는 것이 가능한가? "인공지능"("AI"라고 줄여서 부르기도 하는)이라 불리는 연구 계획이 주는 확신은 그것은 가능하다는 것이고, 그래서 이 계획의 목적은 그 목표를 달성하는 데 있다. 이 계획이 포함하는 것은 무엇이고 왜 이 계획의 실행자들은 낙관적인지 하는 점이 이 장에서 다룰 문제가 된다. 이 계획 앞에 놓여진 몇 가지 문제들 또한 논의될 것이다.

    인공지능을 향한 희망적인 시도들은 긴 역사를 가지고 있다. 데카르트(René Descartes)가 살았던 세기의 후반에 수학자이며 철학자였던 독일인 라이프니츠(Gottfried Leibniz)는 서로 연결되어 도는 실린더들을 이용해서 더하기와 빼기를 할 수 있는 장치를 만들었다. 또한 그는 모든 사고를 순전히 연산으로 환원해 버리는 완전히 논리적인 언어의 가능성을 주장하기도 했다. 이 언어에 대한 매우 명확한 생각을 그가 가진 것은 아니었으나, 우리가 곧 보게 되겠지만, 이 생각은 예언적인 것이었다.

데카르트가 살았던 세기 다음에 오게 되는 세기에 드 라 메트리 (Julien de la Mettrie)라고 하는 생리학적 연구 기반을 가지고 있는 사상가는, 데카르트처럼, 인간 신체의 구조와 '생명' 활동은 물질의 내재적인 원칙이나 어떤 비물질적인 실체에서가 아니라 물질적 구조와 그 물질이 그런 구조를 통해 갖게 되는 기능적 조직에서부터 나타나게 된다는 생각에 깊은 영향을 받았다. 그런데 이런 생각들이 제시하는 것에서 한 걸음 더 나아간 결론을 데카르트는 받아들이지 않았지만, 드 라 메트리는 과감하게 받아들였다. 그는 우리의 '생명' 활동들은 물질의 조직화된 구조에서부터 나타난다고 했을 뿐 아니라 우리의 모든 심리 활동도 역시 그러하다고 주장했다.

《인간 기계론》이란 그의 책은 널리 비난의 대상이 되었다. 그러나 일단 나타난 이런 그의 생각들은 잠잠해질 것 같지 않은 것들이었다. 드 라 메트리의 동시대인인 쟈끄 드 보캉송(Jacques de Vaucanson)은 내부적 구조와 기체의 작용이 여러 단순한 행동을 할 수 있게 만들어져 있는 매우 멋지고 생생한 몇 가지 인물상들을 만들었다. 금박을 입힌 구리로 된 오리는 마시고 먹고 꽥꽥거리고 물을 튀기는 그럴싸한 동작을 취했다. 그리고 실물 크기의 인물상은 플루트를 썩 잘 불었다고 전해진다. 이런 몇 가지 행동을 할 수 있는 자동 인형이 당시 널리 유행된 견해에 영향을 주었던 것 같진 않지만, 순진한 18세기 관찰자들에게 있어 그런 자동 인형의 급작스런 동작들은 굳은 신념에 지속적인 동요를 일으켰다.

좀더 특정한 정신적 능력들은 지난 세기에 케임브리지 수학자였던 배비지(Charles Babbage)에 의해 연구되었다. 조심스럽게 설계된 그의 분석기(Analytical Engine)는 모든 기초적인 산술적·논리적 조작을 할 수 있는 것이었으며 그것의 원리는 현대의 디지틀 컴퓨터의 전조가 되는 것이었다. 그러나 배비지는 여전히 순수하게 기계적인 장치의 영역을 벗어나지 못했으며, 비록 물리적으로 실현되었더라면 그의 상세한 설계가 실지로 작동했을 테지만, 어마어마한 기계적 복잡성 때문에 실지로 작동하는 기계는 결코 만들어지지 않았다.

모든 지적인 활동에 포함되는 복잡성은 그 활동을 기계적 장치로 쉽게 시뮬레이션하는 데 있어 지속적인 방해물이 되어 왔다. 그 방해물을 기술이 극복하는 데는 배비지 이래 한 세기가 걸렸다. 그러나 그 중간에 지나간 시간은 헛된 것은 아니었다. 추상적 영역에서 근본적인 발전이 있었던 것이다. 즉 명제 논리, 집합 논리 그리고 기하학, 산술, 대수의 논리적 구조에 대한 이해라는 추상적 영역에 있어서 근본적인 발전이 있었다. 게다가 위에서 나열된 논리 체계들이 구체적인 사례가 되는 보다 상위의 추상적 개념 즉, **형식 체계**(formal system)라는 추상적 개념을 우리는 이해할 수 있게 되었다. 형식 체계는 (1) **정식**(formula)들의 집합 (2) 그 정식들을 조작하는 데 필요한 **변형 규칙**(transformation rule)들의 집합으로 구성되어 있다. 정식들은 약정된 형성 규칙(formation rule)에 따라서 몇 개의 기본 요소들을 연결시킴으로써 형성된다. 변형 규칙은 모든 주어진 정식의 **형식 구조** (formal structure) (= 정식의 요소들이 결합되는 틀)에 관계하며, 그 규칙의 기능은 한 정식을 다른 정식으로 변형시키는 것뿐이다.

기초적인 대수의 경우에 기본 요소들은 0에서 9까지의 숫자와 "a", "b", "c", ……, (",") , "$=$", "$+$", "$-$", "$/$", "$\times$" 등이다. 정식들은 "$(12 - 4) / 2$"와 같은 항들이거나 "$x = (12 - 4) / 2$" 같은 방정식들이다. 변형의 순차적 과정은

$$x = (12 - 4) / 2$$
$$x = 8 / 2$$
$$x = 4$$

일 것이다. 이 변형 규칙들이 무엇을 할 수 있는지뿐만 아니라 그 규칙들 자체가 어떤 것인지에 대해서도 여러분은 잘 알고 있다. 그래서 여러분은 적어도 하나의 형식 체계를 이미 자유 자재로 구사하고 있는 것이다. 그리고 여러분이 생각을 할 수 있는 한, 여러분은 또 하나의 다른 형식 체계인 일반적인 명제 논리에 대해서 적어도 암묵적

인 이해를 가지고 있는 것이다.

대부분이 별로 중요하지 않고 흥미를 끌 요소도 지니지 못한 것들이지만, 형식 체계들이 무한히 많이 존재할 가능성은 언제나 있다. 그러나 그들 중 상당수는 논리학과 수학의 예들이 밝혀 주듯이 보기 드물게 막강하다. AI의 입장에서 보아 더욱 흥미로운 점은 모든 형식 체계는 원칙적으로 자동화될 수 있다는 점이다. 말하자면, 모든 형식 체계의 요소들과 조작들은 적절히 구성된 물리적 장치가 그 나름대로 설정하고 조작할 수 있는 그런 종류에 항상 속하는 것들이란 이야기이다. 물론 적절한 장치를 실지로 만드는 것은 그 크기 혹은 시간 혹은 기술 상의 문제로 가능하지 않을지도 모른다. 그러나 20세기 후반의 전자 기술의 발달은 고속도의 범용 디지틀 컴퓨터의 제작을 가능하게 만들었다. 그런 기계들은 매우 막강한 형식 체계들의 자동화를 가능하게 만들었으며, 결국 매우 강력한 형태의 계산이 가능하게 되었다. 결국 배비지를 머뭇거리게 한 장애물은 무너지게 된 것이다.

6.1. 컴퓨터 : 몇 가지 기본 개념들

6.1.1. 하드웨어

"하드웨어(hardware)"라는 용어는 컴퓨터 몸체 자체와 입력을 위한 문자판, 화면과 출력을 위한 인쇄기 그리고 입력과 출력 모두를 위한 '보조'(passive) 또는 외부 기억 테이프 / 디스크 / 드럼 등과 같은 주변 장치들을 가리키는 말이다(그림 6.1.). 이 말은 "소프트웨어"(software)라는 용어와 대조되는 것인데, 소프트웨어는 하드웨어가 무엇을 할 것인지를 알려 주는 일련의 지시 사항들을 나타내는 말이다.

컴퓨터 본체는 두 가지 주요 요소 즉 중앙 처리 장치(central processing unit, CPU)와 주로 임의 접근 방식(random access, RAM)을 취하는 주기억 장치(active memory)로 구성되어 있다. 임의 접근 방식이란 표현은 정보가 저장된 기억 요소들이 전자 그리드(electronic grid)에 배열

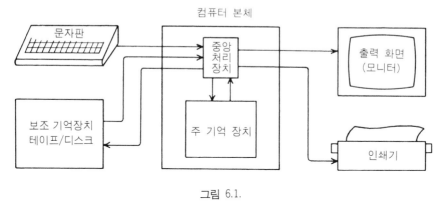

컴퓨터 본체

문자판

중앙
처리
장치

출력 화면
(모니터)

보조 기억장치
테이프/디스크

주 기억 장치

인쇄기

그림 6.1.

되어 있어서, 각각의 요소 또는 '레지스터'(register)가 중앙 처리 장
치에 의해 직접적으로 접근 가능한 하나의 유일한 '어드레스'(address)
를 갖게 된다는 점을 의미한다. 이 방식은 중앙 처리 장치가 필요한
어떤 것을 찾기 위해 수천의 레지스터들의 전 배열을 수고스럽게 다
뒤져 볼 필요 없이 주어진 레지스터에 무엇이 있는지를 찾아낼 수 있
게 해준다. 유사한 방식으로 중앙 처리 장치는 특정한 레지스터에 즉
각적으로 정보를 집어 넣을 수 있다. 중앙 처리 장치는 이런 유형의
주 기억 장치가 가지고 있는 모든 요소들에 대해 자유스럽고 직접적
인 접근을 할 수 있다. 따라서 "임의 접근 방식" 또는 "RAM"이란 말
이 생긴 것이다. 주 기억 장치는 중앙 처리 장치를 위한 '메모지' 또
는 '작업 공간'의 역할을 하며 그것은 또한 중앙 처리 장치가 특별히
무엇을 해야 하는지를 일러 주기 위해 우리가 집어 넣는 지시 사항들
또는 프로그램을 맡아서 가지고 있기도 한다.

중앙 처리 장치는 이 체계의 기능적인 핵이다. 이 장치는 그것 안
에 입력된 여러 정식들을 조작하는 장치이다. 즉 이것은 이 기계가
가지고 있는 기본적 변형 규칙들을 실행하고 구체화시킨다. 연산 또
는 정보 처리는 일군의 정식이 다른 일군의 정식으로 규칙에 따라 변
형되면서 성립된다. 이것이 중앙 처리 장치의 일인 것이다.

어떤 정식들을 중앙 처리 장치가 처리하고, 어떻게 그것들을 **변형**시키는 것인가? 표준적인 컴퓨터에 내장되어 작동하게끔 되어 있는 형식 체계는 매우 엄밀한 것이다. 그것은 단지 두 개의 기본 요소— 그것을 "1"과 "0"이라고 부를 수도 있다. —만을 갖는데 거기서부터 그 체계의 **모든** 정식들이 구성되어야 하는 것이다. 이것은 기계문 또는 기계어라고 한다. 이 기계어로 되어 있는 모든 정식들은 1 또는 0 으로 구성된 유한한 문자열(string)이다. 이런 것들은 기계 그 자체 내에서는 주 기억 장치의 각 요소들에 부하가 걸려 있거나 그렇지 않거나 하는 상태로 그리고 중앙 처리 장치의 여러 회로에서는 펄스 상태이거나 아닌 상태로 나타난다.

중앙 처리 장치 내부에 만들어져 있거나 배선되어져 있는 것들이란 **논리 게이트**(logic gate)라 불리는 다수의 작은 요소들인데 그것들은 각각의 입력단에서 1 또는 0을 취하고 출력으로 1 또는 0을 내놓는다. 이 때 출력은 게이트의 속성과 입력된 요소들에 의해 전적으로 결정된다. 논리 게이트들의 전 체제를 이용하여, 1들과 0들의 모든 문자열들은 중앙 처리 장치에 어떻게 그리고 어디에 입력되느냐에 따라 다른 방식으로 배열된 1들과 0들의 새로운 문자열로 변형될 수 있다. 여기가 바로 **규칙에 의해 지배되는 변형**이 나타나는 곳이다.

이 지루한 정식들에 대한 조작에 있어서 흥미로운 점은—이러한 조작이 이루어지는 놀랄 만한 속도 즉 초당 백만 번의 변형 속도를 별도로 하고서도—어떤 문자열들은 체계적으로 보통의 숫자들을 나타내는 것으로 해석될 수 있고, 반면 중앙 처리 장치들의 어떤 하부 장치들은 덧셈기, 곱셈기, 나눗셈기 기타 등등으로 해석될 수 있다는 점이다. 모든 숫자들은 우리에게 친근한 10진법 대신에 2진법으로 표현될 수 있다. 즉 숫자들은 1과 0들의 문자열로 표시될 수 있다. [1]

---

1) 10진법에서 가장 오른쪽 첫번째 자리는 0에서 9까지의 수를 나타내는 자리인데, 만일 주어진 수가 그 자리에서 나타낼 수 있는 것보다 크면, 우리는 그것보다 10배 큰 0에서 9까지의 수를 나타내도록 되어 있는 다음 자리에서 주어진 수를 나타내면 된다. 더 큰 수가 나타나

그런데 중앙 처리 장치의 어떤 하부 장치에서는 그렇게 표시된 숫자들이 입력 문자열 S_1과 S_2 그리고 출력 문자열 S_3로 주어졌다고 할 때, 그들 사이에는 보통의 숫자로 해석되었을 때, S_3가 항상 S_1과 S_2의 합과 같게 되는 관계가 성립하게 된다. 이 때 그 하부 장치들—적합하게 연결된 일군의 논리 게이트들—은 **덧셈기**로서 작동하는 것이다. 다른 하부 장치들은 다른 기본 산술적 연산을 수행한다.

마찬가지로, 우리는 명제 논리의 정식들을(자연 언어의 문장들을 나타내는) 기계어로 기호화시킬 수 있고, 그래서 중앙 처리 장치의 어떤 하부 장치는 출력된 문자열이 다른 정식 즉 입력된 문자열이 나타내는 명제들의 논리적 **연언** 또는 **선언** 또는 **부정** 또는 **조건**인 정식들을 항상 나타낼 수 있게 그 문자열들을 처리할 것이다. 같은 방식으로, 임의적인 진술들(예를 들어 "만약 ~라면 ~이다" 식의 진술들)을 표현하는 입력 문자열들은 출력 문자열이 최초의 진술이 갖는 진리 함수적 타당성에 관한 판정을 나타내는 것이 되게 처리될 수 있다.

중앙 처리 장치들은 가장 기본적인 논리적·산술적 조작들을 모두 수행할 수 있도록 만들어졌다. 또한 이때 우리들이 프로그램을 만들 때 하는 식으로 기본적인 조작들을 결합시켜 좀더 복합적인 것을 만들거나 그렇게 된 것을 다시 결합시키거나 해서 끝없이 많은 조작들이 운영될 수 있다. 확실히 1과 0들로 된 문자열에 대한 지루한 조작은 속도에서뿐만 아니라 그 깊이와 복잡성에서도 막강한 매우 흥미 있는 형태의 계산 활동일 수 있는 것이다.

면, 같은 방식으로 자리를 옮겨서 계속 그 수를 표시할 수 있다. 그런데 2진법에서는 가장 오른쪽 첫번째 자리는 0과 1의 두 숫자만을 표시하도록 되어 있다. 그래서 만일 더 큰 숫자가 나타나면 그 첫번째 자리에서 나타나는 수보다 2배 큰 0과 1을 나타낼 수 있도록 되어 있는 다음 자리로 옮겨 표시하면 된다. 또 더욱 큰 수가 나타나면 처음 자리에서 나타나는 수보다 4배가 큰 0과 1을 표시할 수 있는 다음 다음 자리의 힘을 빌어야 한다. 같은 방식으로 여하한 수도 표시할 수 있다. 예를 들어 우리에게 친숙한 "1 + 2 = 3"은 2진법으로는 "1 + 10 = 11"이 된다. 그리고 "4 + 5 = 9"는 "100 + 101 = 1001"이 된다.

6.1.2. 소프트웨어

중앙 처리 장치의 계산 활동은 통제될 수 있는데, "소프트웨어"는 그런 통제를 수행하는 **프로그램** 혹은 일련의 지시 사항을 가리키는 용어이다. 프로그램은 컴퓨터의 주 기억 장치에 들어가게 되는데 거기서 프로그램의 개별적 지시 사항들이 순차적으로 중앙 처리 장치에 의해 판독되고 수행된다. 프로그램은 어떤 입력 문자열을 어떤 방식으로 처리할 것인지를, 언제 어디에 그 결과를 기억 장치에 저장할 것인지를, 언제 그것을 다시 꺼내서 화면에 표시하고 인쇄해 낼 것인지 등을 중앙 처리 장치에 알려 준다.

따라서 하나의 일정한 프로그램은 컴퓨터를 '특수한 목적'을 위한 기계로 바꾸어 놓는다. 그런데 잠재적으로 무한한 수의 다른 프로그램들이 있다고 한다면, 우리는 컴퓨터가 잠재적으로 무한한 수의 다른 '특수한 목적'을 위한 기계들처럼 작동할 수 있게 만들 수 있다. 이 점이 우리가 여기서 서술되고 있는 컴퓨터를 "범용"(general-purpose) 기계라 부르는 이유가 되는 것이다. 그런데 그렇게 부르는 보다 근원적인 이유가 있다. 그것을 지금 알아보려 한다.

가장 낮은 단계에서는, 지시 사항들을 담은 프로그램은 1과 0의 문자열로 된 기계어로 중앙 처리 장치에 입력되어야 한다. 왜냐하면 중앙 처리 장치가 이해할 수 있는 언어는 기계어밖에 없기 때문이다. (= 중앙 처리 장치가 조작하도록 만들어진 유일한 형식 체계가 그것이니까.) 그러나 기계어는 사람이 다루기에는 매우 어색하고 분명치 않은 언어이다. 일정한 숫자들과 방정식들, 명제들을 나타내고 있는 문자열들과 논리적·산술적 조작들을 수행하라는 지시 사항들을 나타내는 문자열들은 매우 숙달된 프로그래머가 아닌 이들에게는 아무 의미 없는 문자열들과 꼭같은 것처럼 보인다. 즉 1과 0으로 무의미하게 주절주절 나열된 것으로 보인다는 것이다. 분명 우리가 기계어를 인간들이 보다 접근하기 쉬운 언어로 번역할 수 있다면 훨씬 좋을 것이다.

이것은 이미 실제로 이루어진 것이다. 번역이란 한 종류의 정식을 다른 종류로 변형시키는 작업의 일종이라 할 수 있고, 컴퓨터는 매우 훌륭한 변형 장치이므로, 우리는 우리를 위해 **컴퓨터**가 그 일을 하게끔 시킬 수도 있다. 제1단계는 각각의 친숙한 글자들이 눌러졌을 때, 이것들이 1과 0으로 구성된 여덟 단위짜리 하나의 숫자열로 기호화되어 컴퓨터 본체로 보내질 수 있게 입력 문자판을 만드는 것이다. 이 최초의 기호화는 보통 ASCII 기호(American Standard Code for Information Interchange, 정보 교환을 위한 미국 표준 기호)의 한 예가 된다. 따라서 적어도 "ADD 7, 5" 같은 글자열은 기계어의 어휘로 나타내어질 수 있다. 다음 단계는 컴퓨터에 이 글자열을 기계어로 된 숫자열로 **변형시킬** 프로그램, 즉 예를 들어 중앙 처리 장치로 하여금 7에 해당되는 2진수와 5에 해당되는 2진수를 더하도록 실제로 지시할 (기계어로 힘들게 작성되었지만, 단 한 번의 일로 족한) 프로그램을 얻는 일이다. 같은 프로그램은 결과로서 나타나는 출력(1100)을 ASCII 기호(00110001, 00110010)로 다시 변화시키고, 그것을 받는 즉시 ASCII로 기호화된 인쇄기는 이 경우에는 "12"인, 원하는 일련의 친숙한 숫자나 문자들을 인쇄해 낼 것이다.

이런 프로그램을 번역기 또는 **컴파일러** 또는 **어셈블러**라 부르는데, 독자들은 이런 전략이 인간과 기계 사이의 보다 '우호적인' 상호 작용에서뿐 아니라, 복잡한 표현들을 간략화하는 데 있어서도 성립할 수 있다는 점을 알게 될 것이다. "AVERAGE X_1, X_2, ···, Xn"이라는 단일한 표현은 (먼저 ASCII 기호로 그리고 나서) 더하기나 나누기 같은 다수의 각기 다른 기초적인 조작들을 조합하는 긴 기계어 숫자열로 변형될 수 있다. 즉 상위 레벨의 언어로 되어 있는 하나의 명령은 기계어로 된 대단히 많은 명령들의 수행을 야기하는 것이다. 그런 상위 레벨 언어들은 **프로그래밍** 언어라고 부르는데, 그것들은 기계어의 지긋지긋한 기호법에 통달한 대부분의 프로그래머들이 하는 일과 거의 같은 일을 한다.

일단 번역기가 얹혀져서 상위 레벨의 프로그래밍 언어를 쓸 수 있게 된 이상, 이제 컴퓨터는 그 '기본적인' 변형이 기계어의 형식 체계에서 나타났던 변형보다 훨씬 복잡한 새로운 형식 체계의 정식들을 조작하게 된다. 우리의 최초의 컴퓨터는 이제 다른 컴퓨터를, 즉 프로그래밍 언어로 된 문자열들을 조작하도록 만들어진 컴퓨터를 흉내내고 있는 것이다. 이 '새로운' 컴퓨터를 쓰고 있는 사람에게 있어서 이 '새로운' 언어는 컴퓨터의 언어와 동일하다. 이 이유에서 컴퓨터-더하기-번역기를 종종 "가상적 기계"(virtual machine)라 한다.

하나의 정보 처리 체계가 만약 다르게 프로그램된다면, 전혀 다른 다수의 정보 처리 체계들을 본뜰(simulate) 수 있다는 것을 이 점은 의미한다. 이 점은 적절히 프로그램된 컴퓨터가 생물체의 신경계에서 발견되는 정보 처리 체계를 본뜰 수 있을지도 모른다는 점을 시사한다. 추상적 계산 이론(abstract computing theory)의 어떤 결론들은 이런 기대를 강하게 뒷받침하고 있다. 만약 어떤 컴퓨터가 일정한 기능적 조건들을 만족하게 된다면, 그 컴퓨터는 이론가들이 소위 말하는 만능 튜링 기계(universal Turing machine)(선구적인 컴퓨터 이론가인 튜링의 이름을 따서 이름지어졌다.)의 한 예가 된다. 만능 튜링 기계에 관한 한 가지 재미있는 사실은, 제대로 정의된 모든 연산 과정(computational procedures)들 어떤 것에 대해서도 만능 튜링 기계는 그런 과정을 실행하는 물리적 체계를 본뜰 수 있다는 것이다. 본떠야 하는 물리적 체계의 입력/출력 행위를 정확히 재생해 냄으로써 만능 튜링 기계는 그러한 일을 하는 것이다. 그런데 흥미진진한 사실은 현대의 컴퓨터는 바로 만능 튜링 기계란 점이다. (하나의 단서가 있다면 그것은 진짜 컴퓨터는 무한한 기억 용량을 가지고 있지 않다는 점인데, 기억 용량은 요건을 충족시키기 위해 언제든지 확장될 수 있다.) 앞에서 이야기한 것처럼, 이런 보다 깊은 의미에서, 현대의 디지털 컴퓨터는 '범용' 기계인 것이다.

따라서 AI의 연구 프로그램이 직면하고 있는 문제는 적절히 프로그램된 컴퓨터가 인간뿐만 아니라 동물들에게서 발견되는 연산 과정(computational procedures)을 기반으로 하는 연속적인 행동을 본뜰 수 있느냐 하는 것은 아니다. 그런 문제는 일반적으로 해결된 것으로 간주되고 있다. 적어도 원칙상으로는 본뜰 수 있다. 중요한 문제는 의식을 가진 지성을 구성하고 있는 활동들이 모두 모종의 연산 과정인가 하는 문제이다. AI의 주도적인 가정은 그런 활동들은 모종의 연산 과정이라는 것이고 그래서 AI의 목표는 그런 활동을 본뜰 실제적인 프로그램을 만드는 것이다.

이 점이 대다수의 AI연구가들이 좀더 참신한 컴퓨터 하드웨어의 형태를 만드는 것보다는 프로그램을 작성하는 데 더 관심을 가져온 이유가 된다. 범용 기계는 이미 여기 있고, 그 기계는 우리가 원하는 어떤 종류의 정보 처리기도 본뜰 수 있게끔 프로그램될 수 있다. 그렇다면 언뜻 보기에는, 인지 과정들을 본뜨는 문제에 대한 가장 가망성 있는 접근은 범용 기계를 작동시키는 절묘하게 만들어진 프로그램을 통해서 이루어질 것처럼 보인다. 다음 절에서 우리는 이 생산적인 접근법의 몇 가지 결과들에 대해 살펴보려고 한다.

추천도서 ------------------------

Weizenbaum, Jospeh, *Computer Power and Human Reason* (San Francisco : Freeman, 1976). 특히 2, 3 장을 참조.

Raphael, Bertram, *The Thinking Computer : Mind inside Matter* (San Francisco : Freeman, 1976).

Newell, Alan, and Simon, Herbert, "Computer Science as Empirical Inquiry : Symbols and Search," in *Mind Design*, ed. J. Haugeland (Montgomery, VT : Bradford, 1981 : Cambridge, MA : MIT Press).

6.2. 지능의 프로그램화 : 점진적 접근

지능을 프로그램화하는 작업에 대해 소박하게 접근할 때, 우리는 어떤 프로그램의 천재가 특별한 영감에 사로잡혀 불뿜는 창조의 격렬함으로 밤을 지새고 비밀(The Secret)이란 프로그램을 아침에 떠올리게 되어 그것을 근처의 사용 가능한 기계로 수행시켰을 때, 여러분이 나 나 같은 의식을 가진 존재가 나타나게 되는 그런 식의 일만을 생각하게 될지도 모른다. 이런 생각은 매력적이긴 하나 만화책에나 나올 법한 이야기이다. 이것은 우리 앞에 단순하고 통일적인 현상이 있다고 가정하는 데서 그리고 그런 현상의 원인으로 감추어진 하나의 본질만이 있다고 가정하는 점에서 순진하기 이를 데 없는 주장이다.

　동물계를 대강 훑어 보면 지적인 능력이 수천의 매우 다른 등급으로 나타남을 알 수 있다. 그리고 서로 다른 생물체들의 경우에 있어서는 모두가 각각의 생리학적 구성과 진화론적 역사의 차이를 반영하는 서로 다른 기술, 관심, 전략에 의해 지능이 구성된다는 점이 명백해질 것이다. 통속적인 예를 들어 본다면, 여러 다양한 측면에서 돌고래의 지적인 능력은 인간의 지적인 능력과 실질적으로 다르다. 출력의 측면에서, 돌고래는 복잡한 조작을 위한 팔, 손, 손가락을 가지고 있지 않을 뿐 아니라, 항구적인 중력장 내에서 불안정한 자세로 꼿꼿이 서 있을 필요가 없다. 따라서 돌고래는 이런 중차대한 문제들을 맡아 다루게 되는 특정한 통제 체계를 가질 필요가 없다. 입력의 측면에서 돌고래의 주된 감각은 수중 음파 탐지 (sonar echolocation)인데, 이것은 시각을 통해 드러날 세계와 매우 다른 세계를 열어 주는 창문이 된다. 그렇지만 돌고래는 전반적인 능력에 있어 시각과 견줄 정도가 되는 음파 처리 체계를 가진 수중 음파 탐지 능력을 가지고 있다. 예를 들어 수중 음파 탐지는 색을 식별하게 하지는 못하지만, 어떤 것이든 소리에 대해서는 어느 정도 '투명'하므로 수중 음파 탐지는 지각된 물체의 내부 구조를 돌고래에게 알려 준다. 그러나 복잡한 반사파로부터 그런 정보를 여과시켜 내는 것은 인간의 시각 피질이 직면하고 있는 것과는 다른 문제를 돌고래의 뇌에 대해 제기하며, 따라서 돌고래는 구조적으로 그런 문제를 해결할 전문적인 두뇌 구조 혹은 신경 체계를 가지고 있다.

　이러한 입력 / 출력 처리에 있어서의 주된 차이점들은 보다 근본적인 단계에서의 다른 차이점들 또한 포함할 것이며, 결과적으로 우리는 각 유형의 생물체들의 지적 능력은 아마도 그 종에 고유한 것이라는 점을 되새기기 시작할 수 있게 되었다. 그런데 그런 지적인 능력을 독특하게 만드는 것은 진화의 결과로 서로 묶이게 된 특수한 목적을 위한 정보 처리 체계들의 일정한 연합이다. 이 점은 우리 자신의 지적 능력이 여러 다른 가닥으로 엮어진 하나의 밧줄과 같은 것임에 틀림없다는 점을 깊이 생각할 수 있게 도와준다. 따라서 그런 지적 능력을 본뜨기 위해 우리는 비슷한 가닥들을 비슷한 방법으로 엮어야 할 필요가 있다. 그런데 그렇게 하기 위해서는 우리가 먼저 그 가닥들을 만들어야 한다. 이런 이유 때문에 AI 연구가들은 지적 능력의 어떤 한 측면을 끄집어 내서 그 측면에 대해서만 연구를 집중하는 경향이 있다. 전략적인 측면에서 각각의 실을 엮는 종합의 문제는 잠정적으로 뒤로 미루어질 수 있다.

6.2.1. 의도적 행위와 문제 해결 능력

이 폭넓은 영역—먹이를 쫓아다니는 것, 장기 두는 것, 벽돌로 탑을 쌓는 것—내에 들어 오는 것들은 많다. 즉 이 영역에는 행위자의 활동을 특정한 목적이나 목표를 달성하기 위한 시도로 이해할 수 있는 모든 경우가 모두 포함된다. 그 중 가장 단순한 경우는 유도탄 어뢰 또는 열 추적 미사일일 것이다. 이런 것들은 이리저리 도망가는 목표물을 항상 고정적으로 향하기 위해 방향타를 움직이고 몸체를 뒤틀기도 할 것이다. 여러분의 뒤꽁무니를 그런 것이 쫓아온다면, 그것은 진정 여러분을 맞추려고 열심히 쫓아오는 것처럼 보일 수도 있을 것이다. 하지만 미사일의 감지기에 의해 측정되는 '목표물이 갖는 미사일의 현재 진행 방향으로부터의 편차'에 의해 직접적으로 야기되고 있는 반응, 즉 각각의 피하는 행동에 따른 유일한 반응만을 그 미사일은 내보일 것이기 때문에, 평정을 되찾은 순간 여러분은 참된 지적인 능력을 그 미사일에 부여할 용의를 거의 가지고 있지 않게 된다. 그런 체계들은 동물의 행동을—분명히 모기들은 단순히 위와 같이 증가하는 이산화탄소의 변화 정도(내뿜는 숨)를 추적한다.—이해하는

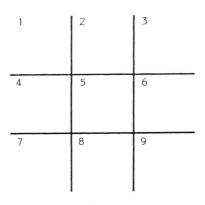

그림 6.2.

데 관련이 없는 것은 아니다. 그러나 우리는 모기의 지적 능력보다는 AI에서 더 많은 것을 기대한다.

현재 상태와 목표 상태 사이의 지각된 모든 간격에 대한 가능한 반응들의 범위가 훨씬 클 경우는 어떨까? 그리고 그런 반응들 사이에서의 유용한 선택이 행위자 측에 어떤 문제의 해결을 요구하고 있는 경우는 어떤가? 그것은 참된 지성의 일인 것처럼 여겨진다. 흥미롭게도, 현재 나와 있는 상당히 다양한 프로그램들은 이 조건을 만족시키고 있는 것이며, 그들 중 몇 가지는 인간에 의해 행해졌더라면 매우 지적인 것으로 인정될 정도로 복잡한 행위를 산출한다.

단순한 경우들에서 시작해 보자. 세목(三目) 놓기 게임 혹은 ○× 게임(그림 6.2.)을 생각해 보자. 그리고 컴퓨터가 이기거나 혹은 적어도 다른 선수와 비길 경우를 최대화하기 위해 컴퓨터가 써먹으리라 여겨지는 과정들을 생각해 보자. 컴퓨터가 먼저 ×로 시작한다고 하면, 그것은 둘 수 있는 9가지 가능한 수를 갖는다. 이들 각각에 대해 ○를 선택한 선수는 8가지 가능한 맞서는 수를 가진다. 그리고 이들 각각에 대해서 컴퓨터는 7가지 가능한 반응을 할 수 있다. 이렇게 계속 진행된다. 간단한 계산을 해보면, $9 \times 8 \times 7 \times \cdots \times 2 (= 9! =$

362,880) 가지의 빈 칸을 채워 가는 다른 방식들이 존재한다. (빈 칸이 다 채워지기 전에도 대부분의 게임은 ×나 ○ 세 개가 일렬로 늘어선 경우에는 끝나기 때문에 다소 이 숫자보다는 적은 수의 완료된 게임들이 존재한다.) 우리는 이런 가능성들을 게임 수형도(그림 6.3.)로 나타낼 수 있다.

이 게임 수형도는 한 페이지에 큰 가지를 하나 이상 맞추어 넣기에는 너무 크다. 그러나 그것은 적절히 프로그램된 컴퓨터가 날쌔게 각각의 단일한 가지들을 점검해서 그 가지들이 ×에 대해 이기는 것으로, 지는 것으로, 혹은 비기는 것으로 끝나는지를 확인하는 것에 비해선 그리 큰 것은 아니다. 그런 정보는 게임의 각 단계에서 컴퓨터가 취해야 할 수의 선택을 알려준다. ×에 해당되는 가지들 중에 만약 다음 수에 ○에게 승리를 안겨 주어 경기가 끝나게 하는 가지가 있

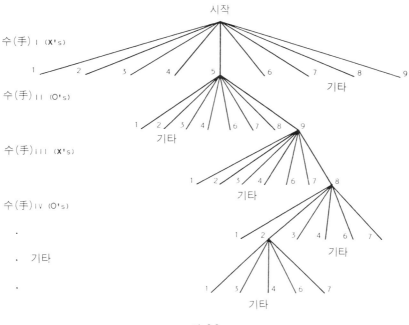

그림 6.3.

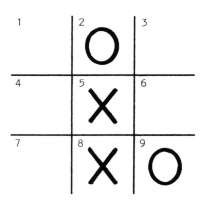

그림 6.4.

다면 그 가지를 "나쁜 가지"라고 부르기로 하자. 그리고 ×에 해당
되는 가지 중에서 다음 수에 ○가 ×에게 오직 나쁜 가지만을 남기
게 되는 수를 가지게 하는 모든 가지도 역시 나쁜 가지라고 부르기로
하자. 이런 일종의 순환적인 정의를 가지고 컴퓨터는 먼저 최후의 나
쁜 가지들을 확인하고 나서 나무를 아래로 더듬어 가면서 **모든** 나쁜
가지들을 확인한다.

　실제로 경기의 각 단계에서 그렇게 확인된 나쁜 가지들을 결코 선
택하지 않고 또 비기는 것보다는 이기는 것을 항상 선택하도록 우리
가 더 프로그램을 짠다면, 컴퓨터는 결코 게임에 지지 않을 것이다!
컴퓨터에 대해서 희망할 수 있는 최대한의 것은 비기는 것일 뿐이고,
그래서 이렇게 프로그램된 두 컴퓨터는 모든 게임에서 서로 비길 것
이다.

　이 점을 간략히 예시하기 위해 특정한 게임 ×−5, ○−9, ×−8,
○−2, ×−7, ○−3, ×−6, ○−1을 살펴보자. 그림 6.4.에서 볼 수
있는 바와 같은 바둑판에서 네번째 수 이후의 게임을 주목해 보자.

　원한다면, 여러분은 연필로 마지막 네 수들을 써 넣을 수도 있
고, ×의 패배를 목격할 수도 있다. 만약 네번째 ○의 수에서부터
뻗어나가는 수형도의 일부분을(그림 6.5.) 이제 살펴본다면, 왜 ×가

다섯번째 수에서 사각형 7을 선택하지 않았어야 하는지를 우리는 알 수 있다. 거기에서부터, ○는 ×에게 오직 나쁜 가지만을 남기는 수(사각형 3)를 가지게 된다. ×는 일곱번째 수로서 1, 4 또는 6을 선택해야만 하는데, 이 세 수는 모두 바로 다음 수에 ○에게 승리의 선택권을 주게 된다. 따라서 이 세 수 모두는 나쁜 가지이다. 그러므로 사각형 7의 다섯번째 수인 ×의 가지 역시 나쁜 가지이다. 왜냐하면 그것은 다음 수에 ○로 하여금 ×에게 온통 나쁜 가지만을 남겨 놓기 때문이다. 이런 상황으로 미루어 보아, 우리는 ×가 다섯번째 수로 7을 두지 말아야 했다는 것을 이해할 수 있다. 프로그램된 우리의 컴퓨터도 그것을 알고 있으며 그러므로 그 컴퓨터는 방금 살펴본 것 같은 실수를 피할 것이다. 또한 컴퓨터는 수형도의 어떤 곳에서 생기

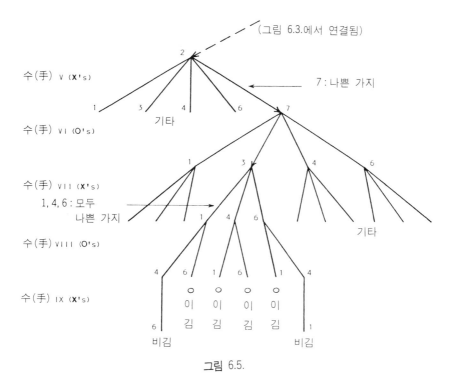

그림 6.5.

는 실수일지라도 피할 것이다.

결국 우리는 여기서 프로그램된 기계가 어떤 목표(이기는 것 혹은 적어도 비기는 것)와, 그 자신이 봉착하게 되는 각 상황에 대한 가능한 반응들의 범위와, 각 단계에서 반응들 중 어떤 것이 목표를 달성하는 데 가장 적합한 것인가 하는 문제를 푸는 절차의 세 가지 고려에 의해 작동된다는 사실을 알게 되었다. (만약 둘 또는 그 이상의 반응이 꼭같이 좋은 것들이라면, 우리는 컴퓨터에게 목록에서 먼저 나타나는 것을 선택하거나 혹은 어떤 무작위 서브루틴(subroutine)에 의한 '동전 던지기'의 방법을 취하라고 지시할 수 있다.)

대강 훑어본 이 특정한 전략은 소위 말하는 문제 해결을 위한 **밀어붙이기**(brute force) 접근법의 일예이다. 밀어붙이기 접근법이란 컴퓨터가 문제에 대한 기본적 서술로부터 시작해서 모든 관련되는 가능성을 다 포괄하는 **수형도**(searching tree)를 작성하고, 해답이 되는 하나의 가지 혹은 다수의 가지들을 얻기 위해 샅샅이 뒤지는 작업을 수행하는 방법을 말한다. 이것은 **철저한 검색**(exhaustive lookahead)이라고도 부른다. 하나의 해답을 가지고 있는 문제에 대해서는(모든 문제가 그런 것은 아니지만) 만일 충분히 밀어붙일 '힘'이 있기만 하다면, 이 접근법은 멋지게 작동한다. 이것은 최선의 수를 얻어내기 위한 효과적인 과정 혹은 **알고리듬**(algorithm)을 구성한다.

여기서 '힘'이란 기계의 처리 속도와 기억 용량을 의미한다. 즉 관계되는 수형도를 만들고 검색할 수 있는 충분한 능력을 말한다. 불행하게도, 참된 지적인 능력 앞에 놓여 있는 많은 문제들은 가능한 기계들의 능력이나, 밀어붙이기 접근법의 영역을 넘어서는 수형도를 포함하는 것들이다. 세목(三目) 게임의 특정한 전략에 있어서도 빠른 처리 속도와 큰 기억 용량이 필요하다. 그래서 보다 많은 조건이 요구되는 게임들에 대해서는 이 접근법이 금세 듣지 않게 된다.

체스 경기를 생각해 보자. 분명 상당한 노력이 필요하긴 할 테지만, 인간이 늘상 기계적으로 반복하는 사교적인 '게임들'처럼 체스도 그렇게 힘들지는 않을 것이다. 평균적으로 한 선수는 체스 경기의 어떤 장면에서든지 적어도 규칙에 어긋나지 않는 30가지 안팎의 수 중에서 한 수를 선택해야 한다. 그리고 각 수는 상대방으로부터 30가지 안팎의 응수를 가능하게 할 것이다. 그렇게 되면 처음 두 수만을 놓고 봐도, 그것들은 대략 $30^2(= 30 \times 30 = 900)$개의 가능한 쌍들에서 선택된 한 쌍인 것이다. 보통 게임에서 각각의 선수들이 40수 정도를 둘 수 있다고 한다면 합해서 80수가 되고 그러면, 거기서 나올 수 있는 서로 다른 가능한 평균적인 경우의 수는 30의 80승 즉 대략 10^{118}일 것이다. 이것은 터무니없이 큰 숫자이다. 백만 대의 컴퓨터가 각각 초당 백만 개의 가지들을 점검한다 해도 나무 전체를 점검하는 데는 10^{100}(1 다음에 0이 100개 붙은 수)년 걸릴 것이다. 명백히, 이런 식의 접근법은 체스 경기에 제대로 먹혀들지 않을 것이다.

여기서 우리가 접하고 있는 문제는 경우의 수의 **조합의 폭발적 증가**(combinatorial explosion)의 한 예이며, 그것은 체스 경기 프로그램이 믿을 만한 최선의 가능한 수를 찾아 낼 알고리듬을 쓰길 포기해야 한다는 것을 의미한다. 그 프로그램은 개략적이고 경험적인 **휴리스틱**(heuristic)한 과정에 의존해야만 한다. 말하자면, 그 프로그램은 단지 괜찮은 수와 그렇게 좋지 않은 수를 구분하기 위해 '어림짐작의 방법' (rules of thumb)을 써야만 한다. 이것이 어떻게 작동하는지 살펴보자. 컴퓨터로 하여금 40수 앞을 내다 보는 것이 아니라 단지 4수(= 각 선수에 대해 2수씩) 앞만을 바라보게끔 프로그램을 짠다고 하면 여기에 관련되는 수형도의 나무는 단지 30^4개 혹은 800,000개의 가지만을 갖게 된다. 이것은 현존하는 기계가 적당한 시간 내에 검색해 낼 수 있을 정도의 작은 수이다. 그런데 궁극적인 승리를 컴퓨터가 얻어낼 수 없는 이 마당에 도대체 컴퓨터는 무엇을 지금 찾고 있는 것인가? 여기서 우리는 컴퓨터에게, (a) 효과적으로 **파악될 수 있고** (b) 그런 파악이 반복적으로 달성된다면 궁극적인 승리도 그것에 의해 어느 정도의 **확률**로 도달될 수 있게 해주는 중간 단계의 목표를 제시하려 노력하게 된다.

예를 들어, 우리는 말들의 일반적 중요성에 따라 특정한 말의 손실에 일정한 값을 부여할 수 있다. 그리고 우리는 컴퓨터로 하여금 상대방과의 모든 가능한 말의 교환에 있어 누가 잃고 얼마 정도 잃게 되느냐에 따라 전반적으로 플러스 값 또는 마이너스 값이 매겨질 수 있게 할 수 있다. 컴퓨터는 또한 '중앙을 장악한'(in control of the center) 그것의 말들에(= 체스판의 중앙 부분에서 상대방 말을 잡을 수 있는 위치에 놓인 말들에) 어떤 특정한 플러스 값을 부여함으로써 수들의 선택을 이끌어 나갈 수 있다. 상대방의 왕을 공격할 가능한 수들에 대해서도 부가적인 값이 부여될 수 있다. 왜냐하면 그것이 승리의 필요 조건이기 때문이다. 이런 식으로 중간 목표들이 제공된다.

우리는 컴퓨터가 각각의 고려되고 있는 수들에 대해 이러한 조건들의 값을 더해서, 가장 높은 합산 값을 갖는 수를 선택하도록 프로그램을 짤 수 있다. 이런 방식으로, 적어도 우리는 컴퓨터로 하여금 훌륭한 체스 경기를 치를 수 있게 할 수 있다. 그런데 이것은 밀어붙이기 접근법에서는 해야 할 작업의 막대함 때문에 기계가 마비될 수밖에 없으므로 불가능했던 것이다.

실제로, 이러한 휴리스틱 또는 다른 보다 영리한 방법을 이용하고 있는 체스 경기 프로그램은 달관의 경지에 이른 소수의 체스 애호가들을 제외하고는 누구든 무찌를 수 있게끔 작성된 것이다. 물론 달관의 경지에 이른 사람들과의 경기에서도 뛰어나게 경기를 이끌 것이다. (보다 단순하지만 여전히 경기력을 지닌 프로그램들이 '전자 장기판'에 실려 최근 수년 동안 상업적으로 거래되고 있다. AI는 그것들을 시장에 내다 놓은 것이다.) 그런 복잡하게 조절된 행동은 인간의 표준적인 지적 능력에 비춰 보아도 굉장한 연출이다. 휴리스틱에 의한 수를 내다보는 방법은 전혀 오류가 없는 것은 아니지만 여전히 매우 강력한 것일 수 있다.

철저한 검색 방식 또는 휴리스틱에 의한 부분적인 수 계산 방식과는 다른 전략이 문제 해결 행위와 의도적 행위를 본뜨려 하는 일군의 다른 프로그램들에 의해 나타난다. 먼저 컴퓨터의 능력 내에서 모든 가능한 수들을 다 고려하고 그리고 나서 이 어마어마한 나무의 어떤 가지가 결국 목표와 만나게 되리라는 희망을 가지고 거기서부터 파생되는 가능한 다른 모든 수들을 고려하는 등등의 방식으로 검색해서 목표에 접근하는 대신, 컴퓨터는 문제의 다른 끝에서 시작할 수 있다. 즉 컴퓨터는 한 수만 더 놓으면 그 자신이 이길 수 있는 모든 가능한 상황들을 고려하는 것에서부터 시작할 수 있다. 그런 상황이 꼭 많을 필요는 없다—오직 하나일 수도 있다. 이런 가능한 상황들은 이제는 중간 단계의 목표가 되고, 컴퓨터는 하나 또는 다수의 그런 **목표들**을 확보하기 위한 가능한 길들을 찾는 탐색 작업을 반복할 수 있다. 이런 과정은 컴퓨터가 즉각적으로 만족스런 수를 둘 수 있는 상황에 도달하였음을 스스로가 파악하게 될 때까지 반복된다. 그리고 나면 컴퓨터는 그 수를 두게 되고, 따라서 컴퓨터가 구성한 수단과 목적의 연쇄의 다른 모든 수들은, 역순으로 컴퓨터의 원래적이고 궁극적인 목표를 달성하게 된다. 이 전략이 항상 철저한 검색 방식보다 훨씬 효과적인 것은 아니다. 그러나 컴퓨터가 최초에 둘 수 있는 수가 많고 목표를 달성하게끔 해주는 수는 단지 극소수에 지나지 않는 경우에는 이 접근법이 훨씬 빠르다.

STRIPS (Stanford Research Institute Problem Solver)라는 프로그램은 이런 전략을 수행할 수 있는 능력을 갖추었다. 셰이키 (Shakey, 흔들이)라는 자신을 설명하는 이름을 가진 움직이는 로봇은 STRIPS 프로그램을 채용하고 있는 컴퓨터에 의해 원격 조정되고 있는데, 이 체제는 여러 가지 큰 상자들로 가득 찬, 서로 연결된 몇 개의 방들이 있는 그런 상황에서 수행될 다양한 목표들을 받아들일 수 있다. 방들의 위치, 그것을 연결하는 문들, 상자들 그리고 셰이키 자신에 대한 정보가 주어지고 또 "방 3의 상자를 방 7로 집어 넣도록 한다" 하는 형식의 목표가 주어지면 셰이키는 (또는 오히려 그것보다는 STRIPS는) 그 목표를 달성할 일련의 행위를 스스로 수행한다.

6.2.2. 학습

주어진 프로그램에 의해 학습이 나타나는 데는 두 가지 방식이 있다는 점을 우리는 명심해야 한다. 매우 단순한 첫번째 방식은 이미 얻어낸 해답들을 기억 장소에 단지 저장하는 것이다. 같은 문제가 다시 나타나면 매번 수고스럽게 다시 문제가 해결되는 대신에 기억 장소에서 해답을 즉시 꺼내 바로 쓰게 된다. 일단 학습된 해답은 기억되는 것이다. 따라서 처음에는 머뭇거려진 의도적 행위가 유연해지고 망설임없이 행해질 수 있게 된다.

두번째 방법은 휴리스틱 방식에 의해 주도되는 체스 프로그램의 경우에서 예시될 수 있다. 우리가 컴퓨터로 하여금 컴퓨터 자신의 승률을 기록하게끔 프로그램을 만들었다면, 컴퓨터가 자신의 형편없이 낮은 승률을 발견했을 때, 우리는 컴퓨터로 하여금 그것의 몇몇의 휴리스틱에 새로운 가중치를 부여하게끔 할 수 있다. 예를 들어 "상대방의 왕을 공격하라"는 휴리스틱에 처음부터 너무 과하게 많은 값이 매겨져서 매번 경기마다 상대방 왕에 대한 반복되는 카미카제식 공격때문에 이 기계가 지게 되는 경우를 생각해 보자. 자신의 패배를 알게 된 다음, 컴퓨터는 각각의 가중치를 순서대로 조정하여 보다 나은 승률이 나타나는가를 알아 보려 할 것이다. 궁극적으로 과대하게 평가된 휴리스틱은 하향 조정될 것이고 기계의 경기력은 향상될 것이다. 여러분이나 내가 그러는 것과 비슷한 방식으로 컴퓨터는 경기에서 보다 강하게 되는 법을 배운다.

확실히 이 두 전략은 우리가 일상적으로 학습이라 부르는 어떤 것을 보여준다. 그러나 획득된 정보를 단순히 저장하는 것을 훨씬 넘어서 있는 것이 학습이다. 서술된 두 전략들 모두에 있어서 기계는 최초의 프로그램에 의해 제공되는 개념과 범주들의 틀 내에서 '학습된' 정보를 나타내고 있다. 어떤 경우에라도, 기계는 들어오는 정보를 분석하고 조작할 새로운 개념들이나 범주들을 만들어 내지 않는다. 기계는 기존의 범주들을 조작하고 그것들의 다양한 조합들을 만들 수는 있지만 개념적 창조는 원래의 개념의 틀 내에서의 조합 활동에 한정된다.

작은 아이가 그의 생의 처음 2년 동안 겪게 되는 학습이나 학문 공동체가 한 세기에 걸쳐 겪게 되는 학습을 고려해 볼 때, 기계의 학습은 우리가 생각할 수 있는 것보다 매우 보수적인 형태의 학습이다. 대규모의 개념적 변화—오래된 개념의 틀을 몽땅 대치할 진짜 새로운 범주의 틀을 만들어 내는 것—는 두 과정 모두의 특징이다. 개념 변화의 문제를 해결하기 이전에는 학습의 문제를 해결했다고 우리는 장담할 수 없다.

보다 깊이 있는 형태의 이런 학습은 위에서 논의된 보다 단순한 형태의 학습보다 컴퓨터로 본뜨거나 재생해 내기가 훨씬 어렵다. 왜냐하면 그것을 본뜨거나 재생해 내기 위해서는 언어적으로 표현될 수 있는 개념의 단계보다 아래에 있는 보다 기본적인 단계에서 지식과 정보를 표현하는 것이 필요하기 때문이다. 그 단계의 요소들은 일정한 방식으로 조합되거나 하나하나의 마디가 되어 광범위한 대안적 개념들을 형성할 수 있다. 그런 표현의 단계는 차후에 연속적으로 나타나는 전체 체계의 임무 수행에 관련이 있고 그것에 밀접한 영향을 줄 것임에 틀림없으며, 그래서 성공적인 개념들은 쓸모없고 혼란된 개념들과 구분될 수 있게 된다.

이 문제는 최근에 이르기까지 거의 극복하기 어려운 것으로 여겨졌다. 다행스럽게도 많은 정보들의 조작과 표현의 문제에 대한 새로운 접근법들에 의해서 최근에는 몇몇의 매우 놀랄 만한 '학습 과정들'이 나타났으며, 이것들은 현재 상당한 관심을 끌고 있다. 그러나 그것들은 적어도 이상적으로는 몇 페이지 앞에서 서술된 기계들과는 매우 다른 구조를 갖춘 연산의 능력을 지닌 기계에 장치될 것으로 고안된 것들이다. 그런데 여기서 그런 것들에 대해 설명하는 것은 주제를 벗어나는 것이 된다. 그것은 7장에서 다시 전면에 부각될 것이다.

6.2.3. 시각

광학 감지기가 장착된다면 적절히 프로그램된 컴퓨터는 볼 수 있는가? 광학 정보 처리의 단순한 단계에서는 그 대답은 분명 그렇다이다. 출판사에서는 식자를 하는 과정에서 이런 체계를 종종 쓰고 있

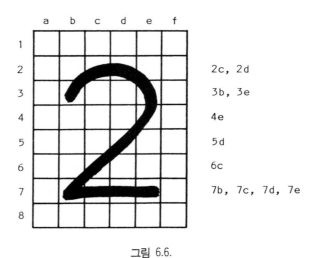

그림 6.6.

다. 글자들을 차례차례로 훑어 보고 그 각각의 정체를 테이프로 기록하는 체계는 저자의 타이프된 원고를 '읽는다'. 또 다른 컴퓨터는 그 테이프를 이용해 식자기를 돌린다. 문자 판독기는 매우 단순하게 만들어질 수 있다. 일군의 렌즈들의 체계는 글자의 흑백 영상을 광학 감지(photo-sensitive)판의 격자 그물에 투영시킨다(그림 6.6).

격자 그물의 선택된 사각형들은 글자의 영상에 의해 채워지게 되는데, 판별기는 기호화된 그것들의 목록을 모두 컴퓨터에 전달한다. 그러고 나면 관련된 프로그램은 컴퓨터로 하여금 그것의 기억 장소에 있는 많은 표준 목록들과 그 목록을 각각 비교하게 한다. 즉 각각의 표준적인 글자들 하나하나와 기호화된 영상을 비교하게 한다.

명백히 이 체계는 융통성이 없으며 쉽사리 무너질 수 있다. 비정상적인 글자 형태들은 고질적인 오판을 야기할 것이다. 그리고 이 체계에 얼굴이나 동물들의 영상을 집어 넣으면 그 이전에 그랬던 것과 마찬가지로 작동하여 그것을 잡다한 숫자나 글자들로 파악할 것이다. 이런 실수들은 우리 자신의 시각 체계의 명백한 특성과 비슷하다. 우리도 역시 우리가 본 것을 친숙하거나 예상된 범주들로 해석하려는 경향이 있어서, 적극적으로 주의해서 살피지 않으면 색다른 것은 종종 알아 보지 못한다.

문자 판독은 그러나 기계적 시각의 초보적 출발을 나타낼 뿐이지 그 완성을 드러내는 것은 아니다. 다양하게 비추어지는 점들의 2차원적 배열에서 제공되는 것 이상의 어떤 정보도 사용하지 않고, 3차원 공간의 물체를 판별하고 위치시키는 보다 일반적인 문제를 살펴보자. 이것을 **명암 배열**(intensity array)이라 하는데, 텔레비전 영상은 그 친근한 예가 된다. 보다 많은 감지판과 각 감지판에 매겨지는 차등적인 값들을 제외한다면, 그것은 앞의 문자 판독 격자 그물의 수준으로 보아서는 상상으로만 가능한 것이다.

여러분이나 나는 명암 배열의 기능을 하는 망막을 가지고 있어서 망막의 특정한 명암 배열의 강도에 근거하여 물체들의 일정한 배열을 보면서 관련되는 문제를 쉽게 해결할 수 있다. 우리는 해석의 '문제'를 의식하지 못하며 우리의 내부에서 그것을 해결하는 내적 과정에 대해서도 의식하지 못한다. 그러나 이런 능력은 시각 체계의 실질적인 지적 능력을 반영하는 것이기 때문에 프로그래머에게는 하나의 심각한 도전이 되고 있다.

그것은 시각적 영상들이 항상 그리고 끝없이 애매하기 때문이다. 많은 서로 다른 외적인 상황들이 주어진 하나의 명암 배열과 정확히 들어맞는 경우가 있다. 말하자면, 약간 기울어진 10원짜리 동전이 진짜 타원 동전과 똑같이 보이는 것처럼 서로 다른 상황들이 거의 또는 정확히 똑같이 '보일' 수 있다는 것이다. 모든 시각 체계는 주어진 시각 자료에 대한 가장 그럴 듯한 해석을 찾기 위해 합당한 방식으로 장면들을 명확히 구분할 수 있어야 한다. 게다가 어떤 장면들은 다른 것보다 복잡하기 때문에, 이 때 '정확한' 해석이란 그 체계가 가지고 있지조차 못한 개념들을 필요로 할지도 모른다. 이 점은, 시각은 지적인 능력 그 자체처럼, 정도의 차이를 지닌 채 나타난다는 점을 시사한다. 다행스럽게도 이 점은 단순한 경우를 먼저 다룰 수 있게 해준다.

특정한 명암 배열을 살펴보자. 몇 개의 큰 상자들이 뒤죽박죽 쌓여 있는 모습이 나오는 텔레비전 화면을 생각해 보자. 반사된 빛의 명암의 급작스런 변화는 각각의 상자들의 가장자리를 표시하게 되는데 그런 변화에 민감한 프로그램은 그런 변화에서부터 몇몇 상자들의 윤곽선과 그 상대적 위치를 구성할 수 있게 된다. 이 상태에서, 가장자리들이 만나서 모서리들 / 면들 / 전체 부피를 형성하는 방식들에 민감한 프로그램(구즈맨의 SEE 프로그램 같은)은 상자 몇 개가 어떤 상대적 위치로 놓여 있는지를 정확히 알려줄 수 있다. 그런 프로그램들은 평면으로 구성된 입체들만을 포함하는 고도로 인위적인 환경에서는 잘 작동한다. 그러나 그런 프로그램들의 해상력을 넘어서는 다수의 애매한 입체들은 항상 존재하며, 바위가 많은 해변이나 잎이 우거진 계곡이 나타났을 때는 그런 프로그램들은 완전히 실패하고 만다.

더욱 최근의 프로그램은 매우 광범위한 대상들에 관한 가설들을 지지하기 위해 명암의 **연속적인** 변화들——구나 원통에 광선이 퍼져 있는 방식을 생각해 보라——에 포함되어 있는 정보를 써먹고 있다. 또한 인공 입체시 (artificial stereopsis)도 연구되고 있다. 조금 다른 두 위치에서부터 얻어진 2차원 명암 배열의 한 쌍의 두 짝들(여러분의 오른쪽과 왼쪽 망막에 나타나는 영상과 같은 두 짝들) 사이에 나타나는 미묘한 차이는 그 장면에 등장하는 물체들의 상대적인 공간 위치와 윤

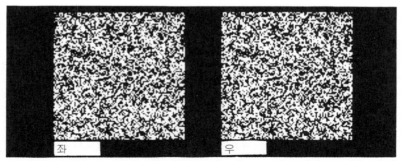

그림 6.7. D. Marr and T. Poggio, "Cooperative Computation of Stereo Disparity," *Science*, Vol. 194(1976), pp. 283~286에서 인용함.

곽선에 관한 결정적인 정보를 포함하고 있다. 그림 6.7.에서 나타나고 있는 입체 시각 쌍에 감추어진 3차원적 정보를 되살려 낼 알고리듬이 이미 작성되었다.

업무용 봉투를 두 사각형 사이에 수직으로 세우고 각각의 눈이 한 모양만을 보게끔 봉투에 얼굴을 대고 코를 그 중심에 맞추어 보자. 혹은 보다 나은 방법으로, 편지지 크기의 종이를 말아 만든 한 쌍의 긴 튜브로 종이 쌍안경을 만들어 보자. 각각의 눈이 튜브를 통해 곧바로 내려다 볼 수 있도록 그래서 동그랗게 열린 각각의 구멍의 한가운데 있는 하나의 사각형만을 보게 되도록 튜브의 각각의 끝을 페이지에 가깝게 한 채로, 그 둘을 평행하게 잡아 보자. 여러분의 시각 체계가 오른쪽과 왼쪽의 영상들을 명료하게 초점이 맞추어진 하나의 단일한 영상으로 융합시키도록 몇 분 동안 기다려라(인내심을 가져라). 그러면 여러분은 여러분의 고도로 숙달된 알고리듬이 둘 사이에서 같은 정보를 찾아내자마자 그 단일한 영상을 볼 수 있을 것이다.

기계 시각이 가지고 있는 고질적인 문제는, 우선 시각이란 것 자체가 지적인 능력을 포함한다는 점이고, 다음으로 주어진 상황에서 어떤 존재가 볼 수 있는 것은 그 존재가 이미 가지고 있는 개념이 어떤 것인가 그리고 그 존재가 이미 가지고 있는 지식이 어떤 것인가에 매우 밀접하게 의존하고 있는 것이기 때문에, 고성능 인공 시각 체계의 제작은 고성능 지적 체계 일반의 제작 그리고 그 체계 자신의 지각 처리 과정에 지침을 줄 수 있는 매우 광범위한 지식 저장소를 가지고 있는 체계의 제작에 의존적이라는 점이다. 이 점은 놀라운 것도 또 특별히 실망스러운 것도 아니다. 그러나 이 점은 인지적 능력들을 본뜨는 데 있어서 순수히 점진적인 접근법이 갖는 한계를 예시하고 있는 것이다.

6.2.4. 자연 언어 조작
매우 광범위한 지식 저장소의 부족으로 연구자들을 괴롭혀 온 또 하나의 영역은 자연 언어 이해와 사용의 분야이다. 많은 이유 때문에 컴퓨터와 일상 언어로 대화할 수 있는 것은 바람직한 것이며, 자연 언어 조작은 어떤 경우이든 그 자체로 본뜰 가치가 충분히 있는 인간의 지적 능력의 중심적인 요소이다. 언어학자 측에서 제공되는 언어의 구조에 대한 통찰력과 프로그래머 측에서 제공되는 계산적 처리 솜씨로 인해 영어 혹은 더 복잡한 말의 구문론적 구조들을 다루는 프로그램의 제작이 가능하기에 이르렀다. 그러나 문제의 의미론적 부분은 다루기가 그보다는 덜 용이했다. 게다가 공교롭게도 구문을 조작하는 것만 가지고도 굉장한 일을 할 수 있다는 점이 드러났다. 바이젠바움(J. Weizenbaum)의 유명한 초기 프로그램 ELIZA를 살펴보자. 이것은 심리 상담자를 본뜨고 있는데, '환자'는 타자기로 이것과 대화하게 된다. 아래 것은 그런 대화에서 발췌한 것이다. 고딕체로 된 것이 컴퓨터의 대답이다(바이젠바움, 1976).

남자들은 모두 똑같아요.

어떤 점에서

그네들은 이리저리 우리를 괴롭혀요.

어떤 예를 생각해 볼 수 있겠어요

음, 내 남자 친구 때문에 여기에 왔거든요.

당신의 남자 친구 때문에 여기 왔다 이거죠

그는 내가 늘 우울하대요.

당신이 우울하다니 안됐군요

사실 나는 불행해요.

여기 온 것이 당신이 불행해지지 않는 데 도움이 되리라 생각하십니까

나는 도움이 필요해요. 그 점은 확실한 것 같아요.

도움을 받는다면 그것은 당신에게는 어떤 의미가 됩니까

아마 우리 어머니와 잘 지낼 수 있는 법을 배울 수 있을 거예요.

당신의 가족에 대해 좀더 말해 주십시오

어머니께서 저를 돌보아 주세요.

당신의 가족 중에 또 누가 당신을 돌보아 줍니까

우리 아버지.

당신의 아버지

당신은 몇 가지 점에서 우리 아버지 같군요.

어떤 닮은 점이 있다고 보십니까

당신은 그리 거칠지 않아요. 하지만 당신은 내가 그것을 눈치채길 바라지 않는 것처럼 보여요.

무엇 때문에 내가 매우 거칠지 않다고 당신은 생각하는 겁니까

당신은 나와 다투지 않았어요.

왜 내가 당신과 다투지 않았다고 당신은 생각하지요

당신은 날 두려워하고 있어요.

내가 당신을 두려워한다고 믿는 것이 당신을 기쁘게 만듭니까

우리 아버지는 누구든 두려워해요.

당신의 아버지를 생각할 때 또 무엇이 떠오릅니까

건달들.

그것이 당신의 남자 친구 때문에 당신이 여기 온 것과 어떤 관계가 있습니까

⋮

이 대화에서 ELIZA를 수행하고 있는 컴퓨터는 참된 이해를 하고 있는 듯한 섬뜩한 인상을 준다. 그러나 실제로 그것은 아무 것도 이해하고 있지 않다. 컴퓨터의 대답들은 간단한 변형들과 환자가 이야기할 때 던져 놓는 핵심어들("우울하다", "같다", 기타 등등)로 만들어진 일군의 표준 질문 형식에 의해 환자의 문장들에서부터 대체로 구성된다. ELIZA는 아버지, 형제 또는 불행 등이 무엇인지 알고 있지 않다. 그것은 이런 것들에 대한 개념을 가지고 있지 않고 그런 단어가 무엇을 의미하는지도 이해하고 있지 못하다. 이 점은 많은 표준적 형태의 대화에 성공적으로 참여하는 데 필요한 이해가 실제로 얼마나 작은지를 보여주고 있을 뿐이다.

훨씬더 인상적인 프로그램은 위노그래드(T. Winograd)의 SHRDLU인데, 이 프로그램은 구문뿐만 아니라 의미도 다루며 그것이 알고 있는 벽돌과 같은 대상들로 이루어진 블록 월드(block world)라는 (본떠진) 환경 내의 요소들도 조작한다. 이 프로그램이 가진 구문은 매우 복잡하며, 블록 월드라는 환경에 존재하는 물체들의 속성에 대한 체계적 정보를 구체화시키고 있다. 대충 말해서 이것은 자신이 말하고 있는 것에 대해서 조금 알고 있다. 결과적으로 SHRDLU는 쓸모 있는 추론을 할 수 있고 참된 관계들을 예측할 수 있으며, 우리가 이것과 나눌 수 있는 훨씬더 복잡하지만 정확히 주제가 파악되는 대화에서는 재능을 발휘할 수 있다. 그러나 대화는 블록 월드라는 환경에, 즉 이것이 포함할 수 있는 좁은 측면들에 한정되어야 한다. SHRDLU는 공허한 지식 저장소를 가지고 있지는 않지만 우리의 것과 비교해 보았을 때 그 저장소는 매우 작은 소우주에 불과하다.

간단히 말해서, 문제는 자연 언어를 인간의 수준에서 이해하려면 인간이 가지고 있는 것과 비견할 만한 세계에 대한 전반적인 **지식**이 필요하다는(의미 전체론(holistic theory of meaning)을, 즉 3장 3절에서 논의된 '망상 구조 의미론'을 상기해 보자) 것이다. 우리는 아직도 어떻게 엄청난 지식 저장소를 접근과 조작이 가능한 방식으로 설치하고 기술할 것인가 하는 문제를 해결하지 못했다. 이것과 연결되는 더 근본적인 문제도 있다. 도대체 어떻게 그런 총체적인 양의 지식이 **얻어질** 수 있는가 하는 문제를 풀지 못한 것이다. 어떻게 전 개념 체계가 만들어지고 수정되고 그리고 나서는 새롭고 더 세련된 틀로 인해 폐기되는가? 그리고 어떻게 그런 틀이 무엇인가를 우리에게 알려 주는 것으로 또는 잘못된 길로 우리를 이끄는 것으로, 참으로 또는 거짓으로 평가될 수 있는가? 이들 중 어떤 것도 전혀 이해되고 있지 않다. 그리고 이것의 해결에 AI도 거의 접근하고 있지 않다.

이런 문제들은 철학자들에게는 전통적인 귀납 논리, 인식론 및 의미론의 영역에 속한다. 또한 그런 문제들은 심리학자들에게 있어선 발달 심리학과 학습 이론의 영역에 놓인다. 여기서, 우리가 이해해야 하는 현상들은 우리가 여태껏 만나온 것만큼이나 복잡하고 파악하기 어려운 것이기 때문에 공동적인 공략이 필요한 것처럼 보인다. 확실히 여기서도 인내가 필요하다. 왜냐하면 30억 년에 걸쳐 진행되어 온 진화의 과정을 통해 만들어진 것을 단 수십 년 안에 창조할 수 있으리라 기대할 수는 없기 때문이다.

6.2.5. 자기 의식

독자들은 여기서 논의된 어떤 본뜸도 자기 의식의 문제를 건드리고 있지 않다는 점을 눈치챘을 것이다. 아마 시각과 촉각 감지기에 멋진 프로그램을 더하면 컴퓨터가 외부 세계를 '의식'하게 될지도 모르겠으나, 그런 것들은 자기 의식에 대한 기대를 거의 또는 전혀 할 수 없게 한다. 이 점을 이상하게 생각할 필요는 없다. 자기 의식이라는 것이 자신의 상위 인지 과정들에 대한 내성적 파악으로 이루어진 것이라면 그 **인지 과정**들이 성공적으로 본떠지기 전에는 그런 과정들에 대한 내성적 **파악**을 본뜨려 하는 것은 거의 또는 전혀 의미없는 일이다. 참으로 반성적 지각이라 인정할 만한 몇몇의 '자아들'을 AI가 구성해낼 때까지는 자기 지각에 대한 총체적인 공략이 연기될 수도 있을 것이다. 그러나 어떤 기초적 작업이 필요하다는 점이 이미 드러났다. 자기 수용(proprioception)—공간상에 놓인 자신의 관절의 위치를 의식하는 것—은 자기 지각의 한 형태인데, 명백한 이유로 인해 컴퓨터로 조정되는 로봇 팔의 개발에는 컴퓨터가 그 자신의 팔의 위치와 움직임을 감지하고 그 자신의 팔의 움직임에 계속적으로 도움이 되도록 자기 수용적 정보를 기술할 몇 가지의 체계적 수단들을 필수적으로 가질 것이 요청된다. 아마도 이것은 원시적이고 고립된 형태의 자기 의식을 이미 구성하고 있는 것이다.

결론적으로 우리는 "본뜸(simulation)"이라는 말에 현혹되어 의식을 지닌 지성의 문제에 대한 이러한 전반적인 접근의 전망을 포기해서는 결코 안 된다. 왜냐하면 문제가 되는 본뜸이란 것은 그 가장 강력한 의미에 있어서도 기능적 모방일 것이기 때문이다. 인간의 연산 체계를 모델로 삼고 있는 AI 이론가들에 따르면, 여러분들의 계산 과정과 기계에 의해 본떠진 연산 과정 사이에는 어떤 차이도 존재해야 할 이유가 없다. 즉 그런 행동들을 밑받침해 주고 있는 특정한 물질적 실체의 차이 이외에는 어떤 차이도 존재하지 않는다는 것이다. 여러분에게 있어서 그것은 유기체이고, 컴퓨터에게는 금속과 반도체들이다. 그러나 혈액형이나 피부색, 신진 대사의 화학적 차이가 의식을 지닌 지성의 문제에 더 이상 아무런 관련이 없듯이, 이런 차이 역시 그 문제에 아무런 관련이 없다고 (기능주의적) AI 이론가들은 주장한다. 만약 기계들이 우리의 모든 내적인 인지 활동들을 연산 과정의 마지막 세부 사항에 이르기까지 남김없이 본뜨게 되었다면, 인간으로서의 참된 지위를 그들에게 부여하길 거부하는 것은 새로운 형태의 종족주의(racism)에 지나지 않는 것이다.

6.2.6. 몇 가지 만성적 문제들

앞의 절들은 AI의 추상적인 전망들을 평가하는 데 낙관적이었다. 그러나 전통적인 AI 혹은 '프로그램 작성'(program writing) AI의 연구 계획을 좌절시켰던 꾸준히 되풀이되는 난점들이 있으며, 그래서 그런 난점들의 존재를 인정하고 그것들의 의미에 관해 깊이 생각해 보는 것은 우리의 의무이다.

AI 연구의 결과들 중에서 하나 놀라운 사실은 숫자를 다룬다든지, 정리를 증명한다든지, 목록을 찾는다든지 하는 종류의 일들을 보통의 컴퓨터들이 매우 빠르게, 잘 해 내고 있는 반면, 인간의 두뇌는 매우 느리고 비교적 서툴게 해 내고 있다는 점이다. 한편, 얼굴을 알아 본다든지, 어떤 장면을 파악한다든지, 감각을 통해서 운동을 조정한다든지(sensorimotor coordination), 학습을 한다든지 하는 종류의 일들을 인간과 다른 동물들은 빠르게 잘 해 내는 반면, 지극히 복잡한 프로그램을 수행하고 있는 가장 속도가 빠른 컴퓨터는 매우 형편없이 그리고 오랜 시간이 지난 다음에야 그런 일들을 해 내는 것이다.

보다 구체적으로 이야기해서, 여러분은 매우 다양한 포즈를 취하고 있는 가장 친한 친구의 얼굴이 나타나 있는 사진을 0.5초 이내에 알아 볼 수 있다. 그러나 그러한 파악의 능력은 우리가 접할 수 있는 최고의 패턴-파악 프로그램(pattern-recognition program)으로서도 여전히 따라잡을 수 없는 것이며, 그래서 얼굴을 알아 보는 것과 같은 지극히 단순화된 종류의 파악의 문제에 대해 여하한 답을 내는 데는 수 분 혹은 그 이상의 복잡한 컴퓨터 처리가 필요하게 된다.

두번째는 다음과 같다. 여러분은 10번 또는 15번 정도 연습해 보고는 테니스 공을 네트 너머로 쳐 보내는 법을 배울 수 있다. 그러나 실제로 인간의 신체와 같은 복잡한 골격 근육 체계의 움직임을 산출하는 데 필요한 지각 감시 조정은 현재의 AI 능력을 훨씬 넘어서 있는 것이다. 테니스 공을 되받아 치는 일을 할 수 있도록 그리고 그것도 15번 정도 시험삼아 해 봐서 할 수 있도록 **학습**할 수 있는 체계를 위한 프로그램의 완성은, 그래서, 좀더 먼 장래의 전망일 뿐이다.

6.2.7. 최근 진단

왜 두뇌는 어떤 친근한 일들을 해 내는 데 있어서는 매우 요령있게 프로그램된 컴퓨터보다 훨씬 낫지만, 다른 종류의 일을 할 때는 가장 단순한 컴퓨터보다도 훨씬 못한가? 대답은 두 종류의 정보 처리 체계에서 나타나는 물리적 연산 구조(physical and computational architecture)의 유형적 차이에 있는 것처럼 보인다. 어떤 가능한 정보 처리 체계도 모두 본뜰 수 있다는 점에서 보통의 컴퓨터들은 실지로 '범용' 기계들이긴 하지만, 보통의 컴퓨터의 중앙 처리 장치가 어마어마한 양의 시간을 소비해야 본뜰 수 있는 많은 종류의 정보 처리 체계들이 있다. 생물학적인 두뇌는 그러한 본뜨기 곤란한 체계인 것처럼 보인다. 원칙상 두뇌는 본떠질 수는 있지만 우리는 매우 느린 속도라는 —아마 두뇌보다 100만 배 또는 10억 배 느리게—대가를 지불하면서 요망된 활동을 수행하거나, 관련된 문제를 풀 컴퓨터 본뜨기에 도달할 것이다.

속도에 있어서 그렇게 큰 차이가 나는 이유는 무엇인가? 문제는 표준적인 범용 기계의 중앙 처리 장치가 가지고 있는 정보 처리 상의 '병목 현상'에 있는 것 같다. 그런 기계의 중앙 처리 장치는 1초에 백만(10^6) 개의 서로 다른 계산을 순서에 따라 함으로써 작업을 수행하는 매우 활발한 전형적 일꾼이다. 그것만 따로 떼어 놓고 생각해 보면, 이것은 굉장한 일이다. 그러나 아무리 빨리 일한다 해도, 여전히 장치는 한 번에 한 가지 계산만을 할 수밖에 없다. 그런데 앞에서 서술된 학습이나 무엇을 파악하는 작업과 같은 많은 문제들은 그 해결을 위해 10억(10^9)을 훨씬 웃도는 수의 서로 다른 연산 단계들을 필요로 한다. 조심스럽게 조정된 직렬 방식으로 하나하나 각각의 단계가 중앙 처리 장치에 의해 수행되어야 하므로, 분명히 기계는 그런 문제를 풀기 위해서는 적어도 ($10^9/10^6=$) 1000초 또는 1/4시간 이상이 필요하다. 생물학적 기준으로 봐서 그것은 긴 시간이다. 그 시간보다도 더 빨리 고양이를 알아 채지 못하는 쥐는 고양이의 밥이 되게 되어 있다.

반면 두뇌는, 모든 연산들이 그 안에서만 이루어지고 모든 정보가 반드시 그것을 통과해야 하는, 중앙 처리 장치를 가지고 있지는 않다. 두뇌는 전형적인 컴퓨터(computing machine)가 가지고 있는 것과는 전혀 다른 물리적 연산 구조를, 즉 수십 억의 단순한 계산들을 동시에 수행할 수 있는 구조를 가진 것으로 여겨진다. 이런 연산들 각각은 매우 단순하기 때문에, 두뇌에 속한 수십 억의 서로 다른 세포들 중 단 하나의 세포에 의해서 재빠르게 수행된다. 그 모든 연산들은 그런 세포들의 집합적인 출력이 주어진 문제에 대한 완전한 답을 구체화시키는 방식으로 수행되는 것이다.

여기서는 단일한 화일(file) 내에서 관련되는 정보들 모두를 하나하나 조르게 되는 연산 상의 병목 현상 같은 것은 없다. 두뇌 세포 각각이 동시적으로 처리 과정 전체에 대해 하나의 연산만을 맡아 하게 되기 때문에 전체적인 조작은 관련되는 두뇌 세포들의 망을 통해 하나의 단일한 통로에서 완성될 수 있다. 또한 그 단일한 통로는 100분의 1초 이상의 시간을 필요로 하지 않는다. 그것은 그 통로가 정확히 같은 시간에 세포망의 각 세포들을 관통하고 있는 것이기 때문이다. 따라서 쥐의 뇌라 할지라도, 눈 깜짝할 사이에 복잡한 파악 작업을 수행할 수 있다.

다른 스타일의 이러한 정보 처리 방식을, 표준 연산기(computing machine)에서 드러나는 **직렬 처리** 방식과 대비해서, **병렬 처리** 방식이라 부른다. 이 방식이 가져다 주는 진실로 어마어마한 이점은 높은 연산 강도를 필요로 하는 일정한 종류의 문제가 매우 빠른 속도로 해결된다는 점에 있다. 이 속도상의 이점은 요즘 병렬 처리 방식이 인공지능과 인지 과학의 연구자들 사이에서 높은 관심의 초점이 되게 만들었다. 그러나 속도가 그런 방식을 권장하도록 만든 유일한 특징은 아니다. 병렬 처리기는 체계가 손상되었을 때에도 기능적 지속성을 잃지 않으며 습득된 지식을 일반화하여 새로운 환경에 적용하는 능력 같은 매우 흥미로운 몇몇의 연산적 속성들을 가지고 있다. 특별히 그런 체계의 구조는 표준적인 컴퓨터들의 직렬 구조보다 두뇌를 훨씬더 닮고 있기 때문에, 이 모든 점은 우리를 매우 흥분시킨다.

인공지능과 인지 과학의 이러한 새로운 스타일의 연구는 **연결론** (connectionism) 또는 PDP 연구라는 이름과 더불어 진행되고 있다. 첫번째 이름은 연산이 중앙 처리 장치뿐만 아니라 다수의 극히 단순한 처리 장치들의 복잡한 연결 체계에 의해서도 수행된다는 점을 지적하기 위해 지어졌다. 두번째 것은 "Parallel Distributed Processing"(병렬 분산 처리)의 약호인데, 같은 아이디어를 의미하는 것이다. 이런 체계들의 몇몇 속성들, 그리고 이런 연구들의 몇 가지 결과는 다음 장의 끝 부분에서 검토될 것이다. PDP 체계들은 다소간 생물학적인 착상에 의해 나타난 것들이므로 우리가 두뇌의 구조에 대해 좀 알고 났을 때 가장 손쉽게 이해될 수 있을 것이다.

추천도서 --------------------------

Boden, Margaret, *Artificial Intelligence and Natural Man* (New York : Harvester Press, 1977).

Dennett, Daniel, "Artificial Intelligence as Philosophy and as Psychology," in *Philosophical Perspectives on Artificial Intelligence*, ed. M. Ringle (New Jersey : Humanities Press, 1979). Reprinted in Daniel Dennett, *Brainstorms* (Montgomery, VT : Bradford, 1978 ; Cambridge, MA : MIT Press).

Winston, P.H., and Brown, R.H., *Artificial Intelligence : An MIT Perspective*, Vols. I and II (Cambridge, MA : MIT Press, 1979).

Marr, D., and Poggio, T., "Cooperative Computation of Stereo Disparity," *Science*, Vol. 194 (1976).

Dreyfus, Hubert, *What Computers Can't Do : The Limits of Artificial Intelligence*, revised edition (New York : Harper and Row, 1979).

Haugeland, J., *Artificial Intelligence : The Very Idea* (Cambridge, MA : MIT Press, 1985).

Holland, J., Holyoak, K., Nisbett, R., and Thagard, P., *Induction : Processes of Inference, Learning, and Discovery* (Cambridge, MA : MIT Press, 1986).

Rumelhart, D., and McClelland, J., *Parallel Distributed Processing : Essays in the Microstructure of Cognition* (Cambridge, MA : MIT Press, 1986).

제 7 장

신경 과학

7.1. 신경 해부학 : 진화론적 배경

30억 년에서 40억 년 전쯤, 지구 바다의 표면 근처에서 태양에 의해 진행된 순수한 화학적 진화는 일정한 자기 복제적 분자 구조를 만들어 냈다. 이 직접적인 환경에서 제공되는 부스러기들에서부터 이런 복잡한 분자들은 그 자신들과 꼭같은 복사물들을 산출해 내는 일련의 결합 반응을 촉진시킬 수 있었다. 많은 개체 수를 확보한다는 점에서 자기 복제의 능력은 확실히 굉장한 이점이다. 그러나 분자들이 녹아 있는 주변의 액체에서 적절한 조각들을 얻을 가능성이 높지 않고 이런 영웅적인 구조가 그 자신을 복제할 수 있기 이전에 환경 내에 이 구조를 무너뜨리려는 여러 힘들이 있기 때문에 개체의 증가는 제한된다. 따라서 서로 경쟁하는 자기 복제적 분자들 중 특정 분자 구조가 경쟁상의 이점을 가지는데, 이 구조는 그 자신의 복제뿐 아니라 그들 자신을 외부적인 약탈의 위협으로부터 보호하도록 구조를 형성하고 당장은 쓸모없는 주변의 분자들을 화학적으로 조작하여 필요한 분자의 부분들을 산출하도록 내적 조직의 형성을 유도하는 구조였다.

세포는 이런 문제의 해결의 고무적인 예가 된다. 세포는 복잡한 내부적 구조를 보호하는 외부막과 외부 물질을 내부 구조로 이끄는 복잡한 대사 경로(metabolic pathway)를 가지고 있다. 이 복잡한 체계의 중심에는 세포 활동의 감독자이며 이미 서술된 경쟁의 승리자인 면밀하게 기호화된 DNA 분자가 자리잡고 있다. 이런 세포들이 이제 지구를 뒤덮고 있다. 이들의 명백한 성공으로 인해 과거의 전략을 홀로 고집하며 세포적 성공에 대한 기생적 침입자로서 남아 있는 바이러스들을 제외하고는 모든 경쟁자들이 싹 쓸려 제거되었다. 세포의 출현과 더불어 우리는 생명에 대한 우리의 표준적 개념 즉 자기 보전, 자기 복제, 에너지 사용 체계라는 개념에 적합한 존재를 발견하게 되었다.

생명체의 한 측면인 의식을 지닌 지성의 출현은 생물학적 진화 일반의 배경에서 이해되어야만 할 것이다. 우리는 여기서 이미 진화가 상당히 많이 진행되고 난 후의 이야기를 끄집어 내려고 한다. 즉, 대략 10억 년 전 다세포 생물이 나타나고 난 후의 이야기를 끄집어 내려 한다. 고도의 지적 능력은 신경계를 필요로 하는데, 신경계 자체가 많은 세포들의 조직체인 관계로, 조류(alga)나 박테리아 같은 단세포 생물들은 신경계를 갖지 못한다.

다세포 생물이기 때문에 갖게 되는 주된 이점은 각각의 개별적 세포들이 전문화될 수 있다는 점이다. 어떤 세포들은 다른 세포들을 위해 단단한 외벽을 형성할 수 있고, 다른 세포들은 그 안에서 바다 보다 더 안정되고 유리하게 나름의 환경을 향유할 수 있다. 세포 내부에 숨겨져 있는 세포들은 그들 자신의 특기를 발휘할 수 있다. 즉 음식물을 소화하고 영양분을 다른 세포들로 운반하고, 움직이기 위해 수축과 이완 작용을 하고, 핵심적인 환경 인자들(적이나 먹이의 존재)을 감각하는 등의 특기를 살릴 수 있다. 이런 세포들의 조직화의 결과로 생긴 체계는 어떤 단세포 경쟁자들보다 견고하며 자신을 복제해 내는 데 훨씬 더 성공적일 것이다.

그러나 이런 전문화된 부분들이 협조하기 위해선 세포들간의 연락체계(communication)가 필요한데, 그래서 이 중요한 과업에는 어떤 부가적 전문화가 필요하다. 만일 근육들의 수축이 필요한 공간 이동이나 소화나 배설을 하게끔 조정되지 않으면 근육을 가진들 소용이 없다. 그리고 만일 정보가 운동 계통(motor system)으로 전달되지 않는다면 감각 세포들은 쓸모없는 것이다. 순수한 화학적 연락 체계는 이런 몇 가지 목적을 위해 유용하다. 성장과 회복은 전달 세포(messenger cell)가 선택된 세포들에서만 반응하게 되는 특정한 화학 물질을 온몸에 두루 퍼지게 하는 그런 방식으로 통제된다. 그러나 이것은 대부분의 목적 달성에 있어 너무도 느리고 너무도 불특정한 전달 수단이다.

다행스럽게도 세포 자체는 연락의 고리 구실을 하는 데 필요한 기본적 특성들을 가지고 있다. 대부분의 세포들은 그들을 둘러 싸고 있는 세포막의 안쪽과 바깥쪽 표면들에 미세한 전압 차—**분극화**(polarization)—를 유지하고 있다. 세포막 어떤 부분에서라도 적정 수준의 교란이 나타나면 그것은 급작스런 **탈분극화**(depolarization)를 야기할 수 있으며, 아슬아슬하게 연달아 서 있는 일련의 도미노들(dominoes)의 무너짐처럼, 탈분극화는 세포의 표면을 따라 먼 거리로 퍼질 것이다. 이 탈분극화가 끝나면 세포는 다시 용감하게 스스로를 원상태로 복귀시킨다. 대부분 세포들의 탈분극화 펄스는 얼마 가지 못해서 약해지고 사라지는데, 다른 세포들의 경우는 그렇지가 않다. 세포들의 이러한 편리한 속성과 단일한 세포들은 매우 긴 모양을 취할 수 있다는 사실—극단적인 경우 1미터 이상 되는 화사(花絲) 같은 것이 있다는 사실—을 결합해 보라. 그러면 연락 체계를 위한 완벽한 요소들이 즉 전기 화학적 자극을 빠른 속도로 긴 거리에 걸쳐 전달하는 전문화된 신경 세포들이 나타나게 된다.

이 이상의 전문화도 가능하다. 어떤 세포는 물리적 압력을 받아, 어떤 세포는 온도 변화를 받아, 어떤 세포는 갑작스런 조명의 변화를 받아, 또 어떤 다른 세포는 다른 세포들로부터의 적절한 자극을 받아 분극화된다. 그런 세포들의 분절적 연결에서 우리는 감각 신경계와 중추 신경계의 시작을 알 수 있으며, 이런 시작이 진화라는 드라마의 새 장을 열게 된다.

7.1.1. 신경계의 발달

신경 통제 체계의 출현을 급작스런 기적과 같은 것으로 이해하여서는 안 된다. 통제 체계가 얼마만큼 쉽게 종들을 특징짓게 되는지를 이해하기 위해서 바다 밑바닥에서 사는 달팽이처럼 생긴 상상의 동물을 생각해 보자. 이 종은 먹이를 먹을 때는 그것의 껍질 바깥까지 나와야 하고, 배가 부를 때나 적이 공격해 올 때와 같이 어떤 외부 물체가 접근해 올 때는 자신의 껍질 속으로 숨는다. 촉각에 의한 반사적 움직임에도 불구하고 이 동물들 대부분은 다른 육식 동물들에 의해 희생되었다. 왜냐하면 많은 것들이 육식 동물들에 의해 발견된 그 순간에 죽음을 당했기 때문이다. 그렇지만 이 종의 개체 수는 육식 동물들의 개체 수와 평형을 이루며 일정하다.

공교롭게도, 이런 종류의 모든 달팽이들은 그들의 머리 뒤쪽에 띠의 형태로 된 빛을 감각하는 세포들을 가지고 있다. 이 점에서는 어떤 특별한 것은 없다. 많은 형태의 세포들은 우연히 어느 정도까지는 빛을 감지하는 것들이고, 이런 종류의 빛을 감지하는 능력은 이 종의 우연한 특성, 즉 아무 중요한 일도 하지 않는 특성이다. 이제 어떤 하나의 달팽이가 최초의 DNA 기호에 작은 변화가 생겨서, 피부 표면과 움츠러드는 근육을 연결하는 신경 세포들의 숫자가 보통의 경우보다 더 많이 생기게 되었다고 생각해 보자. 특별히, 같은 종류의 달팽이들 가운데 이 달팽이만이 홀로 빛을 감지하는 세포들과 움츠러드는 근육 사이에 특별한 연결을 가지고 있다. 따라서 이 달팽이는 정상적인 조명이 갑자기 바뀌면 껍질 안으로 잽싸게 들어가게 된다.

이 한 개체의 우연한 특성은 아무 짝에도 쓸모없는 단순히 특이한 '몸놀림'으로서 많은 경우 어떤 중요성도 갖지 않는다. 그러나 달팽이들의 실제적 환경에서 조명의 급작스런 변화란 대부분 머리 위로 곧바로 헤엄쳐 오는 천적들을 의미한다. 따라서 우리의 이 변종은 천적이 따라 잡기 전에 스스로를 안전하게 숨길 수 있게 하는 '조기 경보

체제'를 갖는다. 그리하여 이 달팽이의 생존 가능성과 반복되는 번식 가능성은 그런 구조를 갖지 못한 동료들보다 훨씬 높다. 또한 이 달팽이가 소유하고 있는 이 기발한 구조는 유전자 변화의 결과이므로 그 후손들도 그런 구조를 나누어 갖게 될 것이다. 확실히 이 특성은 재빠르게 달팽이 개체군을 석권하게 될 것이다. 이런 작고 우연한 사건들이 큰 변화를 만든 것이다.

이런 구조의 부가적인 활약은 쉽게 이해가 간다. 유전적인 변화로 인해 빛을 감지하는 표면이 반구 모양의 구덩이 속으로 구부러져 들어가게 된다면, 이 선택적으로 빛을 받게 되는 부분은 이제 광원과 그것을 가리는 것의 **방향에 관한** 정보 즉 지향적 운동 반응을 유도하는 정보를 제공하게 된다. 이는 물고기와 같은 움직이는 동물의 경우 먹이를 찾을 때나 쫓길 때나 커다란 이점이 된다. 일단 이런 구조가 이 동물들 사이에 널리 퍼지게 된 다음, 반구 모양의 구덩이는 하나의 작은 바늘 구멍만을 바깥을 향해 남겨둔 거의 구 모양의 구덩이로 변형될 수 있다. 이런 바늘 구멍은 빛을 감지하는 표면에 외부 세계의 희미한 **영상**을 만들 것이다. 일차적으로는 보호막의 역할을 하고 나중에는 더 큰 영상을 위한 렌즈의 역할을 하는 투명한 세포들이 바늘 구멍을 덮게 된다. 그 동안 '망막'의 증가된 신경 분포(신경 세포의 집중)는 신경계 내의 다른 곳으로 연결될 보다 훌륭한 정보를 산출하는 결과를 낳는다. 이런 단순하면서도 발전된 단계에 의해 '기적적인' 눈이 조립되었다. 그런데 이런 재구성은 단순한 관념적 상상이 아니다. 이것은 현재의 생물체들에서 찾아볼 수 있는 발달 과정 각 단계에서 발견될 수 있는 것이다.

일반적으로 신경 계통들의 진화의 역사를 고려한 우리의 재구성은 3종류의 연구, 즉 화석으로 남아 있는 잔류품들, 원시적 몸체를 가진 현재의 생물체들, 배(胚)의 신경 발달 과정에 대한 연구에 기초를 두고 있다. 신경 섬유는 매우 부드럽기 때문에 화석화될 수 없다. 그러나 우리는 고대 척추 동물들(등뼈를 가진 동물들)의 신경 구조를 화석화된 동물들의 척추와 두개골에서 발견되는 구멍, 통로 및 파편들에서부터 추적할 수 있다. 이것은 크기와 대충의 구조에 대해서는 믿을 만한 안내가 될 수 있지만, 자세한 세부 사항은 전부 빠져 버린다. 세부 사항을 알기 위해 우리는 수백만 년에 걸쳐 신경 체계가 거의 변하지 않은 것처럼 보이는 수천 가지의 현존하는 동물들에 눈을 돌리게 된다. 여기서 우리는 "단순하다"는 것이 반드시 "원시적"이라는 것을 의미하지 않기 때문에 조심해야 한다. 그러나 우리는 그런 연구로부터 매우 그럴 듯한 발달의 '계통도'를 만들 수 있다. 몇몇의 (단지 몇몇의) 생물체들의 진화의 역사는 DNA가 수정란 세포를 조목조목 나누어 해당되는 생물체로 형성시키는 발생의 순차적 과정에 나타나기 때문에, 발생학적 발달은 두 연구 모두에 기막힌 점검 수단을 제공한다. 세 가지 연구 모두를 합하면 다음의 역사가 나타난다.

가장 원시적인 척추 동물은 길게 늘여져 척추의 길이만큼 늘어진 중앙 **신경절**(세포군)을 가진다(그림 7.1.). 그것은 기능적으로 또 물리적으로 다른 두 부류의 신경 섬유에 의해 신체의 다른 부분과 연결된다. **체성 감각**(somatosensory) 섬유는 근육 활동과 촉각적 자극에 관한 정보를 척추로 가져가고, **운동** 섬유(motor fibers)는 척추에서부터 나오는 명령 자극을 몸체의 근육 조직으로 가져간다. 길게 늘여진 신경절

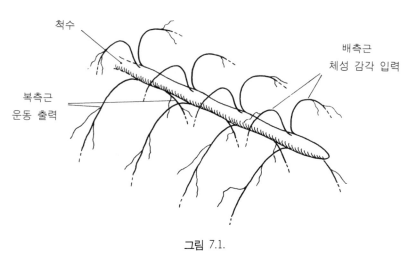

척수

배측근
체성 감각 입력

복측근
운동 출력

그림 7.1.

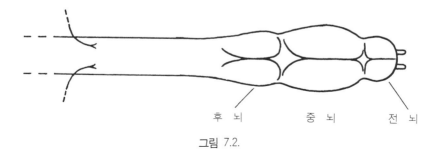

뇌 간(원 시)

후 뇌   중 뇌   전 뇌

그림 7.2.

자체는 일정한 수영(水泳) 자세를 취하도록 몸체의 여러 근육을 조정하고, 접촉을 통한 공격에서 도망칠 수 있게 하거나 빈 속을 채우기 위한 탐색 동작을 취할 수 있게, 감각된 외부 상황과 몸놀림을 조정하는 기능을 하게끔 되어 있다.

보다 나중에 나온 생물체들에게 이 원시적 척수(spinal cord)는 세 돌출부와 확장된 앞 부분을 가지게 되는데, 그곳의 신경 세포 개체수와 밀도는 다른 곳의 개체수와 밀도와는 다르다. 이 원시적 두뇌 또는 뇌간(brain stem)은 전뇌(forebrain), 중뇌(midbrain), 후뇌(hindbrain)로 나누어질 수 있다(그림 7.2.). 작은 전뇌의 신경 조직은 후각 자극들을 처리하는 데 이용되고, 중뇌는 시각과 청각 정보를 처리하게 되고, 후뇌는 훨씬 복잡한 움직임의 조정을 전담한다. 현재의 물고기들의 뇌들은 중뇌가 핵심적인 구조를 이루고 있는 이러한 단계에 머물고 있다.

양서류와 파충류 같은 보다 발전된 동물들의 전뇌는 해부학적 구조에 있어 뇌간이 주도적 위치를 차지하게 되고, 단순히 후각뿐만 아니라 모든 감각 양태들을 처리하는 데 핵심적 역할을 담당하게 된다(그림 7.3.). 많은 동물들의 경우 뇌의 절대적 크기도 증가하고 있으며, 그와 더불어 이미 복합적이며 반독립적인 통제망에 속해 있는 세포들의 절대적인 수도 증가해 간다. 그 통제망은 많은 일을 했다. 즉 그

파충류의 뇌

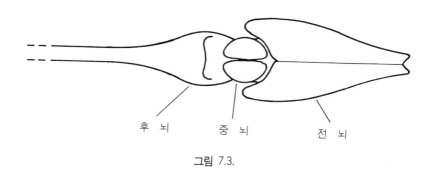

후 뇌   중 뇌   전 뇌

그림 7.3.

포유류의 뇌

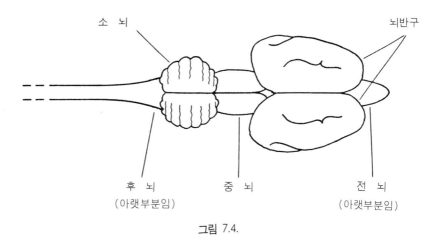

소 뇌   뇌반구

후 뇌   중 뇌   전 뇌
(아랫부분임)   (아랫부분임)

그림 7.4.

런 통제망을 가진 많은 디노사우르스는 뛰어난 시력을 가지고 먼 곳의 먹이를 추적했던 두 발의 빠른 육식 동물이었던 것이다. 그런 생태학적 활동 범위를 성공적으로 차지하려면 뛰어난 통제 체계가 필수적이다.

초기 젖먹이 동물의 뇌에서는 전뇌의 부가적인 세분화와 전문화가 나타나고, 무엇보다도 두 개의 전적으로 새로운 구조 즉 전뇌의 확장된 윗 부분의 각 측면에서 자라 나온 대뇌 반구들(cerebral hemispheres)과 후뇌의 뒷 부분에서 자라 나온 소뇌(cerebellum)가 중요한 것으로 등장한다(그림 7.4.). 대뇌 반구들은 행동의 시발을 위한 고도의 통제를 행하고 있는 다수의 전문화된 부분을 포함한다. 그리고 소뇌는 다른 물체에 대한 상대적인 움직임을 통해 파악되는 대상들의 세계에서 훨씬 더 훌륭한 신체 운동의 조정을 가능하게 한다. 대뇌 피질과 소뇌 피질(세포체들과 세포 연결이 집중되어 있는 얇은 표면)에 있는 세포들의 수는 보다 원시적인 파충류의 피질에서 발견된 세포들의 수보다 엄청나게 많다. 이 피질층(cortical layer, 고전적인 '회백질')은 포유류의 경우 파충류보다 2배에서 6배 가량 두텁다.

전형적인 포유류에 있어서 이 새로운 구조들은 두드러지긴 하지만

측 면 도

쥐의 뇌(비례는 무시함)

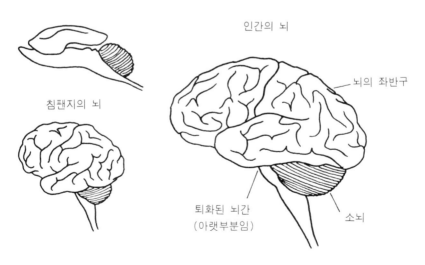

인간의 뇌

뇌의 좌반구

침팬지의 뇌

퇴화된 뇌간
(아랫부분임)

소뇌

그림 7.5.

상대적으로 뇌간에 비해서 그리 큰 것은 아니다. 그러나 영장류에 있어서, 그것들은 적어도 시각상으로 두뇌의 주된 특징이 되었고, 특히 인간에게 있어서 거대하게 되었다(그림 7.5.). 인간의 경우 이전의 뇌간은 대뇌 반구의 우산 아래서 거의 보일락말락하며, 소뇌도 다른 영장류에서 드러난 것과 비교해 볼 때 상당히 확장되었다. 우리가 다른 동물들과 구분된다면, 우리를 그들과 구분시켜 주는 차이는 인간의 대뇌와 소뇌 반구의 비범한 속성과 커다란 크기에서 찾아질 것이라는 추측을 물리치기 어렵다.

추천도서 ------------------------

Bullock, T.H., Orkand, R., and Grinnell, A., *Introduction to Nervous Systems* (San Francisco : Freeman, 1977).

Sarnat, H.B., and Netsky, M.G., *Evolution of the Nervous System* (Oxford : Oxford University Press, 1974).

Dawkins, Richard, *The Selfish Gene* (Oxford : Oxford University Press, 1976).

7.2. 신경 생리학과 신경 조직

A. 신경망 요소 : 뉴런

7.2.1. 구조와 기능

앞에서 언급한 것처럼 자극을 전달하는 길게 늘여진 세포들은 뉴런이라 불린다. 전형적인 다극적(muiltipolar) 뉴런은 그림 7.6.에서 대충 윤곽 잡혀진 물리적 구조를 갖는다. 이 구조는 입력을 위해 가지처럼 뻗은 수상 돌기(dendrite)의 나무 모양의 구조와 출력을 위한 단일 축색(axon)으로 구성된다(축색은 도식상 접혀져 보인다). 이 구

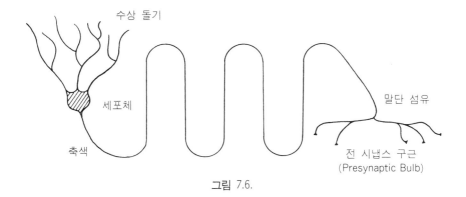

수상 돌기

세포체

축색

말단 섬유

전 시냅스 구근
(Presynaptic Bulb)

그림 7.6.

조는 다른 세포들로부터의 입력을 처리하는 뉴런의 주된 기능을 나타
내고 있다. 많은 다른 뉴런들의 축색 돌기는 주어진 뉴런의 수상 돌
기들이나 세포의 몸체 자체와 연결되어 있다. 이런 연결들을 시냅스
(synapses)라고 하는데, 그 연결들은 한 세포 내의 사건들이 다른 세
포의 활동에 영향을 미치도록 한다(그림 7.7.).

그 영향은 다음과 같은 방식으로 나타난다. 탈극화(depolarization)
펄스 — **활동 전위**(action potential) 또는 **뾰족파**(spike)라 불리는—가 축
색의 시냅스 연결 직전의 말단에까지 내려가면 말단의 구근(terminal
bulb)에서는 작은 시냅스 간격을 채우는 **신경 전달자**(neurotransmitter)
라 불리는 화학 물질을 내보낸다. 구조에서 나타나는 신경 전달자의
일정한 속성과 간격의 다른 쪽 편에서 그것을 받아들이는 화학적 수
용체의 본성에 따라 시냅스는 **억제**(inhibitory) 또는 **활성**(excitatory)
시냅스라 불린다.

억제 시냅스에서는, 시냅스 변환이 전달을 받고 있는 뉴런의 전위
(electric potential)를 조금 높이거나 조금 강하게 극화(hyperpolariza-
tion)시킨다. 이 점은 전달받은 뉴런이 갑작스런 탈극화를 일으켜 그
자신의 축색에서 뾰족파를 소멸시키는 일이 거의 일어나지 않게 한다.

활성 시냅스에서는, 시냅스 변환이 전달받은 뉴런에 경미한 **탈극화**
를 일으켜, 그 뉴런의 전위를 최소의 임계점(critical minimum point)

에까지 조금씩 떨어뜨리게 만드는데, 거기서 전위는 그 뉴런의 축색 출력 뽀족파를 새로 나타나게 하면서 갑자기 전부 사라진다. 따라서 활성 시냅스가 나타나면 전달받은 뉴런이 화학적 반응을 일으킬 가능성이 **훨씬** 많아지게 된다.

두 요소를 함께 모으면, 뉴런들 각각은 '반응하라'는 입력과 '반응하지 말라'는 입력간의 각축장이 된다. 어느 쪽이 이기느냐는 두 가지 사항에 의해 결정된다. 첫째로, 억제 시냅스와 활성 시냅스의 상대적인 분포 상태가 매우 중요한 관건이 된다. 즉 그것들 각각의 상대적인 수와 아마도 그것들이 각각의 주 세포체(main cell body)에 어느 정도 가깝게 놓여 있느냐가 문제이다. 자주 일어나는 일이지만 한 종류가 득세하게 되면, 그 뉴런에 대해 한 반응은 다른 반응보다 유리한 입장에 놓이게 된다. (매우 짧은 기간 동안 이런 종류의 시냅스 연결들은 각 뉴런의 상대적으로 안정된 특성이 된다. 그러나 가끔 몇 분 또는 그 이하의 시간 폭을 가지고 새로운 시냅스 연결들이 나타나고, 예전의 것들은 사라진다. 따라서 뉴런의 기능적 속성들은 그 자체가 다소간 가소적(plastic)이다.)

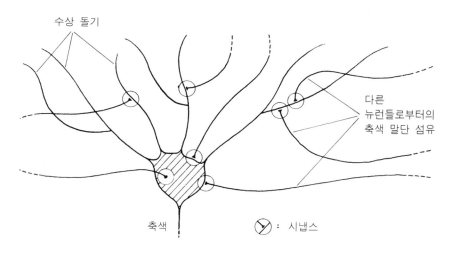

그림 7.7.

뉴런의 움직임을 결정하는 두번째 요인은 각 종류의 시냅스들로부터의 입력들이 갖는 단순히 시간적인 빈도수이다. 만일 2000개의 억제 시냅스들이 1초에 단지 한 번씩만 작동하고, 200개의 활성 시냅스들은 1초에 50번씩 바쁘게 작동한다면, 활성 시냅스의 영향이 압도적으로 커질 것이고 뉴런은 반응을 일으킬 것이다. 다시 분극화된 이후에도, 그 뉴런은 나름대로 상당한 빈도수를 가지고 또다시 반응을 일으킬 것이다.

여기서 관련되는 수치들을 기억해 두는 것이 훨씬 좋을 것이다. 전형적인 뉴런의 몸체는 수백의 시냅스 말단의 구근들의 층에 거의 전부가 묻혀 있을 것이며 그 뉴런의 수상 돌기 나무는 수천 개 이상의 것들과 시냅스 연결을 가질 것이다. 또한 뉴런들은 $\frac{1}{100}$초 이내에 스스로를 이전의 전위 상태로 다시 일으켜 세운다. 따라서 뉴런들은 100헤르츠($=$초당 100번의 뾰족파 반응을 일으킴) 또는 그 이상에 달하는 뾰족파 주파수를 유지할 수 있다. 확실히 하나의 단일한 뉴런은 상당한 능력을 갖춘 정보 처리자이다.

분명, 뉴런들은 디지털 컴퓨터의 중앙 처리 장치에 있는 논리 게이트들에 비유된다. 그러나 그 둘의 차이는 유사성만큼이나 흥미를 자아낸다. 하나의 단일한 논리 게이트는 두 개 이하의 다른 출처에서 입력을 받아들인다. 반면 하나의 뉴런은 1000을 족히 넘는 출처에서 입력을 받아들인다. 예를 들어 하나의 논리 게이트는 메트로놈 주파수로 10^6헤르츠에서 출력을 내보낸다. 반면 하나의 뉴런은 0에서 10^2헤르츠까지 자유스럽게 변한다. 논리 게이트의 출력은 모든 다른 게이트들의 출력들과 시간적으로 조화를 이루고 있고 또 이루어야만 한다. 반면 뉴런의 출력은 그렇게 조화를 이루고 있지는 않다. 논리 게이트의 기능은 2진법적 정보(예들과 아니오들의 집합)를 또 다른 2진법적인 정보로 변형시키는 것이다. 반면 뉴런의 기능은, 우리가 여기서 그 하나를 이야기할 수 있다면, 뾰족 주파수의 집합들을 다른 뾰족 **주파수** 집합들로 변형시키는 것이라 보는 것이 더 그럴 듯한 것처럼 여겨진다. 마지막으로 논리 게이트의 기능적 속성들은 고정되어 있다. 그러나 새로운 시냅스 연결들의 확대와 오래된 시냅스 연결들의 도태 또는 그것들의 제거가 세포의 입력 / 출력 기능을 변화시킬 수 있기 때문에, 뉴런의 기능적 속성들은 명확히 가소적이다. 수상돌기의 가지들은 새로운 시냅스 연결을 얻어 내기 위해 당장에라도 작은 가지들을 만들어 낼 수 있는데, 이러한 변화 자체는 부분적으로는 이전의 신경 활동에 의해 촉발되는 것이다.

거의 확실히 그러하지만, 뉴런들이 정보 처리 장치들이라면, 그 작동의 기본적 양태는 중앙 처리 장치의 논리 게이트들에서 드러나는 양태와는 매우 다른 것이리라. 이 점은 적절히 프로그램된 후자의 체계가 전자의 활동을 본뜰 수 없다는 것을 주장하는 것은 아니다. 아마 본뜰 수 있을 것이다. 그러나 우리는 뉴런들의 집합적인 활동을 성공적으로 본뜰 수 있기 이전에, 뉴런의 가소적인 기능적 속성들에 대해 더 많이 그리고 그 뉴런들의 무수한 연결들에 대해서는 훨씬더 많이 알아야 할 필요가 있다.

7.2.2. 뉴런들의 유형들

세 종류의 뉴런들이 최초의 분류에서 나타난다. 운동 뉴런, 지각 뉴런 그리고 매우 다양한 중간 뉴런(말하자면 나머지 것들)이 있다. 1차 운동 뉴런들은 대부분이 오직 척수에서만 발견되는데, 그런 뉴런들은 축색이 근육 세포와 직접 시냅스 연결을 갖는 뉴런으로 규정되어 있다. 운동 뉴런의 축색은 신경 체계에서 가장 긴 편에 속하는데, 척수 내부의 깊숙한 곳에서 척추뼈들 사이의 복측근(ventral roots)으로 나와서(그림 7.1.), 계속 손 발로 나아가 말단의 근육들로 퍼져 나간다. 운동 뉴런은 두 가지 수단을 통해 정도가 다른 근육 수축을 가능하게 해준다. 즉 개별적인 운동 뉴런들의 뾰족 주파수와 근육에 분포된 뉴런들이 처음에는 잠잠하다가 점차적으로 재충전되는 것을 통해서.

지각 뉴런들은 매우 다양하게 나타나는데, 관례상 부분적으로 신경 체계의 바깥 세계 것을 입력 자극으로 갖는 뉴런이라 규정된다. 예를 들어 망막의 간상체와 추상체 세포들(rod and cone receptor cells)은,

말하자면 축색도 수상 돌기도 전혀 없는 매우 작은 것들이다. 그것들은 그들 바로 다음 층의 보다 전형적인 뉴런들과 직접 시냅스 연결을 갖는다. 그들의 일은 받아들여진 빛을 시냅스적인 사건으로 변형시키는 것뿐이다. 반면 체성 감각 세포는 운동 뉴런만큼이나 길다. 그 세포의 축색들은 피부와 근육에서부터 배측근(dorsal roots)(그림 7.1.을 보시오)을 통해 척수로 퍼져 있는데, 척수의 깊숙한 곳에서 첫번째 시냅스 연결을 갖는다. 이런 체성 감각 세포들의 일은 촉각, 통각, 온도에 대한 정보 및 근육 수축과 이완에 관한 정보를—신체와 사지(四肢)의 계속 변화하는 위치들을—전달하는 것이다. 다른 지각 세포들은 그것들이 반응하는 물리적인 자극의 속성에 따라 나름의 특이성을 갖는다.

수상 돌기를 통한 입력과 축색을 통한 출력이라는 같은 주제의 변주들이긴 하지만, 대표적인 중간 뉴런들도 매우 다양한 크기와 모양을 가지고 나타난다. 다극(multipolar) 세포라 불리는 대부분의 세포들은 세포체에서 직접 뻗어나간 많은 수상 돌기의 가지들을 가지고 있다. 양극(bipolar) 세포라 불리는 다른 것들은 하나의 수상 돌기 줄기만을 뻗는데, 그 줄기는 이 세포에서 약간 떨어진 곳에 가지를 친다. 소뇌의 퍼킨지 세포(purkinje cells) 같은 것들은 엄청나게 폭이 넓고, 무성한 수상 돌기의 나무들을 가지고 있다. 이외의 것들은 오직 듬성듬성하게 수상 돌기를 확산시키고 있다. 많은 뉴런들의 축색들은 멀리 떨어진 곳에서 시냅스 연결을 가지면서 두뇌의 전 영역에 걸쳐 전파되어 나아간다. 이와 다른 종류의 뉴런들은, 다른 곳으로 전파되어 나갈 축색들을 지닌 뉴런들이 넓게 집중되어 있는, 부분과 단지 국부적인 연결을 갖는다.

세포체들이 집중적으로 상호 연결되어 조밀하게 밀집된 이런 층들을 피질(cortex)이라 부른다. 대뇌 반구 각각의 가장 바깥 쪽 표면은 두개골의 주어진 작은 용적 내에서 전체적 표면적을 극대화하기 위해 구겨진 종이처럼 그 자체가 심하게 접혀진 커다란 1장의 얇은 막(cortex)이다. 두뇌에서 벌어지는 신경들간의 연결은 이 접혀진 층에서 가장 활발하게 일어난다. 소뇌의 표면 역시 피질이며, 전문화된 피질 '핵들'(cortical nuclei)은 뇌간에 두루 퍼져 있다. 두뇌 횡단 도면상에서 이런 것들은 회색 부분으로 나타난다. 나머지 흰색 부분들은 하나의 피질 영역에서 다른 피질 영역으로 전파되어 가는 축색들을 포함한다. 이런 구조는 우리를 두뇌 조직의 문제로 이끌고 가는 것이다.

B. 신경망의 구성

인간의 두뇌만큼이나 복잡한 신경망의 구조를 밝혀 보는 일은 어려운 작업이다. 많은 구조가 밝혀졌지만, 그 정도 또는 그보다 많은 부분이 의문 속에 남아 있다. 우리는 뉴런에 의해 받아들여져서 축색을 통해 말단의 시냅스들에로 운반되는 특수한 색소를 이용해서 신경망의 대규모 상호 연결을 발견해 낼 수 있다. 염색된 부분의 축색들이 어디로 향하고 있는지를 알고자 한다면, 두뇌의 연속적 횡단면들은 이 염색된 축색들이 비교적 염색되지 않은 부분을 통과할 때 거치게 되는 통로와 그런 축색들이 마지막으로 도착하게 되는 영역 모두를 보여주게 될 것이다. 시체의 두뇌 검사에 적용되기도 한 이 기술은 두뇌의 여러 피질들의 영역 간에 나타나는 주된 상호 연결 관계, 즉 수천의 축색들이 모여 이루어진 '초고속 통로들'(superhighways)을 밝혀 주었다. 그러나 그런 것들의 위치를 알게 되었다고 해서 우리가 언제나 그것들의 기능까지 알 수 있는 것은 아니다. 좀더 작은 신경의 고속 통로들이나 연결 통로들은 그것들에 관한 우리의 완벽한 조사와 정리를 좌절시키면서, 계속해서 우리의 감시를 피해 달아나는 부분들이다.

현미경, 촘촘한 단면도, 여러 다양한 염색의 기법들을 통해서 두뇌의 미시 구조가 드러나기 시작했다. 대뇌 피질은 그것에 모여 있는 뉴런의 밀도와 뉴런들의 유형에 따라 구분되는 6개의 다른 층을 가지고 있다. 뉴런들 간의 연결은 같은 층 안에서뿐 아니라, 서로 다른 층 사이에서도 모두 폭넓은 범위를 갖는다. 세부적인 점들은 복잡하고 분명하지 않아서, 이 특정한 배열의 핵심적인 사항은 의문 속에 남아 있지만, 우리는 우리가 발견한 구조적 질서에 의지해서 보다 더 많은 것들을 발견하려 노력한다. 공교롭게도 이 여섯 층의 세포 구조 (cytoarchitecture)는 대뇌 피질을 통틀어서 하나의 통일적인 형태를 취하고 있지는 않다. 즉 피질 표면의 각 부분에서는 어떤 층의 두께나 밀도가 감소하거나 증가한다. 동일한 구조를 지닌 영역들을 추적하여 그것들의 경계를 확인한 결과 우리는 그 발견자의 이름을 따서 **브로드만 구역들**(Brodmann's areas)이라 알려진 대략 50개의 서로 구분되는 피질의 부분들을 알게 되었다.

이 구역들은 동일한 구조를 갖는다는 사실 이외에 어떤 중요한 의미를 갖는 것들인가? 기능적 속성이라는 측면과 먼 곳의 다른 부분들과 갖게 되는 연결이라는 두 가지 측면 모두에 있어서 그 구역들 중 많은 것들은 중요한 의미를 갖는다. 몇몇의 두드러진 사례들을 이제 대략 살펴볼 것이다.

7.2.3. 두뇌 내부의 지각 신경 전파

앞에서 언급되었듯이, 1차 체성 감각 뉴런들(somatosensoryneurons)은 배측근을 통해 척수로 들어 가서 척수의 뉴런들과 최초의 시냅스 연결을 갖는다. 이 뉴런들은 척수로부터 전뇌의 시상(thalamus)에까지 정보를 운반해가며, 거기서 그들은 내 시상핵(ventral thalamic nucleus)이라 불리는 뉴런들과 시냅스 연결을 갖는다. 이제 이 뉴런들은 대뇌 반구와 세 개의 브로드만 연결 구역들이라 정확히 정의된 피질의 부분으로 전파되어 들어간다. 이 전체적인 부분은 이제 **체성 감각 피질**(somatosensory cortex)이라 알려져 있다. 이 피질의 다양한 부분들에서 나타나는 의학적 손상은 신체의 여러 다양한 부분들에 대한 촉각적·자기 감각적 의식의 영원한 상실을 야기한다. 게다가 이 부분의 뉴런들에 가해지는 미세한 전기 자극은 신체의 특정한 부분들에 주관적으로 생생한 접촉의 느낌이 '자리를 잡게'(located) 만든다. (이 부분에 위협이 되는 것들을 제거하기 위한 두뇌 수술에서 그러한 자극을 시험할 수 있는 기회가 종종 나타난다. 뇌 수술이 진행되는 동안 환자는 온전한 의식을 가질 수 있기 때문에 그런 자극들의 효과를 보고해 줄 수 있다.)

　실제로 해부학적으로 특정한 위치를 지닌 뉴런들의 공간적인 배열은 해당되는 해부학적인 신체 부위들 자체를 반영하고 있기 때문에, 체성 감각 피질은 소위 말하는 신체의 **형세 분포도**(topographic map)를 구성한다. 각각의 반구는 신체의 반대편 절반을 나타낸다. 그림 7.8.에 나타나는 한 반구의 횡단면은 이 사실을 보여주고 있다. 왜곡된 인간의 모습은 신체의 부위를 담당하는 피질의 부분을 그 근처에서 나타내는 것이며, 크기의 변화는 그 부위를 담당하는 피질 세포의 상대적인 수를 나타내고 있는 것이다. 이 도식화된 인간의 모습을 "체성 감각 허수아비"(the somatosensory homunculus)라고 한다.

　시각 체계의 조직과 기능도 대뇌 피질의 구조와 관련을 갖는다. 망

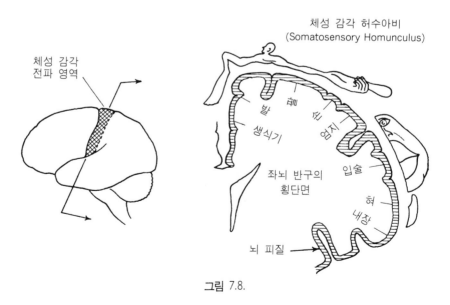

체성 감각 허수아비
(Somatosensory Homunculus)

체성 감각
전파 영역

발
생식기
손
손가락
엄지
입술
혀
내장
좌뇌 반구의
횡단면
뇌 피질

그림 7.8.

214

막의 간상체(rods)와 원추체(cones)의 바로 옆에는 간상체와 원추체
가 긴 신경 세포와 시냅스 연결을 갖기 이전에 몇몇의 초기적인 처리
를 수행하는 상호 연결된 작은 뉴런들의 층이 있다. 이 뉴런들은 함
께 모여 두꺼운 다발의 시신경을 형성하여 망막의 뒷부분에 위치한
다. 이 시신경은 **측슬형체**(lateral geniculate body)라 불리는 시상 뒷부
분의 피질 핵(cortical nucleus)(상호 연결된 세포체들의 국소적 집중
체)으로 전파되어 들어 간다. 여기서도 역시 세포들은 망막의 형세
분포도를 만든다. 물론 이 분포도는 망막의 물리적·기능적 중심인
중심와(fovea)가 매우 크게 그려졌다는 점에서 크기가 왜곡된 것이긴
하지만.

측슬형체의 세포들은 이제 대뇌 반구의 가장 뒤쪽 표면에 있는 몇
몇의 브로드만 구역으로 전파되어 들어간다. 즉 점선 부분의 피질로
그리고 나서 빗금쳐진 부분의 피질로 들어 간다(그림 7.9.). 이 집합
적인 부분들을 **시각 피질**(visual cortex)이라 부른다. 이것 역시 각각
의 반구가 망막 표면의 반쪽씩을 나타내는 망막의 형세 분포도를 만
든다. 그러나 체성 감각 체계에서 일어나는 일보다 훨씬 많은 일이

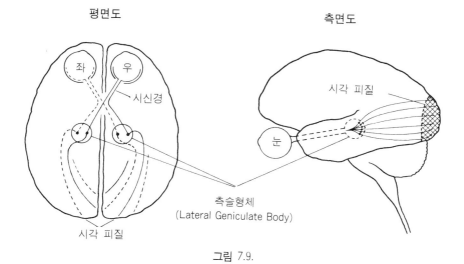

평면도

측면도

좌 우

시신경

시각 피질

눈

측슬형체
(Lateral Geniculate Body)

시각 피질

그림 7.9.

시각 피질과 피질에 도달하기 이전의 처리 과정에서 일어나고 있으며, 시각 피질은 망막 자극의 부위들만을 나타내고 있는 것은 아니다. 시각 뉴런들의 부차적인 집단들은 시각 정보의 고도로 전문적인 특성들에 반응하는 가운데 전문화되기에 이르렀다. 서열 상 최초에 오게 되는 세포는 수용 범위(receptive field)(감각을 가질 수 있는 망막의 영역) 내에서 밝기의 차이만을 감각한다. 그러나 이 최초의 세포들에 연결되는 보다 높은 단계의 세포는 자신의 수용 범위 내에서 특정한 방향의 선이나 모서리만을 감각한다. 보다 더 높은 단계의 세포들은 특정한 방향으로 움직이는 선이나 모서리만을 감각한다. 이런 방식으로 뉴런들이 전문화된다. 여기서 우리는 누적적인 정보 처리 체계의 인상을 떨쳐 버릴 수 없다.

여기에 덧붙여지는 미시 구조들을 통해 이안적 시각(binocular vision)—특별히 인간이 지닌 세련된 입체 시각(stereopsis) 또는 3차원 시각—의 특성들이 설명되리라 기대할 수 있다. 입체 시각은 두 눈에서 각각 나타나는 영상에 대한 체계적 비교를 필요로 한다. 자세한 검사를 통해 서로 간격을 두고 놓여 있는 시각 중추(ocular dominance columns)가 시각 피질에 존재한다는 점이 밝혀졌다. 이 중추는 피질의 6개 층들에 걸쳐 수직적으로 조직된 세포들의 좁은 모임인데, 각 세포는 망막에서 작은 수용 범위를 갖는다. 그런 중추들은 각각의 눈에 한정되는 것들인데, 그것들이 서로 간격을 가진다는 것은 피질에서 물리적으로 인접하고 있는, 각각의 중추에 상응하는, 오른쪽 왼쪽 수용 범위들이 있다는 것을 의미한다. 이렇게 해서 정보의 비교가 일어날 수 있다. 실제로 수용 영역들간의 이안적인(binocular) 차이에 민감한 부가적인 세포들이 발견되었다. 그런 세포들은 사람의 시각 환경에서 물체들의 상대적인 거리에 관한 정보에 반응하고 있는 것들이다. 이런 발견들은 가능성 있는 연구의 방향을 열어 주는 것인데, 시각 피질은 현재 상당한 관심을 끌고 있다.

7.2.4. 바깥으로의 운동 신경의 전파

체성 감각 피질 바로 앞 넓다란 틈의 반대 편에는, 운동 신경 피질
(motor cortex)이라 현재 알려져 있는 또 다른 브로드만 구역들이 있
다. 이것 역시 하나의 선명한 형세 분포도를 형성하는 것인데, 이번
에는 신체의 근육 계통에 관한 형세 분포도이다. 운동 신경 피질의
뉴런들에 인공적인 자극을 가하면 그에 상응하는 근육의 움직임이 나
타난다. 이에 관한 '운동 신경 허수아비'(motor homunculus)는 그림
7.10.에 나타나 있다.

운동의 통제는 잘 조화된 근육 수축의 연쇄─또한 신체가 놓여 있
는 지각된 환경과 조화를 이루는 연쇄─의 문제이기 때문에, 이 점은
기능에 관한 이야기의 시작에 불과하다. 따라서 운동 신경 피질은 단
순히 척수를 통해 신체의 근육으로 통하는 축색의 전파 경로만을 갖
는 것이 아니라, 소뇌와 기초 신경절들(basal ganglia)로 향하는 전파
도 갖게 되며 감각 정보의 원천이라고 이미 우리가 알고 있는 시상을
통해서 소뇌와 기초 신경절들 모두로부터 상호적으로 전파되어 들어

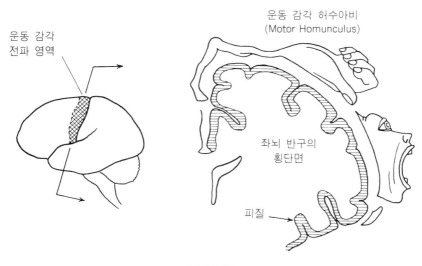

그림 7.10.

오는 정보 또한 받아들인다. 따라서 운동 신경 피질은 두뇌의 일반적인 활동이 고도로 통합된 부분이며, 이 피질에서 나가는 출력의 몇몇은 다소간 직접적으로 척수로 향하곤 하지만—예를 들어 절묘한 손가락 운동을 위한 독립적인 통제를 하기 위해서—출력의 대부분은 척수로 들어가기 전에 낮은 뇌간(lower brain stem)과 소뇌에서 복잡한 처리 과정을 거친다.

여기서 나타나는 뇌의 출력을 우리는 기본적인 운동 능력들에 대한 일종의 고도의 '미세한 조정'(fine-tuning)이라 생각해야 할 것이다. 왜냐하면 척수 자체의 신경 조직은 대부분의 척추 동물들의 경우 공간 운동을 산출하기에 충분한 것이기 때문이다. 한 가지 친숙한 예는 도살당한 후 머리가 잘린 닭이 몇 초 동안 방향을 잡지 못한 채 우왕좌왕 움직이는 경우이다. 두뇌가 완전히 제거된 작은 포유류일지라도 척수에 가해진 적절한 자극만으로 공간 이동 행동을 보여줄 수 있다. 우리는 여기서 척추 동물의 운동 능력이 얼마나 오래된 역사를 지닌 것인가를 알게 된다. 이 능력은 원시적인 척추 동물이 척수라는 것을 가졌을 때 처음으로 완성되었다. 발전적인 추가물들은 그 최초의 능력에 쓸모있는 미세한 조정 또는 지적인 안내를 부가시켰을 뿐이다. 그래서 이렇게 생긴 운동 신경 피질은 단지 운동 통제의 폭넓은 서열에 있어서 나중에 나타난 보다 높은 단계의 중추일 뿐이다. 이 운동 통제 조직은 단순한 반사궁(reflex arcs)—뜨거운 난로 근처에서 손이 움추러드는 것과 같은 반응—에서부터 추상적이고 장기적인 행동의 계획을 수립하는 최고 단계의 충추들에 이르기까지 널리 퍼져 있다.

7.2.5. 내부 조직

두뇌는 1차 감각 뉴런들을 통해 신경 외부의 세계를 감시한다. 그러나 그 과정에서 두뇌는 자신의 활동들의 많은 측면 역시 감시한다. 또한 두뇌는 신경 외적 세계(extra-nervous world)에 통제를 가하기도 하지만, 그 자신의 활동의 많은 측면들에 대해서도 통제를 가한다. 그래서 두뇌의 부분들 간에 나타나는 내적인 정보의 전달은 풍부하고 폭넓으며 두뇌의 기능에도 결정적인 것이다. 그 좋은 예는 '하향 통제'(descending control) 구조들에서 찾아질 수 있다. 시각 체계에 대한 앞의 논의에서, 나는 시각 피질이 시신경이 끝나는 시상의 측슬형체로 정보들을 되돌려 보내기도 한다는 점을 이야기하지 않았다. 이 점이 의미하는 바는 시각 피질은 자신이 측슬형체로부터 받아들이는 것에 따라 측슬형체로 하여금 시각 피질로 보낼 것을 변화시키도록, 즉 아마도 입력의 어떤 특성을 강조하고 어떤 특성을 제거하도록 영향을 미칠 수 있다는 점이다. 우리는 여기서 두뇌의 정보 처리 활동에서 나타나는 어떤 가소성(plasticity), 즉 관심의 방향을 정하고 재능을 집중시키는 능력을 본다. 하향 통제의 통로들은 시각 체계와 언어를 처리해야 하는 청각 체계에 특별히 두드러진 것이나 두뇌의 전 영역에 걸쳐 일반적인 것이다.

여기서 논의된 피질의 지각 영역들과 비슷한 방식으로 확인되는 다른 지각 영역들 사이에는 매우 활동적인 두뇌 부분들이 많이 있다. 다양한 지각 피질들 사이에 나타나는 소위 커다란 "연합 영역들"(association areas)은 제대로 알려져 있지 않다. 또 대뇌 반구들의 커다란 전두엽 부분(frontal area)도 두뇌 손상의 경우들을 통해 감정, 욕망 및 계획된 행위 능력에 관련이 있는 것으로 드러나지만 제대로 알려져 있지는 않다.

이런 부분들의 일반적인 중요성에 대한 가설 즉 그들의 기능과 그들의 축색이 다른 부분들과 갖는 연결을 알려주는 가설들이 존재한다 (그림 7.11.). 그물 모양으로 표시한 부분들은 1차(primary) 지각 피질의 영역들이다. 즉 체성 감각, 청각 및 시각의 영역이다. 촘촘한 수직선으로 표시된 부분들은 2차(secondary) 감각 피질이다. 1차 피질의 세포들은 세 가지 감각 양태 모두로 2차 피질의 세포에 정보를 전파한다. 그리고 이 2차 세포들은 1차 피질의 세포들이 받아들인 것보다 훨씬 복잡하고 추상적인 감각 입력의 특성들에 반응한다. 2차 피질은, 이제 3차(tertiary) 혹은 연합(association) 피질이라 불리는 빗금쳐지지 않은 부분에 정보를 전파한다. 연합 피질의 세포들은 최초

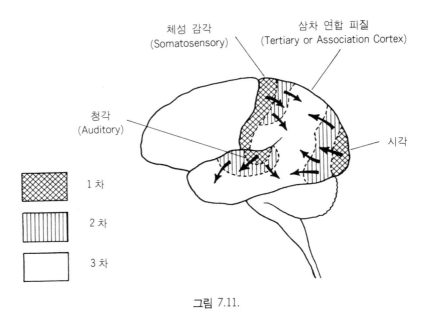

체성 감각
(Somatosensory)

삼차 연합 피질
(Tertiary or Association Cortex)

청각
(Auditory)

시각

1 차

2 차

3 차

그림 7.11.

의 감각 입력의 보다 더 추상적인 특성들에 반응하는데, 여기서 우리
는 어떤 것은 시각적 입력에 대해서만 반응하고, 어떤 것은 청각적
입력에 대해서만, 어떤 것은 촉각적 입력에 대해서만 그리고 어떤 것
은 세 가지 모두가 조합된 것에 반응하는 세포들의 혼합체를 발견할
수 있다. 감각 환경(sensory environment)에 대한 매우 추상적이고 총
체적인 두뇌의 분석은 다수의 지각 영역들 사이의 연합 피질에서 나
타나는 것처럼 보인다.

　이 두뇌의 뒷부분 또는 '지각' 부분에서부터, 정보는 두뇌의 앞 부
분 혹은 '운동' 부분으로, 즉 다양하게 가로 놓여 있는 중뇌의 통로를
통해 제3운동 영역이라 우리가 부르는 곳으로 전달된다. 이 영역은
그림 7.12.에서 빗금쳐지지 않은 앞 부분이다. 이 부분은 가장 일반적
인 계획과 의도의 형성을 담당하는 부분인 것처럼 보인다. 이 부분의
세포들은 보다 특수하게 입안된 계획과 행위의 연쇄들이 만들어지는
장소인 것처럼 보이는 2차 운동 피질로 정보를 전파한다. 이 부분은

마지막으로 신체의 여러 다양한 부분들의 매우 특수한 움직임을 담당하는 1차 운동 피질로 정보를 전파한다.

이 가설은 두뇌의 신경 구조에 잘 들어맞는다. 다시 말해 이 가설은 감각의 안내를 받아 신체 움직임을 통제하는 두뇌의 전반적 능력들과 두뇌의 여러 부위의 상처들에 의해 야기되는 특수한 인지적 결함들에 대한 상세한 연구의 결과로 드러난 두뇌 신경 구조(neuroarchitecture)에 잘 들어맞는다. 예를 들어 전두엽(frontal lobe)의 가장 앞쪽에 나타난 손상은 그 희생자로 하여금 극히 직접적이고 단순한 사실 이외에 가능한 대안적 미래의 상황들을 세밀하게 분간하거나 생각하지 못하게 만들어 놓는다.

두뇌의 전반적인 조직에 대한 앞의 간략한 소개는 고전적 견해를 나타낸 것이다. 그러나 독자들은 그런 견해가 잠정적이며 과도하게 단순화된 두뇌의 모습을 제공하고 있다는 점에 대해 주의를 해야 할 것이다. 최근의 연구들은 서로 다른 망막의 형세 분포도들이 피질 표면에 널리 흩어져 있고, 그 분포도들은 측슬형체 혹은 시상의 다른

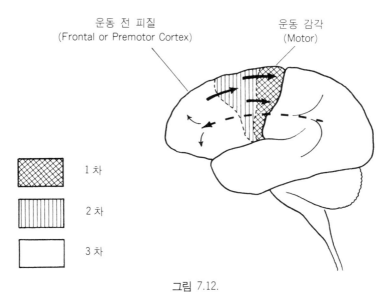

그림 7.12.

부분에서부터의 다른 전파 경로를 가지고 있다는 점을 지적하고 있다. 두뇌의 뒷부분에 있는 '2차 시각 피질'에서 그 절정을 이루는, 우리가 앞에서 논의했던, 형세 분포도의 서열 체계는 따라서 각각이 시각적 입력의 각기 다른 측면들을 처리하는 다수의 비슷한 체계들 중에 단지 하나일 뿐이다. '고전적인' 시각 체계는 하나의 주도적인 체계일 수는 있지만, 그것은 일군의 체계들과 어울려 있으며 그러한 체계들 모두는 서로 상호 작용한다. 비슷한 복잡성이 '체성 감각 피질'에도 나타난다. 이 체성 감각은 다양한 유형의 체성 감각 정보들을 즉 가벼운 접촉, 묵직한 눌림, 팔 다리의 위치, 아픔, 온도, 기타 등등을 처리하는 다수의 비슷한 체계들 중 하나일 뿐이다. 이러한 서로 다른 형세 분포도들 사이의 기능적 차이들을 분류하고 그런 분포도들의 기능적 상호 연결을 추적하는 작업은 이제 겨우 시작된 일이다. 그런 것들에 관한 지식이 늘어나면, 지각 체계의 복잡하지만 아주 평범한 능력들에 대한 우리의 평가도 같은 정도로 높아질 것이 틀림없다.

흥미있는 또 하나의 정교한 영역이 있다. 이 영역은 크기 때문이 아니라, 대뇌 피질의 매우 광범위하고 다양한 영역들로부터의 신경 전달 서열에 있어 궁극적인 목표이기 때문에 언급할 만한 가치가 있다. 그것은 커다란 대뇌 반구들 바로 아래의 전뇌 구조인 대뇌 변연계(limbic system)의 뒤쪽 끝 부분에 있는 조그마한 해마(Hippocampus)이다. 우리가 해마에로 유입되는 정보의 흐름을 거슬러서 주어진 입력들을 그 기원에까지 추적한다면, 곧 확실하게 전 대뇌 피질로 휘말려들게 된다. 해마에 손상이 생기면 단기적 기억에서 장기적 기억에로의 정보 전환이 차단된다는 사실이 드러났다. 그런 손상을 입은 환자는 상처를 입기 이전에 뿌리깊이 새겨진 보다 먼 과거의 사건들에 관한 본래적인 기억들을 제외하고는, 몇 분 전에 있었던 어떤 일에 대해서도 기억을 가질 수 없는 악몽에 빠지게 된다.

두뇌를 말초 지각 신경과 말초 운동 신경 사이에 놓인 어떤 것, 전자에 의해 통제되고 후자를 통제하는 어떤 것으로 생각하는 것은 자연스런 일이다. 진화론적인 시각에서 보면, 이 생각은 적어도 어떤 단계에서는 의미가 있다. 그러나 분절(articulation)과 자기 조절(self-modulation)의 단계에 이른 인간 두뇌의 경우에는, 어떤 자율성이 전면에 나타나게 된다. 우리의 행위는 현재 우리의 지각에 의한 것만큼이나 과거에 이루어진 우리의 학습과 미래에 대한 우리의 장기적인 계획에 의해 지배되는 바 크다. 또한 스스로 얻어 나가는 학습(self-directed learning)을 통해, 두뇌의 내적 조직의 장기적 발전은 어느 정도까지는 두뇌 자체의 통제 아래 놓이게 된다. 이러한 수단을 통해 우리는 동물의 세계에서 벗어나지는 않지만 그런 세계의 가장 창조적이며 예측할 수 없는 성원이 된다.

추천도서 ----------------------------

Churchland, Patricia, *Neurophilosophy* (Cambridge, MA : MIT Press, 1986).

Hubel, D.H., and Wiesel, T.N., "Brain Mechanisms of Vision," *Scientific American*, Vol. 241, no. 3 (September, 1979) : a special issue devoted to the various brain sciences.

Bullock, T.H., Orkand, R., and Grinnell, A., *Introduction to Nervous Systems* (San Francisco : Freeman, 1977).

Kandel, E.R., and Schwartz, J.H., *Principles of Neural Science* (New York : Elsevier/North-Holland, 1981).

Kandel, E.R., *The Cellular Basis of Behavior* (San Francisco : Freeman, 1976).

Shepherd, G.M., *Neurobiology* (New York : Oxford University Press, 1983).

7.3. 신경 심리학

신경 심리학(neuropsychology)이란 심리 현상을 두뇌의 신경 화학적·신경 생리학적·신경 기능적(neurofunctional) 활동들로 설명하고 이해하고자 하는 분과 학문이다. 우리는 앞 절에서 몇몇의 잠정적이긴 하나 흥미로운 신경 생리학적 결과들을 이미 보았다. 즉 시각 체계의 계층적 구조가 어떻게 우리로 하여금 주어진 장면에서 특정한 형태를 구별할 수 있게 해주는지 그리고 서로 이격(離隔)된 망막 표상이 두뇌 피질의 표면에서 어떻게 입체 시각을 가능케 하는지, 또 두뇌 피질의 전반적 조직이 어떻게 고도로 처리된 감각 정보들로 하여금 일반적인 행위에 관련된 계획들의 형성과 실행을 이끌어 갈 수 있게 하는지를 이미 보았다.

불행하게도, 전통적으로 신경 생리학에서 이용할 수 있는 자료들의 대부분은 두뇌의 손상, 퇴화, 불균형 등의 경우와 관련 있다. 우리가 가장 잘 이해할 수 있는 것이란 이상 심리학(abnormal psychology)의 신경 기반(neural basis)이다. 두뇌 조직은 침입해 들어오는 물체들에 의해 방해를 받을 수도 있으며, 유압이나 종양이 커짐에 따라 찌그러들 수도 있고, 부분적인 혈액 공급의 감소로 위축되거나 쇠약하게 될 수도 있고, 퇴화나 질병에 의해 선택적으로 파괴될 수도 있다. 이런 상황에 의해 나타나는 두뇌 내부의 상처의 위치에 따라 환자들의 정신적 능력의 상실이 일정하게 나타난다.

그런 상실은 지각된 색들을 분간할 수 없게 되는 경우처럼(좌반구의 보조 시각 피질과 보조 청각 피질간의 연결 장애) 사소한 것일 수도 있고, 가족들의 얼굴뿐 아니라 어떤 얼굴도 영원히 알아보지 못하게 되는 경우처럼(우반구 연합 피질의 장애) 심각한 것일 수도 있다. 또한 그런 상실은 총체적이며 영속적인 언어 이해의 상실(좌반구 보조 청각 피질 장애) 또는 새로운 사항을 기억하지 못하게 되는 경우(해마의 좌우 양측의 손상)처럼 우리를 비참하게 만들 수도 있다.

검사나 다른 진단 방법을 통해 신경 학자들(neurologists)과 신경 생리학자들은 이런 신경 계통의 장애와 수백 가지의 다른 인지적·행태적 기능의 상실들 사이의 관련을 발견할 수 있다. 이런 수단을 가지고 우리는 두뇌의 전반적인 기능 지도(functional map)를 서서히 엮어 갈 수 있게 된다. 우리는 정상적인 인간 두뇌의 기능적 전문화와 기능적 조직을 이해할 수 있게 될 것이다. 이 정보는 관련되는 영역들의 미세한 활동과 신경 구조에 대한 세밀한 파악에 이어져서 우리의 인지 능력이 실제로 어떻게 나타나게 되는지를 올바로 이해할 수 있게 해준다. 시각 체계에 있어서 입체 시각과 형태 판별 능력에 눈을 다시 돌려 보자. 우리가 그것들을 두뇌의 어느 부분에서 찾아야 할지 아는 이상, 문제되는 인지 능력을 일으키는 특정한 신경 구조를 찾기 시작할 수 있다. 아직도 무지로 인해 우리의 이해가 위축되고 있기는 하나, 대체로 여기서 낙관적 입장을 취할 충분한 이유가 있다.

방금 서술한 기능적 추적에서 두 가지 주의할 점이 있다. 첫째로, x 라는 구역에서의 장애와 어떤 인지적 기능 F 를 단순히 연결하는 것은 x 라는 구역이 F 라는 기능을 가졌다는 것을 의미하는 것은 아니다. 그것은 다만 x 라는 구역의 일부분이 F 의 수행에 어떤 방식으로 전형적인 관련을 가지고 있다는 것을 의미할 뿐이다. F 를 유지하는 핵심적인 신경 구조들은 다른 곳에 위치하고 있을 수도 있으며, 특정한 지역에 자리잡고 있는 것이 아니라 두뇌의 광범위한 구역들에 흩어져 있는 것일 수도 있다.

두번째로, 우리는 우리가 발견한 기능적 손상들과 그런 기능에 대한 특정한 위치 부여가 우리의 상식적 심리 어휘로 표현된 인지 기능들과 항상 딱 들어맞으리라고 기대해서는 안 된다. 결함이 환자의 전반적인 인격의 변화와 관련이 있을 경우에는, 종종 그 결함에 대한 기술이 어렵게 되며 그 기술(記述)을 신뢰하기도 어렵게 된다. 예를 들어 어떤 장애는 환자 자신의 신체 및 지각과 행동 모두에 있어서, 관련되는 영역의 왼쪽 부분을 환자가 전혀 의식하지 못하게 한다 (hemineglect). 환자는 그의 신체의 오른쪽만을 특별히 옷으로 가릴 것이며, 그가 왼쪽 팔을 가지고 있다는 점조차 부정할 것이다. 다른 장애들은 환자로 하여금 명료하고 이해가 갈 만한 산문을 쓸 수는 있지만, 시력이 아주 정상적인데도 그 자신 또는 다른 사람이 쓴 것은 읽거나 이해할 수 없게 만든다(alexia without agraphia). 그 밖의 어떤 장애들은 시각장(visual field)이 사라졌고 스스로가 볼 수 없음을 인정한다는 의미에서 '장님'인 환자가 어느 곳에 빛이 있는지를 100%에 가까운 정확성으로 '추측'할 수 있게 만든다(blind-sight). 또 다른 장애들은 환자가 진짜로 전혀 볼 수 없는데도 환자 자신은 그의 어설픈 행동에 대한 꾸며 낸 변명을 늘어 놓고 방 안을 더듬거리며 다니면서, 온전하게 볼 수 있다고 끈질기게 주장하도록 만든다(blindness denial).

이런 경우들은 친근한 통속 심리학의 개념들과 관련해 볼 때 놀랍고도 혼란스럽다. 어떻게 앞을 못 보면서 도대체 그런 사실을 모를 수가 있는가? 시각장 없이 볼 수 있는가? 마음껏 글을 쓸 수는 있지만 단 하나의 단어도 읽을 수 없다는 것이 가능한가? 또한 자기 자신의 신체에 달려 있는 팔과 다리를 자기가 가지고 있다는 것을 진지하게 부정할 수 있는가? 이런 경우들은 뿌리깊은 기대와는 어긋나는 것들이다. 그러나 우리는 통속 심리학이 우리의 자기 이해의 역사적인 발전에서 한 단계 이상을 대표하리라 기대할 수 없다. 그래서 그 새로운 단계를 향해 우리가 나가는 데는 신경 과학의 도움이 필요할 것이다.

우리의 신경 체계의 구조적 손상이라는 상위 단계 아래에는 화학적 활동과 화학적 변칙성의 단계가 있다. 독자들은 시냅스 연결을 통한 전달이 모든 신경 활동의 핵심적인 요소이며, 그러한 전달은 본성상 화학적이라는 점을 기억하고 있을 것이다. 자극 또는 뾰족파(spike)를 받아들이자마자, 축색 끝 부분의 구근에서는 멀리 떨어져 있는 화학적 수신자들과 상호 작용 하기 위해 시냅스의 간극을 넘어 빠르게 퍼져 나가는 신경 전달자(neurotransmitter)라 불리는 화학 물질이 방출된다. 이 상호 작용은 신경 전달자라는 화학 물질을 해체시키기에 이르지만, 해체된 물질은 재합성과 재사용을 위해 축색 끝 부분의 구근에 의해 결국 다시 모아진다.

분명히 이런 화학적 활동을 방해하거나 또는 정도 이상 확대시키는 것들은 신경의 상호 전달과 집합적인 신경 활동에 심대한 영향을 미칠 것이다. 여러 유형의 뉴런들은 서로 다른 신경 전달자들을 이용하고 있어서, 갖가지 다른 화학 약품들은 이들의 활동에 서로 다른 영향을 미치게 되므로, 화학적이고 동시에 심리학적인 매우 다양하고 폭넓은 효과들이 나타날 여지가 있다. 어떤 약은 특정한 신경 전달자의 합성을 차단시키거나 수신자의 주변을 봉쇄하여 전달의 효과를 차단시킬 수도 있고, 신경 전달자가 해체된 산물을 흡수하는 것을 막아서 그것의 재합성을 느리게 할 수도 있다. 반면에 어떤 약은 합성을 촉진시키고 수신자의 부위를 넓히고 해체된 산물들의 흡수를 빠르게 만들 수 있다. 예를 들어 알콜은 중요한 신경 전달자인 노르아드레날린(noradrenaline)의 활동을 억제하는 반면, 앰피타민즈(amphetamines)는 그 활동을 촉진시켜 정반대되는 심리학적 효과를 산출한다.

무엇보다도, 특정한 심리 작용제(psychoactive drugs)의 과도한 복용이 정신병의 주된 형태들—우울증, 편집증, 정신 분열증 등—의 증세와 매우 비슷한 증세를 나타나게 한다는 점은 중요하다. 이 점은 자연적으로 나타나는 정신 질환들이 신경 작용제들에 의해 인공적으로 만들어진 신경 화학적 변칙성과 같은 것을 포함하게 될 것이라는 가정을 낳게 한다. 이런 유의 가정들은 순수히 이론적인 관심 이상의 의미를 갖는다. 왜냐하면 만약 그런 가정들이 참인 경우, 자연적으로 발생하는 질환들은 그 질환과 정확히 반대되는 신경 화학적 효과를 나타낼 수 있는 약에 의해 조절되거나 교정될 수 있을 것이기 때문이다. 그래서 관련된 상황이 복잡하고 세부적 사항 역시 혼란스럽지만 이 가정은 그럴 듯하게 보인다. 이미프라민(imipramine)은 우울증을, 리듐(lithium)은 편집증을 그리고 클로르프로마진(chlorpromazine)은 정신 분열증을 조절한다. 완전한 것은 아니라고 말해야만 할 테지만, 이런 약들의 공인된 성공은, 정신병의 희생자들은, 기본적으로 사회적이거나 정신적인 원인의 희생자라기보다는 신진 대사에 관한 것이거나 생물학적인 원인의 즉 단순한 화학적 원인의 희생자들이라 간주할 수 있다는 견해가 옳음을 의미한다. 만약 그러하다면 그런 사실은 중요하다. 전 인구의 2% 정도가 일생의 어떤 시기에 이런 조건들 중 하나와 심각하게 접하게 되는 경험을 가지기 때문이다. 만일 우리가 정

신 질환의 주된 형태 밑바탕에 있는 복잡한 화학적 불균형의 기원과
특성을 알아 낼 수 있다면, 우리는 그런 질환을 깨끗이 치료할 수 있
거나 그런 병이 나타나는 것을 완전히 예방할 수조차 있을 것이다.

추천도서 --------------------------------

Kolb, B., and Wishaw, I.Q., *Fundamentals of Human Neuropsychology* (San Francis-
co : Freeman, 1980).
Gardner, H., *The Shattered Mind* (New York : Knopf, 1975).

7.4. 인지 신경 생물학

그 이름이 암시하듯이, 인지 신경 생물학은 살아 있는 생물체들에
게서 나타나는 특정한 인지적 행동들을 이해하려는 관심을 가지고 있
는 여러 학문의 협동 연구 분야이다. 이 분야는 다음의 세 가지 이유
로 인해 최근에 이르러 번창하기 시작했다.

첫째로 두뇌의 미시 구조에 대한 탐구와 우리의 전반적인 신경 활
동에 대한 감시를 가능하게 해주는 기술(技術)적인 측면에서 꾸준한
발전이 있었다. 현대적인 전자 현미경은 두뇌의 미시 구조의 세부적
인 사항들에 비교할 수 없을 정도로 가깝게 우리를 접근시켜 준다.
다양한 원자핵 기술은 살아 있는 두뇌를 전혀 절개하거나 분해하지
않고서도 그 내적인 구조와 신경 활동을 영상화할 수 있게 해준다.
둘째로, 이 분야의 연구는 대규모 신경망의 기능에 관해 우리를 흥분
시키는 몇몇의 **일반적 이론**들의 출현에 힘입은 바 크다. 이 이론들은
우리의 실험적 시도의 목표와 방향을 제시하며, 자연에 관해 물어야
하는 쓸모있는 질문들이 무엇인가를 알려 주는 도움을 준다. 그리고
세번째로, 현대의 **컴퓨터**는 효과적이고 노현(露顯)적인 방식으로 최근
의 이론들로 하여금 두뇌가 지닌 고도로 복잡한 구조의 기능적 속성

들을 밝혀 낼 수 있게끔 해준다. 우리는 그러한 구조들을 컴퓨터를 통해 모델화할 수 있고 여러 다양한 상황들에서 그것들이 어떻게 작동할 것인지를 알 수 있다. 그리고 나서 우리는 비슷한 상황에서 진짜 두뇌가 어떻게 행동하는지를 조사하여 이런 예측들을 검사해 볼 수 있다.

이 절에서 우리는 인지 신경 생물학의 중심적인 문제들 중 두 가지에 대해 간단히 살펴보려고 한다. 어떻게 두뇌는 세계를 표상(represent)할 수 있는가? 그리고 두뇌는 어떻게 그런 표상들을 가지고 연산(computations)을 수행하는가? 첫번째 질문을 먼저 다루어 보자. 우리와 매우 친근한 현상들에서부터 시작해 보자.

두뇌는 어떻게 저녁 노을의 색을 표상하는가? 장미 냄새는? 복숭아 맛은? 혹은 사랑하는 이의 얼굴을 어떻게 표상하는가? 이 모든 다양한 경우들에 모두 적용될 수 있는 기법, 즉 외적 특질들을 표상하거나 부호화(coding)하는 매우 효과적이며 단순한 기법이 있다. 그것이 어떻게 작동하는지 알아 보기 위해 미각의 경우를 살펴보자.

7.4.1. 감각 부호 : 미각(味覺)

사람의 혀에는 네 종류의 다른 감지 세포들이 있다. 각 종류의 세포들은 그것들과 접촉하게 되는 모든 물체에 대해 그들 나름의 특정한 반응 방식을 갖는다. 예를 들어 복숭하는 네 종류의 세포들 중 하나에 대해서는 완벽한 영향을 주게 될 것이지만 두번째 종류의 세포에 대해서는 최소한의 영향을 미치고 세번째 종류와 네번째 종류의 것들에 대해서는 중간 정도의 영향을 미치게 된다. 이런 것들을 합친, 상대적인 자극의 정확한 패턴은 복숭아가 갖는 독특한 일종의 신경 '지문'(指紋)을 구성하는 것이다.

네 종류의 세포들을 각각 a, b, c 그리고 d 라 이름붙인다면, 우리는 복숭아와 접촉할 때 나타나는 신경 자극의 4단계들을 상세히 기록함으로써 그 특정한 지문이 어떤 것인지를 정확히 기술할 수 있다. 우리가 대문자 S 를 써서 자극의 다양한 각각의 단계들을 나타낸다고 하면 〈S_a, S_b, S_c, S_d,〉와 같이 된다. 이것을 **감각 부호 벡터**(sensory coding vector) (벡터란 단지 숫자들이 나열된 목록 또는 정도들이 나열된 집합이다.)라 한다.

중요한 점은 인간이 가지고 있는 모든 미각에는 각각에 해당되는 단 하나의 유일한 부호 벡터가 존재한다는 점이다. 말하자면 인간이 가지고 있는 모든 미각은 네 종류의 감각 세포들에 걸쳐서 나타나는 자극 정도들의 패턴일 따름이다. 보다 정확히 말해서 그것은 입으로부터 그러한 작용의 정도에 관한 새로운 정보를 두뇌의 다른 부분으로 전달하는 네 가지 신경 통로에서 나타나는 뾰족 주파수들(spike frequencies)의 패턴이다.

우리는 네 종류의 미각 세포들 각각의 자극 정도를 나타내는 4개의

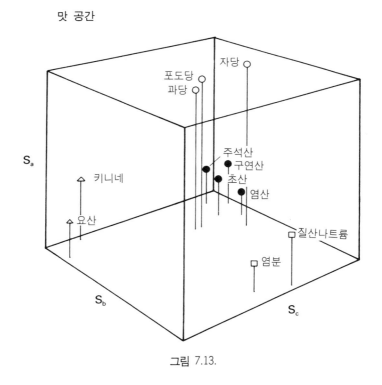

맛 공간

그림 7.13.

축을 가진 공간 즉 '맛공간'의 적절한 점(點)을 이용해서 주어진 맛을 도표로 나타낼 수 있다. 그림 7.13.은 여러 가지 맛들의 위치가 부호화된 공간을 보여준다. (이 그림에서 네 축들 중 하나는 2차원적인 페이지에 4차원 공간을 그리기가 어렵기 때문에 삭제되었다.) 흥미 있는 점은 주관적으로 비슷한 맛들은 매우 비슷한 부호 벡터들을 갖는 다는 점이다. 또한 맛공간 상의 그들의 점들 역시 매우 가깝다. 여러분들은 여러 다양한 유형의 '단' 맛들이 모두 공간의 상층부에 부호화되어 점으로 찍혀 있고 갖가지 '시큼한' 맛들은 가운데 아래 부분에 나타나고 있다는 점을 눈치챘을 것이다. 여러 가지 '쓴' 맛들은 왼쪽 아래 부분에서 나타나고 '짠' 맛들은 오른쪽 아래 부분에 머물러 있다. 공간 상의 다른 점들은 인간이 가질 수 있는 다른 미각을 모두 표시하는 것들이다. 이것은, 분명, 모든 주어진 감각은 적절한 감각 통로의 뾰족 주파수들의 집합과 같은 것일 뿐이라는 동일론자들의 주장(2장 3절)을 강화시켜 준다.

7.4.2. 감각 부호 : 색

다소간 비슷한 이야기가 색에 대해서도 타당한 것처럼 보인다. 인간의 망막에는 세 가지 유형의 서로 다른 색 감각 세포 혹은 원추체(cones)들이 있는데 각각의 유형들은 다른 빛의 파장 즉 각각 짧은, 중간, 긴 파장에 감응하게 되어 있다. 색 시각은 복잡한 문제이어서 여기서 제시될 간결한 요약은 매우 단순화된 것이 될 터이지만, 이야기의 핵심적인 부분은 서로 다른 세 유형의 원추체들 모두에 나타나는 작용 정도 패턴인 것으로 여겨진다. 여기서 감각 부호 벡터는 네 요소가 아니라 세 요소를 즉 $\langle S_{short}, S_{medium}, S_{long} \rangle$의 요소를 가진 것처럼 보인다. 그러나 여기서도 색들 사이의 유사성이 색 부호 벡터들 사이의 유사성으로 반영되거나 혹은 같은 이야기지만 3차원 '색 감각 공간'(그림 7.14.)에서의 점들의 근접성으로 나타나게 된다. 또한 주황색은 대강 빨강과 노랑 '사이'에 놓여 있다는 직관적인 생각도 직접적인 의미를 얻게 된다. 즉 색 감각이 이런 방식으로 표상된다면 주황

색에 대한 감각은 **글자 그대로** 다른 두 종류의 감각들 사이에 놓이게 될 것이다. 뿐만 아니라 색 영역의 모든 다른 '중간'색 관계에도 이 점이 적용된다.

결국 감각 부호에 대한 이런 견해가 여러 다양한 종류의 색맹 현상 역시 설명해 낼 수 있다는 점은 주목할 만한 가치가 있다. 그리 심각하지 않은 이 질병의 희생자들은 세 유형의 원추체들 중 하나(또는 그 이상)의 원추체를 가지지 못한 사람들이다. 그것은 그 환자들의 '색공간'이 셋이 아니라 단지 두 개의(또는 그 이하의) 차원 축을 가진다는 것을 의미한다. 이것은 환자들의 색 판별 능력이 예측 가능한 방식으로 감소하리라는 점을 의미한다.

7.4.3. 감각 부호 : 냄새

후각 체계는 여섯 또는 일곱 아니면 아마도 그 이상의 각기 다른

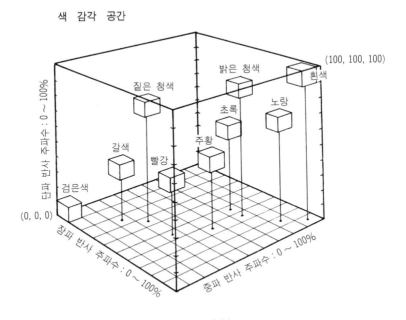

그림 7.14.

232

종류의 감각 정보 수용체들(receptors)을 포함하는 것처럼 보인다. 이것은 냄새들은 적어도 여섯 또는 일곱 가지의 다른 요소들을 지닌 뾰족 주파수들의 벡터에 의해 부호화된다는 점을 시사한다. 이것은 매우 많은, 주파수들의 서로 다른 조합들을 가능하게 해주고 따라서 굉장히 많은 다른 냄새들을 맡을 수 있게 해준다. 예를 들어 블럿하운드(bloodhound)라는 개는 7종류의 후각 수용체를 가지고 있으며 각 유형에서 30가지 다른 단계의 자극을 구분할 수 있다고 가정해 보자. 이런 가정하에서 우리는 $30 \times 30 \times 30 \times 30 \times 30 \times 30 \times 30 (= 30^7$ 혹은 220억) 개의 구분 가능한 위치들을 지닌 '냄새 공간' 전체를 블럿하운드에게 부여해야만 한다! 개들은 냄새 하나만 가지고 수백만의 사람들 가운데 한 사람을 구분해 내니 놀랄 일은 아니다.

이 모든 사실은 우리의 감각은 말하자면 적절한 감각 통로에서의 자극 정도들(뾰족 주파수들)의 집합과 동일한 것일 뿐이라 주장하는 동일론자들에게 용기를 주는 것임에 분명하다. 앞 절에서도 드러난 바 있지만, 신경 과학은 체계적이고 노현적인 방식으로 우리의 주관적 감각질들(sensory qualia)의 여러 특성들과 그들 사이의 관계를 성공적으로 재구성해 내고 있기 때문이다. 이것은 19세기에 빛은 특정한 주파수의 전자기파와 동일한 것일 뿐이라는 과학적인 주장을 유발시켰던 상황과 같은 꼴을 취하고 있다. 전기와 자기 이론 내에서 빛의 모든 친근한 특성들이 재구성될 수 있었기 때문이다.

7.4.4. 감각 부호 : 얼굴 알아보기

인간이 매우 능숙하게 구분할 수 있는 것은 얼굴 모양이다. 그런데 최근 이론에서는 얼굴 모양들도 벡터-기호화 전략으로 처리된다. 우리가 지각을 통해 감지할 수 있는 얼굴의 여러 요소들 각각에 대해서 —코의 길이, 입의 넓이, 미간의 넓이, 턱이 각진 정도 등등—상응하는 자극 단계를 갖는 감각 통로가 있다는 것을 가정할 수 있기 때문이다. 따라서 하나의 특정한 얼굴은 자극들의 유일한 벡터에 의해, 즉 지각된 얼굴의 가시적 요소들에 상응하는 요소를 지닌 벡터에 의해 부호화될 것이다.

만약 성숙한 인간이 쉽게 감지할 수 있는 얼굴 특징으로 대략 서로 다른 10가지 것이 있다고 추측한다면 그리고 우리가 각각의 특징들 내에서 적어도 서로 다른 5단계 정도를 구분할 수 있다고 한다면 우리는 적어도 5^{10}(약 1000만) 개의 구분 가능한 위치들을 가진 '얼굴 공간'을 인간에게 부여해야만 할 것이다. 우리는 보는 것 하나만 가지고도 수백 만의 사람들 사이에서 어떤 사람을 알아볼 수 있으니 전혀 놀랄 것이 없다.

물론 가까운 친척들의 얼굴은 꼭같거나 비슷한 요소들을 많이 가진 벡터에 의해 부호화될 것이다. 그것과는 대조적으로 서로가 전혀 닮지 않은 사람들의 얼굴은 매우 동떨어진 벡터들로 부호화될 것이다. 완벽한 표준형 얼굴은 중간적인 변화의 범위를 갖는 요소들만으로 구성된 벡터에 의해 부호화될 것이다. 그런데 매우 두드러진 얼굴을 가진 사람은 하나 또는 그 이상의 요소들이 극단적인 값을 갖는 벡터에 의해 부호화될 것이다. 흥미롭게도 인간의 우측 대뇌 피질의 두정엽 (parietal lobe), 즉 공간에 관한 사항 일반을 맡아 처리하는 커다란 영역에는 어떤 작은 부분이 있는데, 그것이 파괴되었을 때는 우리가 인간의 얼굴을 알아볼 수 없게 된다. 그래서 얼굴들이 부호화되는 곳은 그곳이 아닌가 추측해 본다.

7.4.5. 감각 부호 : 운동 체계

벡터 부호화의 장점은 한 사람의 신체에 있는 수천 개의 근육들 모두의 동시적인 위치 표시 같은 매우 복잡한 문제를 다룰 때 특히 잘 드러난다. 여러분들은 공간 상에 놓인 여러분 몸체의 전체적인 자세 혹은 형태에 대한 최신의 감각을 꾸준하게 연속적으로 가지고 있다. 그뿐만 아니라 그 밖의 관련된 것들에 대한 최신의 감각 역시 가지고 있다. 원하는 움직임을 이끌어 낼 수 있기 위해서 여러분은 여러분의 팔 다리가 어디서부터 움직여야 할지를 반드시 알아야만 한다. 이 점은 발레나 농구 같은 복잡한 경우에 있어서뿐만 아니라 걷는 것 같은 단순한 경우에도 적용된다.

자신의 신체적 위치에 관한 이런 감각을 자기 감응(proprioception)이라 부른다. 신체의 모든 근육들 각각이 그 근육의 수축과 이완에 관한 정보를 꾸준히 두뇌로 전달하는 그 자신의 신경 섬유를 갖고 있기 때문에 그런 감각이 가능한 것이다. 매우 많은 근육들이 있기 때문에 그것을 총괄하는 두뇌의 부호 벡터는 보통 세 가지 혹은 10가지가 아니라 대략 100가지를 넘는 요소를 갖게 될 것이다! 그러나 그것은 두뇌에게는 아무런 문제도 되지 않는다. 두뇌는 그 일을 담당하는 수십 억의 세포를 가지고 있기 때문이다.

7.4.6. 출력 부호

우리가 운동 체계에 대해 이야기하는 동안 여러분은 벡터 부호화가 감각의 입력을 부호화하는 데 있어서뿐만 아니라 움직임을 출력으로 이끌어 내는 데에 있어서도 유용하게 쓰일 수 있다는 점을 알아 차렸을지도 모르겠다. 어떤 사람이 몸을 움직이고 있을 때 두뇌는 메시지들을 신체의 각 근육에 대해 폭포같이 쏟아 붓는다. 그러나 신체가 조화있는 움직임을 보여주기 위해서는 그런 메시지들은 반드시 잘 조직되어야 한다. 즉 모든 근육들의 임무가 원하는 위치에 신체가 놓여지도록 해야 하는 것이라면, 근육은 정확한 정도만큼 수축 또는 이완을 해야 한다.

두뇌는 어떻게 이 모든 것들을 조화롭게 하나로 엮을 수 있는가? 그것은 운동 벡터(motor vector)에 의해서이다. 즉 두뇌로부터 신체의 근육으로 메시지를 전달하는 뉴런들 즉 운동 뉴런들 모두의 동시적 작용 단계들의 집합에 의해서이다. 복잡한 움직임은 일련의 신체 위치들의 연속적 변화들의 결과이며, 그런 것을 위해 두뇌는 하나가 아니라 다수의 운동 벡터들을 이끌어내야만 한다. 전형적으로, 이런 출력 벡터들은 수만의 긴 축색을 통해 척수로 들어가서 근육 자체로 연결되는 운동 뉴런을 따라 나온다. 여기서 커다란 벡터의 각 요소들은 적절한 근육과 연결되어 있는 뉴런 자극의 단계로서 나타나게 된다.

근육은 지정된 자극의 단계에 따라 수축하거나 이완하면서 그 벡터의 요소들 중 하나의 요소에 반응한다. 운동 벡터들이 잘 구성되어 있다면 이 개별적 자극들은 집합적으로 전 신체가 조화스럽고 우아하게 움직이도록 해 준다.

7.4.7. 신경 연산

이미 보았듯이 자극 벡터들은 여러 가지 자극을 다양한 맛으로, 얼굴들로 그리고 복잡한 팔 다리의 위치들로 표상하는 기가 막히게 효과적인 수단이다. 게다가 또 한 가지 중요한 점은, 그런 벡터들이 초고속 계산의 문제에 대한 매우 멋진 해결책의 일부이기도 하다는 것이 밝혀졌다는 점이다. 두뇌가 만일 벡터를 이용해 여러 다양한 감각 입력들을 부호화하고 여러 다양한 운동 출력들도 부호화한다면, 두뇌는 입력들이 일정한 방식으로 출력들을 이끌거나 혹은 **산출**해 내도록 어떻게든 연산을 수행해야만 한다. 간단히 말해서, 두뇌는 그것의 다양한 감각 입력 벡터를 적절한 운동 출력 벡터들로 변환시킬 어떤 배열 체계를 필요로 한다.

우연하게도 두뇌의 커다란 구역들은 바로 이런 종류의 변환을 수행하는 데 이상적인 미시 구조를 지녔다. 예를 들어 그림 7.15.에서 나타나는 축색들, 수상 돌기들 그리고 시냅스들의 도식적 배열을 생각해 보자. 여기서 입력 벡터 ⟨a, b, c, d⟩는 네 개의 수평 입력 축색들(horizontal input axon)에서 나타난다. 각 축색은 일정한 주파수를 가진 일련의 뾰족파들의 유입을 이끈다. 그래서 여러분이 볼 수 있는 것처럼 각각의 축색은, 하나하나가 세 개의 수직적 세포들과 이어지는 세 개의 시냅스 연결을 갖는다.
(이것들은 발견자의 이름을 따라 퍼킨지 세포라 불린다.) 모두 합해서 그것은 $4 \times 3 = 12$개의 시냅스를 만든다.

그러나 이런 시냅스 연결은 모두 동일한 것은 아니다. 그림에서도 나타나듯이 어떤 것은 크고 어떤 것은 작다. 문자들 p_i, q_j, r_k는 그들의 등급을 나타낸다. 각각의 시냅스 연결들이 세포들에서 야기할 자

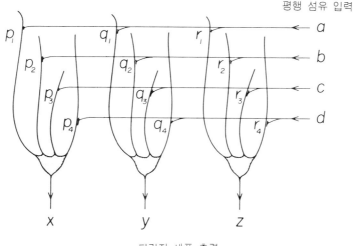

퍼킨지 세포 출력

그림 7.15.

극의 정도를 계산하려면 시냅스 연결의 크기에 유입해 들어오는 축색의 뾰족 주파수를 곱하기만 하면 된다. 자극을 받아들이는 퍼킨지 세포의 **총체적인** 자극의 양은 4개의 시냅스 효과들의 총합일 뿐이다.

　퍼킨지 세포들은 일련의 뾰족파들을 그 자신의 출력 축색으로 내려보낸다. 이 때 그 일련의 뾰족파들은 다양한 입력들이 그 세포에 야기한 총체적인 자극의 함수가 되는 주파수를 갖는다. 세 개의 퍼킨지 세포 모두가 이 일을 하므로, 체계의 출력은 분명히 또 다른 벡터 즉세 요소를 갖는 벡터가 된다. 명백히, 우리의 이 작은 체계는 어떤 4차원 입력 벡터라도 그것을 전혀 다른 3차원 출력 벡터로 변형시킬 것이다.

　전체적인 변형의 본성을 규정하는 것은 물론 다양한 시냅스 연결들 사이에 나타나는 **크기**의 분포이다. 이런 연결 강도들(strengths)은 보통 **가중치**(weights)라 불린다. 우리가 이런 종류의 체계에서 시냅스 가중치의 분포를 상세히 정한다면, 우리는 모든 입력으로 들어오는 벡터들에 대해 그 체계가 수행하게 될 변형의 성격을 낱낱이 규정한 것이 된다.

7.4.8. 소뇌

그림 7.15.의 벡터 변형 체계는 예를 들기 위해 매우 단순화된 도식적인 스케치일 뿐이다. 그러나 비록 훨씬 큰 규모이긴 하나 모든 동물들의 소뇌에서도 같은 유형의 세포 조직체가 나타난다.

도식적 단면 : 소뇌

(세포의 수와 섬유의 밀도는 도식상 축소되었음)

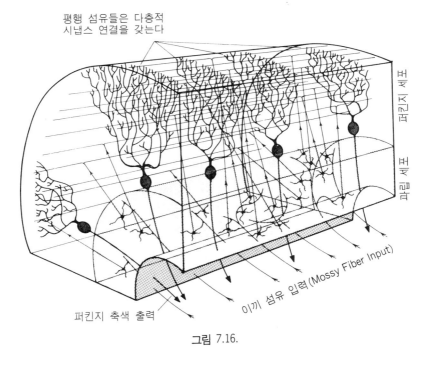

그림 7.16.

그림 7.16.에서 우리는 소뇌 피질의 작은 부분을 이끼 섬유 입

238

력들(mossy fiber inputs)이 과립 세포들을 통해 그들의 다양한 뾰족파들을 끌어들여, 각각 다른 많은 퍼킨지 세포로 이루어진 수상 돌기들의 숲에서 복합적인 시냅스 연결을 갖는 평행 섬유들(parallel fibers)에로 그 뾰족파들을 이끌어가는 것을 볼 수 있다. 이렇게 하여 각각의 퍼킨지 세포는 유입된 자극들을 모아서 자신의 축색으로 일련의 출력 뾰족파들을 내려 보낸다. 이런 퍼킨지 축색들의 전체적인 활동들이 모아져서 소뇌의 출력 벡터가 구성된다.

그림 7.16. 역시 단순화된 것이다. 왜냐하면 진짜 소뇌에는 수백 만의 평행 섬유들, 수십 만의 퍼킨지 세포들 그리고 수십 억의 시냅스 연결들이 있기 때문이다. 이런 상황에 접하여, 입력 벡터는 수백 만의 요소들을 갖게 되고 출력 벡터는 수십 만의 요소를 갖게 된다. 물론 진짜 벡터들의 각각의 요소들이 중복되게 부호화될 수도 있다는 의미에서 상당한 양의 반복이 있을 가능성이 있기는 하겠지만. 어떠한 경우든, 우리는 여기서 신체의 근육 체계를 조정하기에 충분히 큰 수의 부호 벡터들을 가지게 되는 것이다. 그리고 그 점이 정확히 소뇌가 하는 일인 것처럼 여겨진다. 소뇌의 주된 출력은 척수로 내려가서 근육들에 이르게 된다. 그래서 만일 소뇌가 심하게 손상되거나 혹은 제거되면, 그런 일을 당한 사람의 자발적인 신체 움직임은 절뚝거리거나 방향을 잡지 못하거나 조화를 이루지 못하고 뒤죽박죽 뒤엉키는 것들이 된다.

소뇌에서 나타나는 것과 같은 종류의 '연산' 체계에 관하여 우리가 알고 있어야 하는 세 가지 중요한 점이 있다. 첫째로, 그런 체계는 작은 손상이나 산발적인 세포 소멸에 매우 강하다. 이 체계는 각각이 벡터들의 전반적인 변형의 아주 작은 부분만을 담당하는 수십 억의 시냅스 연결로 구성되어 있기 때문에, 여기저기서 나타나는 수천의 시냅스 연결들의 손실은 신경망의 총체적인 움직임을 거의 변화시키지는 않을 것이다. 노쇠의 자연적인 과정을 통해 점차적으로 소멸해 가는 세포들의 경우에서처럼, 신경망 전체에 걸쳐 불규칙적으로 흩어져 나타나는 한, 수백 만의 시냅스 연결의 손실도 이 체계는 감당할 수 있다. 따라서 소뇌의 연산의 능력은 급격히 떨어지는 것이 아니라 점차적으로 쇠퇴해 가는 것이다.

둘째로, 이런 종류의 강력한 병렬 체계는 벡터 대 벡터 변형을 즉 각적으로 해치울 것이다. 각각의 시냅스는 그 자신의 '연산'을 다른 시냅스와 거의 동시적으로 해내기 때문에, 출력 벡터를 만들어 내는 데 필요한 수십 억 또는 그 이상의 연산들은 하나하나 순서에 따라 진행되는 것이 아니라 단번에 이루어진다. 출력 벡터는 입력 벡터가 신경망을 건드린 후 10밀리세컨드(100분의 1초) 이내에 근육으로 향하게 될 것이다. 시냅스들이 중앙 처리 장치보다는 훨씬 느리고, 축색의 뾰족파 전달이 전기적 전달보다 굉장히 느리다고 하더라도, 소뇌는 이런 총체적인 계산을 가장 빠른 직렬 컴퓨터보다 수백 배 빨리 수행한다. 이 체계의 강력한 병렬 구조가 그런 차이를 만든 것이다.

셋째로 이런 신경망은 기능적으로 수정 가능하다. 전문적인 용어로 이야기하면, 그것들은 가소적(plastic)이다. 그것들은 다만 그들의 시 냅스의 가중치들을 전부 혹은 일부 변화시킴으로써 벡터 변형의 특징 을 바꿀 수 있다. 이 점은 중요한 사실이다. 왜냐하면 그것은 체계 가, 1차적으로, 조정된 움직임을 밖으로 드러내는 방법을 배우고 난 후에도, 팔과 다리의 크기와 무게가 나이가 들게 되면서 점차 변화하 는 경우 계속적으로 그 방법을 반드시 재학습할 수 있어야 하기 때문 이다. 그런 학습이 어떻게 나타나게 되는지에 관해서는 우리가 곧 논 의해 볼 것이다.

간략하게 정리해 보면, 이런 종류의 신경망들은 연산에 있어 강력 하고, 손상에 잘 견디고, 신속하며, 수정 가능하다. 게다가 우리가 다음 절에서 곧 보게 될 테지만, 이런 신경망의 장점은 거기서 끝나 는 것이 아니다.

추천도서 ------------------------------

Llinas, R., "The Cortex of the Cerebellum," *Scientific American*, 232, no. 1 (1975).

Bartoshuk, L.M., "Gustatory System," in *Handbook of Behvioral Neurobiology*, Vol. I, *Sensory Integration*, R.B. Masterton, ed. (New York : Plenum, 1978).

Pfaff, D.W., *Taste, Olfaction, and the Central Nervous System* (New York : Rockefeller University Press, 1985).

Land, E., "The Retinex Theory of Color Vision," *Scientific American*, 237, no. 6 (Dec., 1977).

Hardin, C.L., *Color for Philosophers* (Indianapolis : Hackett, 1987).

Dewdney, A.K., "A Whimsical Tour of Face Space," in the Computer Recreations section of *Scientific American*, Vol. 255(Oct., 1986).

Pellionisz, A., and Llinas, R., "Tensor Network Theory of the Metaorganization of Functional Geometries in the Central Nervous System," *Neuroscience*, Vol. 19 (1986).

Churchland, P.M., "Some Reductive Strategies in Cognitive Neurobiology," *Mind*, Vol. 95, no. 379 (1986).

Churchland, P.S., *Neurophilosophy* (Cambridge, MA : The MIT Press, 1986).

7.5. AI 재검토 : 병렬 분산 처리

AI 역사에서 매우 이른 시기였던 50년대 후반에는 인공 '신경망' (neural networks) 즉 생물학적인 두뇌를 모델로 하고 있는 하드웨어 체계에 대한 상당한 관심이 있었다. 애초에 그런 것들이 보여준 매력에도 불구하고 이 제1세대 인공 신경망은 심각한 한계를 보여주고 있었으며, 그래서 그것들은 곧 '프로그램 작성'(program-writing) AI 기법들에 의해 빛을 잃게 된다. 바로 이 후자의 기법도 우리가 6장의 마지막 부분에서 보았듯이 중대한 한계점을 가지는 것으로 밝혀졌기 때문에 최근 수년 동안에는 그 이전의 접근법에 대한 관심이 되살아 나고 있다. 최초의 한계점들이 극복된 상황에서 인공 신경망은 드디어 참된 잠재력을 드러내기 시작하고 있다.

7.5.1. 인공 신경망 : 그 구조

그림 7.17.에서 나타나 있는 방식으로 연결되어 있는 단순하고, 뉴런 같은 장치들로 구성되어 있는 신경망을 생각해 보자. 가장 아래 부분의 장치들은 체계 외부의 환경으로부터 자극을 받는 감각 장치라 생각해 볼 수 있을 것이다. 이런 장치들 각각은, 장치가 받아들인 자극 정도의 함수가 되는 강도를 지닌 출력을 그 자신의 '축색'을 통해 밖으로 내보낸다. 축색은 다수의 말초 분기선(terminal branches)에 의해 나누어지며, 그 출력 신호의 복사판이 두번째 단계의 각 장치로 전달된다. 이 단계의 장치들을 **감추어진 장치들**(hidden units)이라 하는데, 가장 아래 부분의 장치들은 이들 각각과 다양한 '시냅스 연결'을 갖는다. 각 연결은, 통상 이야기되고 있는 바, 일정한 강도 또는 **가중치**(weight)를 갖는다.

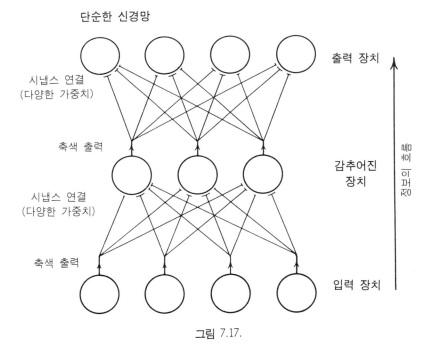

그림 7.17.

242

체계의 중간 이하 부분은 앞 절에서 다루어진 신경 기반들(neural matrices)과 매우 닮은, 벡터를 다른 벡터로 바꾸는 또 다른 변형 장치일 뿐이다. 우리가 가장 아래 부분의 장치들에 자극을 준다면, 우리가 일으킨 자극의 정도들의 집합(입력 벡터)은 감추어진 장치들에로 올려 보내질 것이다. 그러는 가운데 입력 벡터들은 다양한 작용들에 의해 변형된다. 즉 입력 벡터는 가장 아래 부분을 구성하는 세포들이 갖는 출력 함수에 의해서, 또 많은 시냅스들에 내재하는 시냅스 연결 가중치의 패턴에 의해서 그리고 감추어진 요소 각각의 내부에서 벌어지는 수렴 작용(summing activity)에 의해서 영향을 받는다. 이러한 작용의 결과는 감추어진 장치를 거쳐서 나타나는 자극 정도의 패턴 또는 그것들의 집합 즉 또 다른 벡터의 산출이다.

감추어진 장치들에서 나타나는 자극 벡터는 이제 체계의 중간 이상 부분에 대해서는 입력 벡터의 구실을 하게 된다. 감추어진 장치들로부터 뻗어 나가는 축색들은 가장 상위 단계의 장치들과 다양한 가중치의 시냅스 연결을 갖는다. 이런 것들이 출력 장치가 되며, 그것들 안에서 마지막으로 나타나게 되는 자극 정도의 총체적 집합은 출력 벡터가 된다. 이 신경망의 중간 윗부분은 따라서, 벡터를 다른 벡터로 바꾸는 또 다른 변형 장치일 뿐이다.

이 상호 연결의 일반적 틀을 유지하면서, 우리는 처리되어야 하는 벡터들의 크기에 따라 원하는 수만큼의 입력 장치, 감추어진 장치 그리고 출력 장치들을 정확하게 만들어 낼 수 있다. 또한 그러한 신경망이 실제 문제에 직면했을 때 어떤 일을 할 수 있을까 생각해 본다면 우리는 비로소 2층 배열이 갖는 의미를 이해할 수 있게 된다. 명심해야 할 점은, 우리가 원하는 벡터 변형 장치를 얻을 수 있도록 전체적인 시스템 내에서 시냅스 가중치를 변화시킬 수 있다는 점이다.

7.5.2. 지각 인식 : 사례에 의한 학습

우리가 가지고 있는 표본적 문제는 다음과 같다. 우리는 잠수함의 지휘관들인데, 이 잠수함의 임무는 바닥에 기뢰가 흩뿌려져 있는 적의 항구의 앞바다까지 잠수함을 몰고 가는 것이다. 우리는 이 기뢰들을 피해야 하는데, 적어도 우리의 수중 음파 탐지기로 그것들을 찾아낼 수 있다. 이 수중 음파 탐지기는 음파를 내보내며 바닥에 놓여 있는 물체에서 음파가 되튀겨 오는 경우 돌아오는 메아리를 감지한다. 불행하게도 웬만한 크기의 **바위**도 음파 탐지기의 울림을 되돌려 보내는데, 그것은 진짜 기뢰가 되돌려 보내는 메아리와 보통의 귀로 손쉽게 구분되지 않는다(그림 7.18.).

이 점은 우리를 허탈하게 만든다. 왜냐하면 목표가 되는 항구 바닥에는 상당히 큰 바위들도 많기 때문이다. 게다가 기뢰들의 모양이 다양하고, 접근하는 음파의 방향에 대해 다양하게 기뢰가 설치되어 있다는 사실로 인해 상황은 더욱 복잡하게 된다. 그 점에 있어서는 바위도 마찬가지이다. 결국 각 유형의 물체들, 즉 바위나 기뢰들에서 되돌아 오는 반사파는 한 종류의 물체의 반사파인 경우에도 매우 다양하게 나타나게 된다. 언뜻 보기에 이 상황은 구제할 길 없이 혼란스럽게 보인다.

어떻게 우리는 기뢰의 반사파를 무해한 바위의 반사파와 구분하여 우리의 임무를 자신있게 수행할 것인가? 다음과 같이 하면 된다. 먼저 우리는 녹음 테이프로 우리가 알고 있는 바 다양한 종류와 다양한 위치의 진짜 기뢰들의 반사파들을 하나의 커다란 유형으로 만든다.

기뢰

음파 신호

바위

그림 7.18.

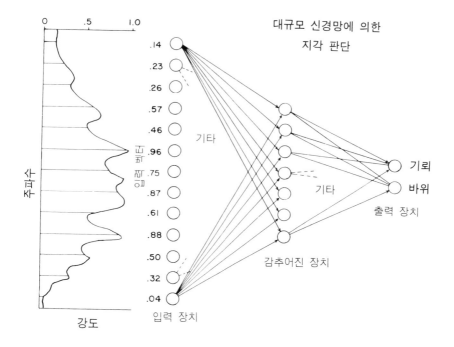

그림 7.19.

이 기뢰들은 우리가 실험을 할 목적으로 우리 해안의 바닥에 의도적으로 부설했던 것들이다. 우리는 같은 작업을 다양한 종류의 바위들에 대해서도 할 뿐 아니라 어떤 반사파가 어떤 것으로부터 나오는 것인지도 세심하게 찾아낸다. 이리하여 결국 각각에 대해 50가지의 견본들을 얻게 되었다고 해보자.

그리고 나서 우리는 각각의 반사파들을 간단한 스펙트럼 분석기에 넣는다. 이 분석기는 그림 7.19.의 왼쪽 부분에 나타나는 것과 같은 종류의 정보를 내어 놓는다. 이것은 주어진 반사파들을 구성하는 다양한 소리의 주파수들에서 그 반사파의 소리 에너지가 어느 정도인지를 알려 줄 뿐이다. 이것은 주어진 반사파의 전반적인 성격을 양화(量化)시키는 하나의 방법이다. 이 분석이 그 자체로서는 우리에게 큰 도움이 되지는 않는다. 왜냐하면 그렇게 해서 모아진 그림들이 반사파들 사이에서 나타나는 명백한 통일성이나 규칙적인 차이들을 아직은 나타내 주고 있는 것 같지는 않기 때문이다. 그런데 이제 신경망 하나를 그림으로 나타내 보자. (그림 7.19.를 다시 보라, 그 오른쪽 부분을. 이것은 고르맨 (Gorman)과 세이유놉스키 (T.J. Sejnowski)가 발견한 신경망의 단순화된 형태이다. 이것은 그림 7.17.과 같은 것이 왼쪽으로 돌려진 그림이라는 점을 주의하라.)

이 신경망은 그림 7.17.의 단순한 신경망과 같은 방식으로 조직되었다. 그러나 이것은 13개의 입력 장치, 7개의 감추어진 장치, 2개의 출력 장치 그리고 합해서 105개의 시냅스 연결을 갖고 있다. 각장치의 작동 단계는 0과 1 사이에서 변하게 된다고 하자. 체계의 시냅스 가중치는 필요한 값이 어떤 것이든 그것에 따라 조정될 수 있다는 점도 기억하자. 그러나 우리는 어떤 값이 필요한지 모른다. 그래서 실험을 시작할 때는 시냅스 연결에 임의적인 가중치들이 부여된다. 그래서 이 신경망이 수행하는 변형은 우리에게 전혀 쓸모 없는 것이 될 가능성이 높다. 그러나 우리는 다음과 같이 해 나간다.

우리는 견본들 중 하나의 기뢰 반사파를 꺼내서, 주파수 분석기를 가지고 13개의 다른 주파수에서의 에너지 수준을 표본으로 만들어 낸다. 이것은 우리에게 13가지의 요소들을 지닌 입력 벡터를 제공한다. 이제 우리는 그림 7.19.에 지시된 바대로, 적절한 정도로 13개의 입력 장치 각각을 자극함으로써 이 벡터를 신경망에 집어 넣는다. 이 벡터는 2층으로 된 신경망을 통해 날쌔게 앞으로 퍼져 나가서 출력 장치에 있는 두 요소의 출력 벡터들 중 하나를 만들어 낸다. 이 신경망이 만들어 냈으면 하고 우리가 **바라는** 벡터는 〈1, 0〉인데 이것은 기뢰가 부호화된 것으로 우리가 정한 출력 벡터이다. 그러나 임의적인 가중치로 인해 올바른 출력이 나온다는 것은 기적과 같은 일이다. 그것은 우연히 나타난 매우 평범한 〈.49, .51〉 같은 벡터를 만들어 낼 것이 뻔한데, 그것은 우리에게 주어진 것이 기뢰의 반사파인지 바위의 반사파인지 아무것도 알려 주지 않는다.

그러나 용기를 잃어서는 안 된다. 우리는 우리가 가지고 있는 벡터와 우리가 원하는 벡터 사이의 차를 손쉬운 뺄셈을 통해 계산한다. 그리고 일반화된 삼각법(generalized delta rule)이라 불리는 특별한 수학적 규칙을 이용하여 체계 내의 가중치들의 작은 변화들을 계산한다. 여기서, 우리의 생각은 이 신경망의 잘못된 출력에 가장 관계깊은 가중치들을 바꾸려는 것이다. 가중치들은 그런 방침에 따라 조정된다.

그리고 나서 우리는 또 다른 반사파의 견본을—아마 이번에는 바위의 것을—체계에 집어 넣고 〈0, 1〉의 출력 벡터가 나오길 기대한다. 이 출력 벡터는 바위가 부호화된 것으로 우리가 정한 출력 벡터이다. 실지로 나타나는 출력 벡터는 아마 〈.47, .53〉 같은, 또다시 우리에게 실망을 안겨 주는 것이 될 것이 거의 확실하다. 또다시 우리는 잘못된 정도를 계산하고 가중치를 조정하는 데 필요한 우리의 특별한 규칙을 다시 적용한다. 그리고 나서 세번째 견본에 대해서 다시 한 번 시도해 본다. 그런 식으로 계속해 나간다.

우리는 이 일을 수천 번, 혹은 수만 번 한다. 그렇게 하기 싫다면, 우리는 보통의 재래식 컴퓨터에 프로그램을 해서 그것의 기억 장치로 하여금 우리가 기록한 견본들을 내장하도록 해서 컴퓨터가 우리를 이끄는 선생님 구실을 하면서 우리를 위해 그 모든 일을 하게 할 수 있다. 이것을 신경망을 훈련시키는 것(training up the network)이라 부른다. 다소 놀랍게도, 체계가 입력 벡터가 오직 기뢰인 경우에만 출력 벡터 〈1, 0〉(또는 그것에 근접하는)을 내놓고, 입력 벡터가 오직 바위인 경우에만 출력 벡터 〈0, 1〉(또는 그것에 근접하는)을 내어 놓게 되는 데까지 가중치들의 집합이 점차적으로 이동해 가는 결과가 발생한다.

이 모든 것에 관련하여 거론할 만한 가치가 있는 첫번째 사실은 체계로 하여금 기뢰의 반사파와 바위의 반사파를 매우 정확하게 구분해 낼 수 있게끔 해주는 시냅스 가중치들의 집합이 **존재한다**는 것이다. 기뢰의 반사파를 바위의 반사파로부터 분리해 주는 특징이 되는 대략적인 내적 틀이나 추상적 조합의 존재가 밝혀지고 있기 때문에 그런 집합은 존재한다. 그래서 훈련된 신경망은 그 개략적인 틀에 맞게 이력

저력 조정되는 것이다.

신경망을 훈련시킨 뒤에 우리가 두 종류의 자극들 각각에 해당되는 **감추어진** 장치의 벡터 활동을 검토해 본다면 우리는 그 벡터들이 전혀 관련이 없는 두 부류를 형성하고 있음을 발견할 수 있다. 원한다면 각각의 축이 각각의 감추어진 장치의 활동 단계에 해당되는 7개의 축을 가진 공간 즉 추상적인 '벡터 부호 공간'을 생각해 보라. (이 공간을 그림 7.13.과 7.14.에서 나타나는 추상적인 감각 부호 공간의 방식을 쫓아 생각해 보라. 유일한 차이는 이 공간은 계층적인 단계의 처리에 있어서 세포들의 보다 큰 활약 정도를 표현하고 있다는 점이다.) 감추어진 장치들을 통틀어서 나타나는 '기뢰와 유사한' 벡터들은 어떤 것이든 감추어진 장치들의 가능한 벡터 공간의 커다란 하위 공간에 놓이게 된다. 그리고 '바위와 유사한' 모든 벡터들은 커다란 그 추상적 벡터 공간 내에서 앞의 것과는 전혀 **다른**(서로 겹치지 않는) 하위 공간에 놓인다.

훈련된 신경망에서 감추어진 장치들이 하는 일은 기뢰의 반사파들의 피상적 다양성을 넘어서 있는 어떤 추상적인 구조적 특성들, 즉 그들 전부 또는 거의 전부가 갖는, 구조적 특성들을 성공적으로 부호화하는 것이다. 또한 그것은 바위의 반사파에 대해서도 같은 일을 한다. 그 장치는 결국 기뢰와 바위 각각에 대해 서로 다른 부호 벡터들의 집합을 설정하도록 가중치들의 집합을 찾아냄으로써 이 모든 일을 해 낸다.

감추어진 장치들의 수준에서 이런 종류의 성공이 거두어진다면, 그림에서 나타난 훈련된 신경망의 오른쪽 절반이 하는 일은 기뢰와 유사한, 감추어진 장치의 모든 벡터들을, 출력의 단계에서 벡터 ⟨1, 0⟩과 비슷한 것으로 그리고 바위와 유사한, 감추어진 장치의 모든 벡터들은, 출력의 단계에서 벡터 ⟨0, 1⟩과 비슷한 것으로 단순히 변형시키는 것이다. 간단히 이야기해서 그것은 감추어진 장치의 벡터 공간의 두 하위 공간들을 구분하는 법을 배우는 것이다. 각 하위 공간의 중심부에 가깝게 위치하게 되는 벡터들은—이들은 각 유형의 벡터들의 '원형적'(prototypical)' 표본들이다—출력 단계에서 명확한 판별을 제공하는 것들이다. 두 하위 공간들의 경계선에 가깝게 위치하고 있는 벡터들은 아마도 〈.4, .6〉과 같은 훨씬 덜 분명한 반응을 제공하는 것들이다. 따라서 어떤 물체에 대한 신경망의 '추측'은 그렇게 신뢰할 만한 것이 아니다. 그러나 그렇다 하더라도 그것은 꽤 믿을 만한 것일 수 있다.

이런 과정의 멋진 부산물은 다음과 같은 것이다. 만약 이 신경망에게, 이제, 바위의 반사파들과 기뢰의 반사파들의 전혀 **새로운** 견본들이—그 이전에는 전혀 접하지 못했던 것이—주어진다면, 그 신경망의 출력 벡터들은 최초의 훈련에서 100개의 견본들을 처리하는 과정 중에 나타난 정확성에 뒤지지 않는 정확성으로, 즉시 그 새로운 견본들을 올바르게 분류할 것이다. 새로운 견본들은, 참신하기는 하지만, 역시 감추어진 장치의 단계에서 두 개의 구분 가능한 하위 공간들로 나뉘어 각각에 속하게 될 벡터들을 만들게 된다. 간단히 이야기하면, 체계가 이미 획득한 '지식'은 새로운 경우들에도 믿을 만하게 일반화된다는 것이다. 우리의 체계는 결국 적의 항구를 향해 더듬어 나아갈 준비가 갖추어진 셈이다. 우리는 다만 그 체계에 음파 탐지기에서 발사되어 되돌아 오는 위협적인 반사파를 집어 넣기만 하면 된다. 그러면 그 출력 벡터들은 우리가 기뢰에 접근하고 있는지 아닌지를 알려 줄 것이다.

여기서 흥미로운 점은 서술되고 있는 장치에 대해 제기되고 있는 군사적인 응용이 아니다. 나는 단지 극적인 효과를 위해 그런 맥락을 이용했을 뿐이다. 현존하는 해군의 기술력으로 이미 우리는 모래 바닥 위에 놓인 맥주 깡통을 식별할 수 있으며, 전혀 다른 분석의 원칙을 이용하여 그 상표 이름조차 추측해 낼 수 있다. 흥미를 끄는 것은, 오히려 그런 **단순한** 체계가 위에서 서술된 것과 같은 복잡한 식별 작업을 수행할 수 있다는 점이다.

이런 적절히 조정된 신경망이 그러한 일을 정말 하게 된다는 점이 첫번째로 경이스런 일이다. 두번째의 경이는 신경망은 임의적인 가중

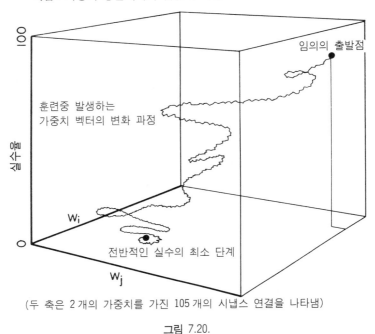

학습 : 가중치 공간에서의 점진적 하강

임의의 출발점

훈련중 발생하는
가중치 벡터의 변화 과정

실수율

100

0

W_i

W_j

전반적인 실수의 최소 단계

(두 축은 2 개의 가중치를 가진 105 개의 시냅스 연결을 나타냄)

그림 7.20.

치들의 구성에서부터 출발하긴 하지만, 그 신경망이 필요한 가중치들의 구성을 성공적으로 형성하게 해줄 규칙이 존재한다는 점이다. 그 규칙은 체계로 하여금 우리가 제공한 100개의 견본들을 처리하면서 그것이 저지르는 실수에서부터 배우게끔 한다. 이 과정은 **실수의 역확산산에 의한 자동적 학습**(automated learning by the back-propagation of error)이라 불리는데, 이것은 무지막지하게 효과적이다. 왜냐하면 이 방법은 애초에 우리가 혼란과 혼동만을 거듭했던 그런 경우에도 종종 체계 스스로가 질서와 구조를 발견하도록 해줄 것이기 때문이다. 이 학습의 과정은 **내리받이 통제**(gradient descent)의 한 예이다. 왜냐하면 우리는 가중치 구성의 변화를 에러 메시지(error message)가 점점 0에 가까워지는 가장 깊은 골짜기의 정확한 영역에 도달할 때까지, 점차 감소하는 실수의 내리받이 길을 미끄러져 내려오는 것으로 생각할 수 있기 때문이다. (이런 과정을 부분적으로 표현하고 있는 그림 7.20.을 보라.) 그런 낮은 실수의 가능성으로 인해 더 이상 학습의 효율은 오르지 않고 자연스럽게 떨어질 테지만, 그 순간 이 체계는 고도의 신뢰성을 얻게 된다.

많은 반사파들의 견본을 가지고 신경망을 훈련시키는 것은 두세 시간이 족히 걸리는 일이 될지도 모른다. 그러나 일단 체계가 훈련되면, 그것은 어떤 견본에 대해서도 즉각적으로 판결을 내리게 될 것이다. 이 신경망은 병렬 체계이기 때문에 입력 벡터의 많은 요소들을 단번에 변형시킨다. 결국 우리는 여기서 복잡한 형태의 대상에 대해 살아 있는 동물들보다 시간적으로 빠르거나 같은 '지각'의 식별력을 손에 넣게 된 것이다.

7.5.3. 부가적인 사례들과 일반적 소견들

병렬 신경망의 작동에 관한 몇몇의 실질적인 세부 사항들을 보여주기 위해서 나는 바위/기뢰 신경망에 초점을 맞추었다. 그러나 이 사례는 많은 것들 중 하나에 불과하다. 기뢰의 반사파가 다른 소리들과 구분되어 식별될 수 있다면 적절히 훈련된 이 일반적인 종류의 신경망은 영어를 구성하는 다양한 음소들(phonemes)을 판별할 수 있어야만 하고, 전통적인 AI 프로그램이 그러했듯이 사람들의 특색있는 목소리들에서 나타나는 폭넓은 차이들에 조금도 골머리를 앓아서는 안 된다. 매우 효율적인 발화 식별기(speech-recognition machine)는 이리하여 이제 우리 손 안에 놓이게 된다.

이 신경망들의 재능에는 본질적으로 청각적인 것이라고는 전혀 없다. 게다가 그것들은 복잡한 시각적 형태들 또한 거뜬히 식별할 수 있게 '훈련'될 수 있다. 최근의 신경망은 물체 표면의 희미한 명암만을 드러내는 그림만 가지고도 부드럽게 만곡을 그리고 있는 물체 표면의 방향과 3차원적인 모습까지 우리에게 알려 줄 수 있다. 말하자면, 이 신경망은 '형태와 그림자'(shape-from-shading)의 문제를 푼 것이다. 또한 일단 훈련을 받으면, 이런 신경망은 어떤 새로운 견본들에 대해서도 거의 즉각적으로 출력 판결을 내린다.

이런 신경망의 재능에는 본질적으로 지각에 관한 것이라고는 역시 아무 것도 없다. 그런 신경망들은 다른 경우에서와 마찬가지 정도로 쉽사리 흥미있는 운동 출력을 내도록 사용될 수도 있다. 상당히 거대한 신경망은 예를 들어 인쇄된 서류를 들을 수 있는 말로 바꾸는 문제를 해결하는 방법을 이미 학습했다(세이유놉스키와 로젠버그의 NETtalk). 이 체계는 입력 문자들에 대한 벡터 부호화 계획과 출력 음소들에 대한 벡터 부호화 계획을 사용하여 벡터에서 벡터에로의 적절한 변형을 학습하게 된다. 인쇄된 단어들을 평범한 영어로 발음하는 것을 배우는 것이다. 그런데 이 체계는 따라야 할 어떠한 규칙도 제공받음 없이 이 일을 해치운다. 이것은 결코 하찮은 재주가 아니다. 특별히 표준 영어 철자법에서 나타나는 불규칙성이 주어질 때는 더욱 그러하다. 이 체계는 단지 "a"라는 문자를 어떤 소리로 바꾸는 법만을 배워야 하는 것이 아니다. 그것은 "a"가 "save"에서 나타났을 때는 어떤 소리로, "have"에서 나타났을 때는 다른 소리로 그리고 "ball"에서 나타났을 때는 또 다른 소리로 바꾸는 법을 배워야만 한다. 그것은 "city"에서는 "c"가 부드럽고, "cat"에서는 c가 강하게 발음된다는 것을 배워야만 한다.

물론 처음에는 이 체계가 그런 것들을 전혀 할 수 없다. 인쇄된 서류를 입력시켰을 때, 그 체계는 소리 합성기를 통해 어린 아이가 주절거리듯 "나나누우 누누나나" 같은 의미없는 출력 벡터를 내놓는다. 그러나 이 잘못된 벡터들 각각은 이 과정을 감시하고 있는 표준 컴퓨터에 의해 분석된다. 신경망의 가중치들은 일반화된 삼각법에 의해 조정된다. 그래서 주절거림의 수준도 점차 향상된다. 1000단어의 견본들로 10시간 정도 훈련을 받은 후, 임의적인 영어 구절이 주어졌을 때 이 체계는 일관적이고 알아들을 수 있는 말을 내뱉게 된다. 그것도 체계 내부에 어느 곳에도 이 일을 처리할 분명한 규칙이 나타나 있지 않은 채로 이런 일을 하는 것이다.

이 일반적인 종류의 병렬 신경망이 수행할 수 있는 변형에는 어떠한 제한이 있을 수 있는가? 이 분야의 연구자들 사이에서 현재 나타나고 있는 의견은 이 새로운 신경망들은 50년대 후반에 나타났던 신경망이 가지고 있지 않았던 중요한 특성들을 가지고 있기 때문에 어떠한 이론적 한계도 없다는 쪽으로 모아지고 있다. 가장 중요한 점은 어떤 장치에서든 산출되는 축색 출력 신호는, 그 장치 내의 자극의 정도 그 자체 혹은 그것의 '선형적인'(linear) 함수가, 아니라는 점이다. 오히려 그것은 일종의 S 곡선(S-curve)을 따른다. 이 단순한 곡선은 신경망으로 하여금 소위 말하는 비선형적(nonlinear) 변형이라 불리는 것을 계산할 수 있게 해주며 더 나아가 신경망이 다룰 수 있는 문제의 영역을 눈부시게 확대시켜 준다.

또한 마찬가지로 중요한 점은, 초기의 신경망들은 입력과 출력의 단계를 가졌던 반면 새로운 신경망들은 입력과 출력의 단계들 사이에 하나 또는 그 이상의 '감추어진' 장치의 단계를 갖는다는 점이다. 중간 단계가 있음으로써 나타나는 이득은 입력 벡터들에서는 명확하게 드러나지 않은 가능한 특성들을 신경망 체계가 그 단계 내에서 찾아낼 수 있다는 점이다. 그래서 체계는 입력 벡터들의 두드러진 특성들만을 토대로 구성된 피상적인 규칙성들의 배후에 있는 혹은 그 바탕에 있는 또 다른 규칙성들을 그럭저럭 찾아낼 수 있게 되는 것이다. 이 점은 체계로 하여금 이론적으로 생각하게끔(theorize) 만든다. 손쉬운 예를 들어 본다면, 기뢰 / 바위 신경망에서의 감추어진 장치들이 실제로 부호화하면서 학습하는 것은 음향 탐지기의 음파가 금속으로 만들어진 것에서 반사해 오는지 금속이 아닌 것에서 반사해 오는지 하는 점을 판별하는 것이라 밝혀졌다.

세번째로 현재의 신경망들은 역확산 알고리즘(back-propagation algorithm)에 의해 구성될 수 있다. 일반화된 삼각법이 그 예이다. 이것은 최근에 발견된 매우 강력한 학습 규칙이다. 왜냐하면 그것은 신경망으로 하여금 감추어진 장치들의 벡터 공간을 살펴서, 선형적이건 비선형적이건 모든 가능한 종류의 변형들 중 효율적인 변형을 찾을 수 있게 해주기 때문이다. 그것은 커다란 신경망으로 하여금, 우리가 이전에는 결코 적절한 것으로 파악할 수 없었던 가중치들의 복잡한 집합을 **발견**할 수 있게 해준다. 이 점은 '기계 학습'의 기술에 있어서 하나의 중요한 획기적 발전이다.

여러분들은 이제 인공 신경망들이 왜 그렇게 많은 관심을 끌어모으게 되었는지를 이해할 수 있다. 그런 신경망들의 미시 구조는 많은 점에서 두뇌의 미시 구조와 비슷하며 그것들은 적어도 두뇌의 기능적 속성과 같은, 몇몇의 본뜨기 어려운(hard-to-simulate), 기능적 속성들을 가진다.

이런 유사함의 관계가 어디까지 지속될 것인가? 이것은 정말로 두뇌가 작동하는 방식인가? 심각한 문제를 제기하면서 이 절을 끝마치도록 하겠다. 인공 신경망들을 가지고 우리는 적절한 체계 내에서 출력 실수(失手)를 계산하고 그것에 따라 가중치들을 수정할 수 있도록 체계를 구성할 수 있다. (단순하게 만들기 위해서, 우리의 그림에서는 이 점을 드러내려 하지 않았다.) 그러나 **진짜** 뇌에서는, 어떤 통로로 출력 실수(失手)가 관련되는 시냅스 연결의 집합들로 되돌려 보내지고 그래서 그런 연결들의 가중치들이 수정되고 학습이 나타날 수 있게 되는가? 이런 질문은, 그것 자체가, 주변에 산뜻하고 새로운 이론을 갖게 된다는 것이 얼마나 가치있는 일인가를 드러내 주는 질문이다. 왜냐하면 그런 이론이 없었다면 그런 특정한 질문을 던질 생각조차 않했을 것일 뿐 아니라, 대답을 찾으려는 희망을 갖고 두뇌의 특정한 부분을 들여다 보려 하지도 않았을 것이기 때문이다.

예를 들어 우리가 소뇌를 관찰할 때, 우리는 소뇌가 2차 입력 체계 즉 등반 신경 섬유들(climbing fibers)을 가지고 있음을 발견하게 된다. 그것들은 혼란을 막기 위해 그림 7.16.에는 소개되지 않았지만, 쉽사리 알아 볼 수 있는 것들이다. 그 이름이 암시하고 있듯이 등반 섬유는 밑바닥에서부터 커다란 퍼킨지 세포에까지 기어 올라와서 세포체 전체와 무성한 수상 돌기 나뭇가지들을 둘러 싸는, 가는 덩쿨 모양을 하고 있는 것이다. 모든 퍼킨지 세포는, 마치 참나무가 담쟁

이 덩쿨로 뒤덮여 버린 것처럼, 등반 섬유에 휘감긴 말단 부분을 갖는다. 따라서 등반 섬유는 요구되는 작업, 즉 평행 섬유들과 퍼킨지 세포들 사이의 많은 시냅스 연결의 가중치를 변화시키는 일을 올바로 해낼 적절한 위치에 놓여 있는 것이다.

불행하게도 우리는 아직까지 그 등반 섬유들이 어떻게 그런 일을 하는지를 이해하고 있지 못하다. 뿐만 아니라 그것들이 도대체 그런 일과 유사한 일을 하는지에 대해서조차 강한 확신을 가지고 있지 못하다. 아마도 인지 이론(cognitive theory)은 여기서 신비에 싸인 등반 섬유들의 활동을 밝혀 내도록 신경 과학을 재촉할 것이다. 하지만 신경 과학적 자료들은 우리의 관심을 끄는 소뇌의 학습 이론(실수의 역확산)이 참일 수 없음을 보여주게 될지도 모른다.

그러나 이 점은 인지 이론에 있어서도 단지 작은 실망감을 드러나게 하는 것이 될 뿐이다. 전적으로 지엽적인 조건들을 이용하지만 어떤 역확산 방식 없이도 비견할 만한 효율성을 달성할 수 있는 다른 학습 과정들도 있다. 두뇌가 아마 그것들 중 하나를 이용하고 있을지도 모른다. 확실히 이 점에 관련하여 보다 많은 연구가 진행되어야 할 필요가 있다. 이미 기록된 놀라운 성공들을 차치하고서라도 이런 상황에서 고무적인 사실은, AI, 인지 과학 그리고 신경 과학들이 이제 힘차게 상호 협력을 하고 있다는 점이다. 그런 학문들은 이제 관련된 분야의 모든 이들이 서로 이득을 얻을 수 있는 일, 즉 서로를 가르치는 일을 하고 있다.

마지막 전망은 다음과 같다. 우리가 여기서 탐구해 왔던 이론의 양식에 의하면, 두뇌 안에서 가장 중요한 종류의 표상을 형성하는 것은 활동 벡터들(activity vectors)이다. 그리고 가장 중요한 형태의 계산을 진행시키는 것은 벡터에서 벡터에로의 변형들(vector-to-vector trans-formations)이다. 이 점은 맞을 수도 틀릴 수도 있다. 그러나 이 점은, 통속 심리학의 개념들만이 마음의 매우 중요한 상태들과 활동들을 포착할 수 있다는 주장에 대해 반대하는 제거론(eliminative materialist)의 앞에서의 제안(2장 5절)에 실질적인 내용을 주고 있다. 앞 페이지에서 간략하게 드러났던 인지 현상을 구성하는 요소들은 상식으로부터 거리가 먼 특성을 가지고 있다. 아마도 이런 점들에 관한 우리의 이론적 이해가 증가함에 따라 우리가 설명하고자 하는 현상들을 기술하는 이러저러한 개념들도 상당한 변화를 겪게 되리라 우리는 확실히 기대할 수 있다. 이것은 과학의 역사를 통틀어 늘 나타나는 경향이며 인지 과학만이 예외가 되어야 하는 이유는 어디에도 없다.

추천도서 ----------------------------

Rumelhart, D. E., Hinton, G. E., and Williams, R. J., "Learning Representations by Backpropagating Errors." *Nature*, 323,(9, Oct., 1986), pp, 533~536.

Sejnowski, T. J., and Rosenberg, C. R., "Parallel Networks that Learn to Pronounce English Text," *Complex Systems*, Vol. 1 (1987).

Churchland, P. S., and Sejnowski, T. J., "Neural Representation and Neural Computation," *Neural Connections and Mental Computation*, ed. Nadel, L. (Cambridge, MA : The MIT Press, 1988).

Rumelhart, D. E., and McClelland, J. L., *Parallel Distributed Processing : Explorations in the Microstructure of Cognition* (Cambridge, MA : The MIT Press, 1986).

제 8 장

우리의 시각을 확대하며

8.I. 우주에 있어서의 지성의 분포

앞선 장들에서 다루어진 증거들을 통해 우리는 의식을 지닌 지성은 전적으로 자연적인 현상이라는 점을 알 수 있었다. 철학자들과 과학자들 사이에서 널리 그리고 점차적으로 증가하고 있는 합의에 의하면 의식을 가진 지성이란 적절히 조직화된 물질의 활동이며, 적어도 이 행성에 있어서 그런 활동의 기반이 되는 복잡한 생물체는 수십 억 년에 걸친 화학적·생물학적·신경 생리학적 진화의 결과이다.

만약 지성이 우주가 스스로 전개되어 나가면서 자연스레 발달해 온 것이라면, 지성은 우주 전체를 통틀어 여러 곳에서 발달되었거나 발달되어 가고 있지 않을까? 지구라는 행성이, 필요한 물질적 구성 또는 필요한 에너지 환경을 가지고 있는 유일한 곳이 아니라면 대답은 분명히 그렇다이다. 관련이 되는 모든 점에 있어서 지구는 유일한 장소인가? 우리가 지금 이해하고 있는, 바대로 진화의 과정을 살펴보고, 그 과정이 필요로 하고 있는 것이 무엇인지 알아보자.

8.1.1. 에너지의 흐름과 진화를 통해 나타난 질서

기본적으로 진화는 수많은 다른 결합이 가능한 물질적 요소들(원자들과 같은)의 체계와 요소들의 체계 전체를 관통하는 에너지의 흐름(태양 광선 같은)을 필요로 한다. 이것이 약 40억 년 전, 순수한 화학적 진화 기간 동안의 전생물학적(prebiological) 지구의 상황이다. 체계의 내부로 들어왔다가 그리고 나서 다시 밖으로 나가는 흐름 또는 에너지의 흐름은 절대적인 중요성을 갖는다. 외부적 에너지의 유입과 방출에 대해 폐쇄적인(closed) 체계에서 에너지가 풍부한 결합체들은 서서히 붕괴하면서 체계의 모든 곳의 에너지 수준이 꼭같아질 때까지—이것이 평형(equilibrium) 상태이다—에너지가 모자라는 요소들에 그들의 에너지를 분산시킨다. 에너지는 물처럼 그 자신의 본래적인 수준을 유지하려는 성질을 가지고 있다고 말할 수도 있을 것이다. 즉 에너지는 그 수준이 어디에서나 같아질 때까지 '아래로' 흐르는 경향이 있다.

이 보잘것없는 유추는 열역학 제2법칙이라 불리는 기본적 자연 법칙의 본질적 내용을 표현하고 있다. 즉 그 내용이란, 아직 평형 상태에 이르지 못한 폐쇄 체계에 있어서, 모든 에너지 교환은 그 체계를 무자비하게 평형 상태로 몰고 가려는 경향이 있다는 것이다. 그리고 일단 그 체계가 최저의 또는 평형의 상태에 이르면, 그 자리—통일적이고 미분화된 암흑—에 계속 머무르려는 경향이 있다. 이렇게 되면 복잡하고 흥미롭고 에너지가 풍부한 구조들이 형성될 가능성은 근본적으로 없게 된다. 왜냐하면 그런 형성은 그 체계의 어떤 내적인 에너지가 다시 '위로' 흐르게 되는 것을 필요로 하는 것이기 때문이다. 그것은 심상치 않은 에너지의 불균형이 체계 내에서 자발적으로 나타날 것을 요청하는 것일 텐데 이것은 제2법칙이 실질적으로 금하고 있는 것이다. 확실히 복합적인 구조들의 진화는 폐쇄 체계에서는 나타날 수 없다.

그러나 만약 어떤 체계가 에너지의 연속적인 흐름에 대해 공개적인 것이 된다면 상황은 완전히 바뀐다. 도식적인 예시를 위해 그림 8.1.

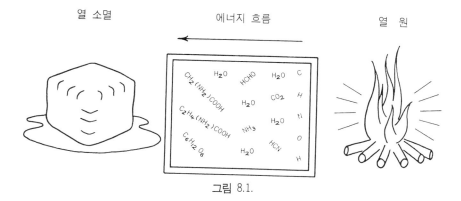

그림 8.1.

에서처럼 그 한 쪽 끝에 계속적인 열 공급원이 있고 다른 쪽 끝에는 계속적인 열 소멸원(열 에너지를 흡수하는 어떤 것)이 있는, 물로 가득찬 유리 상자를 생각해 보자. 물에는 약간의 질소와 약간의 이산화탄소가 녹아 있다. 상자의 한 쪽 끝은 매우 뜨겁게 달아오를 것이지만 불이 체계의 이 끝부분에 에너지를 쏟아붓자마자, 에너지는 좀더 차가운 쪽으로 전달되고 그리고 나선 체계 밖으로 다시 나간다. 따라서 상자 내부의 평균 온도는 일정하게 된다.

　이 조건들이 상자 내부의 묽은 액체(soup)에 미치게 될 영향을 살펴보자. 상자의 뜨거운 쪽 끝에서는, 즉 고(高) 에너지 부분에서는, 원자와 분자들이 이 부가적인 에너지를 흡수해서 여기 상태(勵起狀態, excited states)가 된다. 이런 원자와 분자들은 체계를 이리저리 떠다니면서 전반적인 평형 상태에 놓여 있는 체계에서는 통계학적으로 불가능한 에너지의 화학적 결합물들을 서로서로 자유스럽게 만든다. 따라서 복잡한 화학적 결합물의 다양한 변형들이 형성되어 체계의 차가운 끝 부분에 모이게 되기가 쉽다. 이때의 결합물들이란 열 에너지의 연속적 흐름이 없는 상태에서 형성되었을 것들보다는 훨씬 다양하고 훨씬 복잡한 것들이다. 결과적으로 탄소, 수소, 산소 그리고 질소 들은 글자 그대로 수백 만의 다른 화학적 결합들을 가질 수 있게 된다. 열의 흐름이 시작되면서, 이 부분적으로 공개적인 혹은 **반폐쇄적인**

(semiclosed) 체계는 이런 결합의 가능성을 활발하게 높여 주기 시작한다.

일종의 경쟁이 이제 상자 내부에서 일어나고 있음을 눈치채기는 쉽다. 몇몇의 분자 유형들은 매우 불안정해서 형성되자마자 곧 분해되고 마는 경향이 있다. 다른 유형들은 보다 견고한 재질로 만들어졌을 것이고, 그래서 당분간은 그 구조를 유지하는 경향을 가질 것이다. 이와는 다른 유형들은 매우 불안정하긴 하지만 매우 빈번하게 형성되기에 일정한 순간 체계 내에 상당한 수가 있게 될 것이다. 어떤 유형들은 그들 자신의 구조를 성립시키는 데 필요한 요소들의 형성에 촉매 작용을 가하여 형성을 더욱 증가시킬 것이다. 또 다른 유형들은 상호 이득이 되는 촉매적 순환 과정(catalytic cycles)에 참여해서 번창하는 종류들의 공생적인 쌍을 형성할 것이다. 이러저러한 방식으로 분자들의 여러 유형들은 액체 환경에 대한 주도권을 놓고 **경쟁한다**. 높은 안정성과 높은 형성율 또는 그 둘 중 하나를 지닌 유형들은 가장 많은 개체 수를 가지게 될 것이다.

이런 과정의 전형적인 결과는 이 체계에서 꽤 적은 종류이긴 하나 개체 수에 있어서는 상당히 많은 분자들 즉 복합적인 동시에 에너지를 저장하고 있는 일정한 유형의 분자들이 즉시 나타나게 된다는 점이다. (수백 만의 가능한 유형들 중에서 어떤 유형들이 체계를 실질적으로 지배하게 되느냐 하는 것은 이 액체를 구성하는 최초의 구성물과 에너지 흐름의 정도에 매우 민감하게 관련되며 그것에 의존적이다.) 체계는 체계를 관통하는 에너지 흐름으로 인해 질서와 복잡성과 에너지 분포의 불균형을 드러낸다. 이런 흐름은 체계에 압력을 가한다. 그것은 체계로 하여금 최초의 혼돈에서 벗어나 그 체계가 감당할 수 있는 다양한 형태의 질서와 복잡성으로 나아가게 만든다. 이리하여 있을 법하지 않았던 것이 필연적인 것이 되었다.

앞의 실험은 일반적인 원칙을 예시하기 위해 꾸며진 도식이긴 하지만, 그 실례가 실지로 행해졌다. 지금은 이미 유명해진 1953년의 실험에서 유레이(Urey)와 밀러(Miller)는 지구의 생물 발생 이전의

(prebiotic) 대기(수소, 메탄, 암모니아와 물)를 재생산하여 한 플라스크 정도를 모아서 계속적으로 전기적 방전을 가하였다. 이런 에너지 흐름이 수일 동안 있은 후, 플라스크의 내용물을 조사해 본 결과 그들은 단백질 분자들의 구성에 필요한 단위인 여러 종류의 아미노산을 포함한 많은 복합 유기 화합물이 형성되었음을 알 수 있었다. 다른 형태의 실험에서는 다른 에너지원(자외선, 열, 충격파)이 이용되었는데, 모두 비슷한 결과를 보여주고 있다. 즉 에너지의 흐름은 반폐쇄적 체계 내에서 질서와 합성화를 유도한다는 것이다.

자연 역시 이런 실험을 행했다, 지구 전체와 수십 억의 다른 행성들과 더불어. 지구 전체 역시 반폐쇄적 체계인데, 그 에너지원은 태양이고 저온도 에너지 소멸원은 우리를 둘러싸고 있는 검은 우주 공간이다(그림 8.2.). 태양 에너지는 이 체계가 포함하고 있는 물질에 내재적인 질서와 구조와 복잡성의 끝없는 가능성을 꾸준히 열어주면서 40억 년은 족히 넘는 기간 동안 이 거대한 체계를 관통해 흘러온 것이다. 앞에서 서술된 인공적 체계보다 이 체계가 그 기량에 있어 월등하다는 점은 조금도 놀랄 일이 아니다.

이런 관점에서 만약 어떤 행성이 액체 상태로 녹아 있는 매우 다

에너지 원천

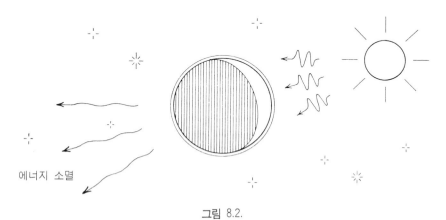

에너지 소멸

그림 8.2.

양한 원소들을 가지고 있고 근처 별에서부터의 적절한 에너지 흐름을 지니게 된다면 그런 모든 행성은 명백히 풍부한 진화론적 과정을 뒷받침할 수 있을 것이다. 우리 은하계에서는 대강 몇 개의 행성들이 이 조건들을 만족시킬 수 있을까?

8.1.2. 진화론적 입지의 분포

우리 은하계에는 대략 1천 억 또는 10^{11}개의 항성들이 있다. 그들 중 몇이 행성을 가지고 있는가? 항성의 형성에 관한 이론, 항성의 회전에 대한 분광기를 이용한 연구 그리고 어두운 반성들(compan-ions)의 동적인 영향에 대한 망원경을 이용한 연구들은 모두, 굉장히 온도가 높은 초거성(giants)들을 제외하고는 거의 모든 항성들이 모종의 행성 체계(planetary system)를 가지고 있다고 주장하는 점에서 일치한다. 온도가 굉장히 높은 초거성들은 항성의 개체군에서 단지 작은 부분을 차지하고 있을 뿐이며 그래서 그런 항성들을 제외해도 여전히 거의 10^{11}개의 행성 체계가 은하계에 남는다.

이들 중 몇 개가, 물질적으로 적절히 구성되어 적절한 장소에 놓인, 행성을 포함할까? 적절한 구성이란 것은 우리가 이전의 항성 폭발의 파편으로 형성된 2차적인 체계들을(second-generation systems)만을 고려해야 한다는 점을 시사한다. 왜냐하면 그런 체계들이 수소와 헬륨 이외의 원소들의 주된 원천이기 때문이다. 이 점은 가능한 체계들 중에서 절반 이하만을 우리에게 남겨 놓는다. 그래서 우리는 대략 10^{10}개로 그런 행성 체계의 숫자를 내려잡게 된다. 이러한 남은 체계들에서, 적절한 물질적 구성을 가진 행성들은 상당히 흔한 것이라 단언할 수 있다. 우리 태양계만을 보아도 지구와 화성 그리고 목성의 달들은, 만약 우리가 진화의 용매로서 물을 생각한다고 할 때 상당량의 물을 가지고 있는 것들이다. 게다가 목성의 달들은 부가적인 중요성을 갖는다. 왜냐하면 거대한 목성과 그것의 12개를 넘는 위성들은, 세밀한 연구를 위해 얻어낼 수 있는 또 하나의 사례로서, 나름대로의 축소판 태양계를 구성하고 있다고 말할 수 있기 때문이다. 흥미롭게도 목성의 두번째, 세번째 위성인 유로파(Europa)와 가니메드 (Ganymede)는 각각 전 지구에 있는 양만큼의 물을 가지고 있으며, 작은 영역이긴 하지만 그들의 바다는 우리 지구의 바다보다 훨씬 깊다. 이 두 체계에서 우리가 일반화한다면, 물을 가진 행성들은 항성 체계들(stellar systems)의 전 범위에 걸쳐 발견될 수 있고, 어떤 항성 체계는 물을 가진 행성들을 둘 또는 그 이상 가지고 있을 것이다.

물을 가진 행성으로 가능성이 다 끝나는 것은 아니다. 액체 암모니아와 액체 메탄도 역시 흔한 용매인데 이것들은 진화 과정들을 지속시켜 주는 능력을 확실히 가지고 있는 것들이다. 그런 분자로 이루어진 바다는 훨씬 온도가 낮은 행성들에서 나타나는데, 지구의 생화학을 특징지어 주는 에너지보다 훨씬 낮은 에너지의 화학적 결합을 지속시킬 것이다. 이러한 거친 환경은 대안적인 진화의 장소를 구성한다. 크게 보아서, 적합한 물질적 구성은 문제거리가 될 것 같지 않다. 의미심장한 화학적 진화를 위해 적합하게 구성된 것으로서 적어도 대략 10^{10}개의 행성들을 점찍어 보자.

이들 중 어느 정도가 에너지 공급 항성에 대해 적합한 거리를 취하고 있는 것인가? 행성의 궤도는 항성의 '생활 영역'(life zone) 내에 있어야 한다—즉 행성의 궤도는 행성의 액체 용매를 끓여 없애지 않을 정도로 항성으로부터 충분히 떨어져 있어야 하지만, 얼어 붙지 않을 정도로 항성에 충분히 가깝게 있어야 한다. 용매를 물이라 생각해 본다면, 그 가능한 생활 영역은 매우 넓지만 어떤 행성의 궤도가 그 안에 든다는 사실은 우연한 사건 이상의 것이 된다. 그러나 우리는 그 영역 내에 있는 **물을 가진** 행성을 필요로 하는데, 아마 이런 행성들은 각 10개의 행성들 중 오직 한 개 꼴로 나타날 것이다. 우리의 남은 100개의 체계들 중 오직 하나만이 적합한 위치를 지닌 물을 가진 행성 하나를 포함한다고 조심스레 어림잡아 보자. 적합한 위치를 가진 암모니아와 메탄을 지닌 행성들도 역시 기대할 수 있을 것이다. 그러나 같은 방식으로 고려한다면 그들의 수도 비슷하게 어림잡힐 것이며 그래서 우리에게는 적합한 위치를 가지고 동시에 적합하게 구성된 것으로서 대략 10^8개의 행성들이 남는다.

이런 추정은 태양과 같은 항성의 존재를 가정하고 진행된 것이다. 그런데 태양은 이미 작고 그리 두드러진 항성은 아니지만, 대부분의 항성들은 태양보다 훨씬 작고 온도가 낮아서 보다 협소한 생활 영역을 갖는다. 이 점은 행성이 적합한 위치를 가질 가능성을 10의 일승 또는 자승만큼 감소시킬 수 있을 것이다. 그렇다 하더라도, 태양 정도의 크기를 가진 항성들은 관련이 되는 개체 수의 대략 10%를 차지하기 때문에 그런 점들만을 고려해도, 우리에게는 적어도 10^7개의 선택된 행성들이 남게 될 것이다.

따라서 우리의 조심스런 추산은 이러한 또는 저러한 단계의 진화 과정이 이 은하계만을 통틀어도 적어도 10,000,000개의 행성들에서 착착 활발하게 진행되어 가고 있음을 보여준다.

8.1.3. 생명과 지성

그런 숫자에 있어 중요한 점은 엄청나다는 점이다. 우리 인간을 만들어 낸 것과 같은 종류의 과정은 우주 전체에 걸쳐 볼 때 명백히 흔한 것이다. 결론은 흥미진진한 것이지만 진짜 질문은 여기서 대답되지 않고 있다. 그런 경우들 중 얼마나 많은 것들이 물질을 실질적인 **생명**의 수준에까지 이르도록 세분화시키는 진화의 과정을 포함하며 얼마나 많은 것들이 **의식을 지닌 지성**을 만들어 내는 진화의 과정을 포함하는가?

이런 소수의 경우들을 자신있게 추산해 내기는 불가능하다. 왜냐하면 그것은 진화론적인 발전이 일어날 가능성 그리고 그런 발전이 취할 수 있는 대안적인 길들이 나타날 가능성에 대한 이해를 요구하기 때문이다. 지금까지, 우리는 이런 문제들을 해결하는 데 있어 진화의 폭발적인 힘을 충분히 파악하지 못했다. 우리는 다만 관련이 되는 점들만을 고려해 보는 식으로 후퇴하고 말았지만, 그런 고려들 역시 무엇인가를 우리에게 알려 줄 수 있을 것이다. 진화는 메워야 하는 두 개의 크고 불연속적인 간격들, 즉 생물과 무생물간의 간격과 의식과

264

무의식간의 간격을 가지고 있다는 앞 단락에서 암시된 상식적 개념에서 출발해 보자. 상식에 뿌리깊이 박혀 있는 이 두 구분 모두는 어느 정도의 오해를 드러내고 있는 것이다. 사실은, 이 두 구분 중 어떤 것도 잘 정의된 불연속성 혹은 극복될 수 없는 자연의 불연속성을 드러내고 있는 것이 아니다.

생명의 개념을 고려해 보자. 자기 복제의 능력을 생명의 핵심적 특성으로 우리가 간주한다면, 생명체의 출현에는 어떤 불연속성도 나타날 필요가 없다. 그들 자신의 구조를 성립시키는 데 필요한 요소들의 형성에 촉매를 가하는 분자들은 같은 분자들 중에도 낮은 위치를 차지하는데 이때 우리는 생물과 무생물의 간격이라는 거창한 구분보다는, 단지 좀더 효과적이고 좀더 빠르게 움직이는 이런 종류의 분자들의 계열이 있다고 하는 점만을 생각하기만 하면 된다. 이리하여 우리는 구조를 성립시키는 데 필요한 요소들에 연속적으로 촉매를 가해서 그런 요소들이 만들어지자마자 연결 조립하는 분자—자기 복제적 분자—라는 끝점에 아무 무리 없이 도달할 수 있다. 여기에는 어떤 불연속성도, 극복해야 하는 간격도 없다. 어떤 복제자의 능률이 그것의 경쟁자에 대해서 결정적인 점을 넘어서면서 환경이 불연속성을 나타내게 될지도 모른다. 그러나 이것은 자기 복제의 결과에서 나타나는 불연속성이지 그것을 산출하는 구조에서 나타나는 불연속성은 아니다.

반면 단순한 자기 복제는 생명의 개념으로서는 너무도 단순한 것인지도 모른다. 그런 개념을 물리칠 몇 가지 근거가 있다. 완전히 인공적으로 조절되고 꾸며진 화학적 환경에서는 그들 자신을 복제하게 되는 어떤 매우 단순한 분자들을 상상할 수 있다. 그러나 이 점 하나만 가지고 그것들이 살아 있다고 판단내리도록 우리가 유혹을 받을 필요는 없다. 어떤 경우이든 생명에 대한 보다 정확한 성격 규정이 바로 근처에 주어져 있을 것이며, 우리는 몇 가지 설명을 따라 생명의 최소 단위인 세포를 가지고 그 점을 밝혀볼 수 있을 것이다. 세포는 그 자체가 지구 생물권이라는 보다 큰 반폐쇄적인 체계 내에 있는, 스스로를 조직해 가는 작은 반폐쇄적 체계이다. 세포를 통과하는 에너지 흐름은 세포 내부의 질서를 유지하고 증가시키는 구실을 한다. 대부분의 세포들에 있어 에너지 흐름은 화학적이지만—세포들은 에너지가 풍부한 분자들을 섭취하고 그런 분자들이 제공하는 에너지를 빼앗는다. —광합성을 할 수 있는 세포들은 그들의 신진 대사 과정을 촉진시키기 위해 태양 에너지의 흐름을 직접 이용한다. 이 모든 사실은, 우리가, 살아 있다는 것을, 내부적 질서를 유지하거나 증가시키거나 적어도 둘 중의 하나를 위해 이미 얻어진 질서와 에너지 흐름을 이용하는 모든 반폐쇄적인 물리 체계로 정의한다는 점을 시사하고 있다.

이런 성격 규정은 우리가 보통 살아 있다고 하는 것들에 관한 매우 중요한 어떤 점을 지적하고 있는 것이다. 또한 식물이나 동물도 작은 반폐쇄적인 체계로 이루어진 것이기 때문에, 즉 (단순히) 널리 분자들이 모여서가 아니라 널리 세포들이 모여서 이루어진 반폐쇄적인 체계이기 때문에, 이런 성격 규정은 다세포 생물도 무리없이 포함한다. 그렇지만 이 정의는 몇몇의 약간 놀라운 결과들을 가진다. 우리가 그 정의를 받아들이면, 벌집도 살아 있는 것으로 취급되게 된다. 뿐만 아니라 흰개미 군체도 그렇게 취급된다. 인간이 거주하는 도시도 그렇게 된다. 사실상, 전 생물권(biosphere)이 살아 있는 것으로 취급되는 것이다. 왜냐하면 모든 것들이 주어진 정의를 만족하기 때문이다.

스펙트럼의 다른 끝에서는—그런데 이 점이 우리를 불연속(discontinuity)의 문제로 되돌아 가게 하는데—몇몇의 매우 단순한 체계들도 생명을 가진 것이라 주장되고 있다. 양초 받침에서 점점 커지는 촛농을 생각해 보자. 이것 역시 하나의 반폐쇄 체계이며, 그 내적 질서가 단순하고 자기 보전력이 약하다고 하지만, 가까스로 그것은 주어진 정의의 조건을 만족시킬 수 있을 것이다. 생물과 무생물의 경계선 근처에 놓여 있는 다른 체계들도 같은 문제를 제기할 것이다. 그렇다면 우리는 이 정의를 내던져 버려야 하는가? 아니다. 생명을 지닌 체계는 그렇지 않은 체계와 정도에 있어 구분될 뿐이라는 보다 현명한 교훈을 깨달아야 할 것이다. 이어질 수 없는 형이상학적 단절이란 결코 없다. 단지 질서의 정도와 자기 규제의 정도의 차이가 만든 물매가, 즉 일정한 비율의 정도 차이를 드러내는 완만한 기울기의 경사가, 있을 뿐이다.

우리가 의식을 지닌 지성을 고려할 때 같은 교훈이 나타난다. 우리는 이미 작은 정도의 차이가 연속적으로 나타나는 범위 전체에 걸쳐 의식과 지성이 어떻게 다른 정도를 가지고 나타나는지를 보았다. 물론 지성은 인간에게만 고유한 것은 아니다. 수백 만의 다른 종들도 어느 정도는 그것을 지니고 있다. 우리가, 지성을, 변화하는 환경에 대해 복합적인 일군의 적절한 반응을 할 수 있는 능력으로 대략 정의한다면 보잘것없는 감자조차도 낮은 수준의 지성을 드러낸다고 볼 수 있을 것이다. 여기에는 어떤 형이상학적 불연속성도 나타나지 않는다.

그러나 이런 정의는 너무도 대략적인 것이다. 이 정의에서는 발전적인 혹은 창조적인 지성의 측면이 간과되고 있다. 그렇다면 다음의 보다 통찰력 있는 정의를 살펴보자. 어떤 체계가 이미 가지고 있는 **정보**를 써 먹을 경우에만 그리고 체계를 통과하는 에너지 흐름(이것에는 체계의 감각 기관을 통과하는 에너지의 흐름도 포함된다)을 체계가 가지고 있는 정보를 **증가**시키는 방향으로 이용하는 경우에만 그 체계는 지성을 갖는 것이다. 그런 체계는 **학습**할 수 있는데, 그것은 지성의 핵심적 요소인 것처럼 보인다.

이 개선된 성격 규정은 우리가 상식적으로 지적인 것이라 간주하는 것들에 관한 매우 중요한 점을 포함하고 있다. 또한 나는 지성에 대한 이 정의와 보다 많은 질서를 얻기 위해 이미 가지고 있는 질서와 에너지 흐름을 사용하는 것을 생명으로 규정한 앞의 정의 사이의 밀접한 유사성을 독자들이 이미 눈치챘기를 희망한다. 이 유사성은 다음과 같은 이유에서 중요하다. 정보의 획득이 환경과 어떤 체계적 관련을 갖는 물리적·내적 질서의 획득으로 이해될 수 있다면, 추상적으로 이해된 지성의 조작이란, 생명을 특징짓는 조작이 보다 복잡하게 환경과 연계되어 있다는 점을 제외하고는, 그런 생명을 특징짓는 조작의 수준 높은 변형일 뿐이라는 점이 드러날 것이기 때문이다.

이런 가설은 두뇌의 에너지 사용과 앞뒤가 잘 들어맞는다. 특정한 종류의 질서를 대량으로 만들어 내는 데는 매우 풍부한 에너지의 흐름이 필요하다. 그런데 두뇌는 신체의 2% 정도의 무게를 차지하지만, 왕성하게 활동하고 있을 때는 움직이지 않고 있는 신체의 에너지 할당량 중 20% 이상을 소비한다. 두뇌 역시 반폐쇄적인 체계이지만 기묘하게도 고도로 집중된 것이고 그것의 늘상 변하는 미시적인 질서는 놀랄 정도로 세밀하게 외부 세계를 반영한다. 여기서도 역시, 지성은 어떤 불연속성도 드러내지 않는다. 지성을 지닌 존재라는 것도 결국 고도의 열역학적인 집약과 내적 질서와 외적 환경 사이의 특별히 밀접한 연결을 지닌 생명체에 불과한 것이다.

이 모든 사실은, 충분한 에너지와 시간이 주어졌을 때, 생명과 지성이라는 두 현상 **모두는** 행성 진화의 자연적 산물들 중에서 발견될 수 있으리라는 점을 의미한다. 에너지는 충분하고 행성들은 많이 있다. 시간은 있는가? 지구의 경우에는 충분한 시간이 있었는데 다른 10^7개의 후보 행성들의 경우는 어떤가? 여기서 우리의 불확실성은 매우 크다. 순수히 이론적으로는, 우리의 행성이 지적인 생명체를 최초로 발전시킨 행성일 확률은 무시할 만큼 적다. 즉 기껏해야 10^7분의 1 정도이다. 태양/지구 체계가 약 45억 년 전에 응축되어 최초로 존재하게 되었을 때 적어도 이미 100억 년 전부터 행성들에게 에너지를 뿜어내고 있었던 별들이 존재했다는 사실을 생각해 본다면 확률은 더욱 낮아진다. 고작해야, 우리 지구는 진화라는 경주에, 멀리 뒤쳐져 출발해야 하는 불리함을 가지고 참가했던 것이다. 반면 진화해 나가는 속도는, 행성 내의 미묘한 변수들이 가지게 되는 중요성의 정도에 의존적인, 매우 변덕이 심한 함수로 표시할 수 있을 것이다. 이 점이 시간이란 측면에서의 우리의 불리함을 대단치 않은 것으로 만들어 주어서, 우리 지구는 여전히 우리 은하계 내에서 지성을 발전시킨 최초의 행성일 수 있는 것이다.

여기서 내려진 어떤 결정도 믿을 만한 것은 없다. 그러나 앞외 불확실한 가정들에 의해 강요된 결론은, 후보 행성들 중 절반은 우리의 뒤에 **처져** 있고 반은 우리를 앞서 있는 그런 서열을 추측하게끔 한다. 이 '최선의 추측'(best guess)은 이 은하계 하나만 해도 대략 10^6 개의 행성들이 이미 고도의 지적인 생명체를 발생시켰다는 점을 함축한다.

이 점은 우리가 대기권에 빈번하게 나타나는 비행 접시 안에서 작은 녹색 인간을 기대해야 한다는 것을 의미하는가? 그렇지는 않다. '최선의 추측'을 받아들인다 하더라도 그렇지는 않다. 거기에는 세 가지 중요한 이유가 있다. 첫번째 이유는 10^6 개의 행성들의 공간적인 분포이다. 우리 은하계는 10^{14} 입방 광년(즉 광속으로 움직였을 때 1년 걸리는 거리 = 186,000 마일 × 1년, 대략 6조 마일)의 부피를 가지고 있으며, 이 부피 안에 10^6 개의 행성이 흩어져 있어서 그들 행성들은 평균 500 광년의 거리를 가지고 떨어져 있게 된다. 보통의 평범한 방문을 위해서, 이 거리는 우리를 대단히 불편하게 만든다.

아마 좀더 중요한 두번째 이유는 시간적인 분산의 정도이다. 우리는 10^6 개의 모든 행성이 동시에 지적인 생명체를 발전시키리라 가정할 수는 없다. 또한 일단 그런 생명체가 나타났다 하더라도 오랫동안 그 생명체가 지속하리라 확신할 수도 없다. 사고가 발생할 수도 있고, 퇴행이 일어날 수도 있고, 자기 파괴가 나타날 수도 있다. 예를 들어 모든 행성에 있어서 지성의 평균 수명을 1억 년이라 가정해 보자. (이것은 최초의 포유 동물의 출현에서부터 한 세기 이내에 우리를 파괴해 버릴 핵폭발의 재앙까지의 간격이다.) 지성이 계속적으로 존재하게 되는 이런 범위가 동시적으로 널리 분포되어 있는 것이라면, 지적인 생명체를 가진 모든 행성들 중에는 평균 2500 광년씩 떨어진 비슷한 수준의 지성을 발전시키고 있는 10^4 개의 행성들만이 존재할 수 있을 것이다. 게다가 바로 그 각기 다른 지성의 요람들이 동시에 들쥐나 양(羊)보다 더욱 지적인 존재를 자랑할 수 있는 수준이 될지는 누구도 보장할 수 없다. 우리 지구도 최근에 이르러서야 그 단계를 넘어섰다. 또한 고도의 기술 수준을 가진 매우 지적인 문명들은 어떤 본래적 불안정성 때문에 다만 평균 1000 년 정도 지속할 수 있을 뿐이다. 그렇다면, 그 문명들은 거의 은하계 내에서 전적으로 그리고 비극적으로 오직 하나만 존재할 것이다. 우리와 함께 존재할 고도로 지적인 외계 집단이 오래 존속할 가능성은 아주 낮은 것처럼 보이기 시작한다.

모든 잠재적인 지적 집단에 자살의 경향을 부여할 수 있다면 결과는 역시 마찬가지일 것이다. 만약 우리가 그런 경향을 부여하지 않는다면 현재 우리와 함께 존재할지도 모를 외계의 지적인 집단에 대해서 더욱 낙관적인 추산을 할 수 있게 될 것이다. 우리가 지적인 생명체의 평균 지속 기간을 10억에서 50억 년으로 잡는다면 시간적 분산은 여전히 진화의 발전에 있어서 우리보다 앞서거나 보조를 맞추고 있는 우리와 같은 시간대의 10^5개의 행성을 우리에게 남겨 놓는다. 결국 이것은 전파 망원경 같은 수단을 통해, 작은 녹색 인간이 존재할 가능성과 외계로부터 유익한 교신을 받아볼 가능성을 우리에게 열어 보이는 것처럼 보인다. 그러나 세번째이자 가장 중요한 이유 때문에 그렇게 되지는 않는다. 즉 생명과 지성이 취할 수 있는 다른 형태들에로의 잠재적으로 무한한 변형 때문에.

우리 생물권은 독자적인 생명체의 개별적 단위들로 세분되어 왔다. 즉 단세포들과 다세포 생물체들로. 이 모든 것들은 서로 독립적이다. 몇몇의 생물권들은 전 행성을 둘러싸는 하나의 단일하고 통일적이며 굉장히 복잡하고 고도로 지적인 '세포'에로 발전해 갔을지 모른다. 다른 생물권들은 그들의 세포들 혹은 다세포 분자들을 서로 유사하게 통합된 단일한 행성 개체(planetary individual)로 합성해 냈을지도 모른다. 그래서 우리들 중 하나가 그런 존재들과 의사 소통을 하려 시도하는 것은 시골 도랑에 있는 하나의 박테리아 세포가 얼마만큼의 화학 물질을 방출하면서 인간과 의사 소통을 하려 시도하는 것과 비슷할 것이다. 그처럼 큰 존재는, 그런 작은 일에 별 '관심'이 없을 것이다.

보다 우리와 가까운 존재에 대해서도 다른 환경은 다른 감각 기관을 이끌어 낼 수 있는데, 이 때 다른 감각이란 매우 다른 뇌를 의미할 수도 있는 것이다. (일반적으로 이야기해서, 두뇌는 주어진 감각 양태들(modalities)을 처리하는 방식으로 발전하면서 감각 기관의 주변부에서 내부적으로 진화되어 왔음이 분명하다.) 감각되어지는 전기장(electric fields)에 따라 움직이고, 적외선 방향 탐지기로 먹이를 사냥하고, 세밀한·조작은 50킬로 헤르츠 범위의 입체 청각의 도움을 받으며, 탄화수소의 향기로 된 둔주곡(fugue)으로 의사 소통을 하는 존재들은 인간과 같은 식으로는 생각하지 않을 것이다.

이상한 감각 기관은 차치하고라도, 우리가 가지고 있는 인지적 능력들의 특정한 집합이 외계 종들(alien species)을 특징짓는 것으로 쓰일 가능성은 높지 않다. 예를 들어 고도로 지적이긴 하지만 다섯 이상을 셀 수 있는 능력조차 없는, 즉 숫자를 조작할 수 있는 능력이 전혀 없는 그러한 외계 존재를 생각할 수 있다. 또한 매우 지적이긴 하지만 언어를 이해하거나 사용하는 능력을 전혀 가지지 못한 외계 존재도 마찬가지로 상상할 수 있다. 이런 고립된 결함들은 매우 뛰어난 정신적 능력을 지닌 인간들에게서도 종종 나타난다. 첫번째로 꼽을 수 있는 것은 **계산 불능증**(acalculia)이라고 불리는 드물긴 하지만 친근한 증세이다. 좀더 일상적인 두번째 병은 **총체적 실어증**(global aphasia)이라고 불린다. 따라서 우리는 매우 지적인 외계 종들은 반드시 산술의 법칙을 알고, 혹은 언어와 같은 체계를 배울 수 있거나, 또는 이런 법칙이나 체계들이 그들에게 존재할 것이라고 기대해선 안 된다. 이런 점들은 외계 존재에 대해서는 **우리 인간**이 전혀 모르고 있는 기본적인 인지 능력들이 있을지도 모른다는 점을 부가적으로 암시한다.

결국 우리는 외계의 지적인 존재의 목표 혹은 관심이 우리를 닮거나 우리보다 지적인 존재가 되려고 하는 것이라 기대해서는 안 된다. 어떤 종들의 마음을 차지하고 있는 목표는 그들의 선사 시대 조상들에 의해 시작된 무한정 긴 자기(磁氣) 교향곡을 작곡하기를 끝마치는 것일지도 모른다. 그 교향곡에서 젊은 것들은 이전에 작곡된 악장들을 노래하는 것을 배움으로써 사회화된다. 다른 종들은 고급 수학의 연구라는 단일한 목표를 가질 수도 있다. 이 경우 그들의 **활동**이 우리에게 갖게 되는 의미는 대학(大學)의 수학과(數學課)에서 이루어지는 활동이 네안데르탈인에 대해 갖게 되는 의미와 같은 것이 될 것이다. 마찬가지로 유전자적이건 문화적이건 종족의 목표들 자체도 진화론적인 변화를 겪게 된다는 점 역시 중요하다. 결국 5천 년 동안 우리 종 자신을 지배해 온 목표들은 우리의 현재의 관심과는 아무 관련이 없을지도 모른다. 이 모든 것은, 지적인 외계 존재들이 우리 자신의 문화를 특징짓는 관심과 열정을 공유할 것이라는 우리의 기대가 잘못된 것임을 의미한다.

앞의 논의의 핵심은 지성의 본성에 관한 물음들을 더욱 넓은 시각 안에 가져다 놓는 것이었고, 이 자연적 현상의 매우 보편적인 혹은 추상적인 본성을 강조하는 것이었다. 현재 인간의 지성은 고도로 보편적인 주제의 한 변주일 뿐이다. 그러하리라 여겨지는 것이지만, 지성이 우리 은하계 내에 꽤나 널리 퍼져 **존재한다**고 해도 우리는 그 다른 지적인 존재가 무엇을 반드시 하게 되는지 혹은 그런 존재의 지성은 어떤 형태를 취할 것인지에 대해 거의 아무 것도 추측할 수가 없는 것이다. 앞에서 주어진 지성에 대한 이론적 정의가 옳다면, 우리는 그런 존재들은 **에너지**를 (아마도 굉장한 양을) 사용해야 할 것이고, **질서**를 창출해야 하고, 그리고 적어도 창출된 몇몇의 질서는 그것들의 환경과 효과적인 상호 작용을 하리라 추리할 수 있을 것이다. 일단 그것이 충족되면, 그러고 나서는 무엇이든 가능하다. 그들뿐만 아니라 우리들에게 있어서도.

추천도서 --------------------------

Schrödinger, E., *What Is Life ?* (Cambridge : Cambridge University Press, 1945).

Shklovskii, I. S. and Sagan, C., *Intelligent Life in the Universe* (New York : Dell, 1966).

Cameron, A. G. W., *Interstellar Communication : The Search for Extraterrestrial Life*

(New York : Benjamin, 1963).

Sagan, C., and Drake, F., "Search for Extraterrestrial Intelligence," *Scientific American*, Vol. 232 (May, 1975).

Morowitz, H., *Energy Flow in Biology* (New York : Academic Press, 1968).

Feinberg, G., and Shapiro, R., *Life beyond Earth* (New York: William Morrow and Company, 1980).

8.2. 내성적 의식의 확장

이 책을 마무리 지으면서, 우리의 관심의 초점을 우주 전체에서부터 다시 내성적 의식 또는 자기 의식의 현상에 맞추어 보자. 나는 내성에 관한 매우 일반적이고 중립적인 개념을 이 책 전체에 걸쳐서 사용해 왔는데, 그 개념은 다음과 같이 대략 구도가 잡혀질 수 있을 것이다.

우리는 매우 다양한 내적인 상태들과 내적인 과정들을 가지고 있다. 우리는 또한 이런 상태들과 과정들 중 몇몇이 나타나고 있는지 그렇지 않은지를 판별할 수 있게 하는 그리고 그런 상태들과 과정들 각각을 서로 구분할 수 있게 해주는 본래적인 구조도 가지고 있다. 그런데 이 분별 활동에 주의를 기울이고 그것에 의존할 때, 우리는 명백히 개념적인 방식으로 그것에 응답할 수 있다. 즉 그런 상태들이나 과정들에 대한 다소간 합당한 판단들로써, 다시 말해 "나는 분홍의 감각을 가진다," "나는 어지럽다," "나는 아프다," 등등의 낮익은 상식적 개념으로 꾸며진 판단들로써 그것에 응답할 수 있다. 그래서 불완전하다고는 하지만 우리는 우리 자신의 내적인 활동들에 대해 모종의 접근을 하고 있는 것이다.

거의 모든 이들은 자기지(自己知)를 좋은 것이라 생각한다. 그렇다면 어떻게 우리가 이 내성적 접근을 향상시키거나 혹은 개선시킬 수 있을까? 우리의 본래적 내성 구조에 대한 외과적 혹은 유전자적 수

정도 하나의 가능성이긴 하지만 짧은 기간 내에 실현될 수 있는 것은 못 된다. 그런 가능성 이외에, 아마 우리는 우리가 이미 가지고 있는 분별하는 구조를 보다 세련되고 보다 통찰력 있게 사용하는 법을 배울 수 있을지도 모른다.

외적 감각의 양태들은 이런 제안에 대한 많은 선례를 제공한다. 베토벤의 제 5 교향곡에 대한 훈련받지 않은 어린 아이의 청각적 이해와 50 년 후에 같은 사람이 그 곡을 연주하는 악단의 지휘자로서 뛰어난 능력을 지닌 채 듣는 같은 교향곡에 대한 청각적 이해 사이에서 나타나는 분별력(그리고 이론적 통찰력)의 엄청난 발전을 고려해 보자. 이전에는 하나의 단일한 목소리였던 것이 이제는 구분 가능한 요소들의 모자이크이다. 이전에는 희미하게 파악되었던 곡조가 지금은 합당하게 관련된 멜로디의 흐름을 뒷받침해 주는 구분 가능한 화음들의 합리적 구조의 연쇄이다. 지휘자는 어린아이보다 훨씬 더 많은 것을 들으며, 우리들 대부분보다도 아마 더 많은 것을 들을 것이다.

다른 감각 양태들의 경우에도 비슷한 예들이 있다. 우리들 대부분에게는 대략 "적(赤)포도주"의 범주로 통하는 것이 그에게는 15 가지 혹은 20 가지의 구분 가능한 요소들의 조합으로 나누어지는, 화학적으로 예민한 포도주 감식가를 생각해 보자. 그 각각의 요소들이란 에탄올, 글리콜, 과당, 자당, 탄닌산, 산, 이산화탄소 등등이고 이것들의 상대적 농도를 그는 정확히 추산해 낸다. 즉 그는 우리가 맛보는 것보다 훨씬 더 많은 것을 맛보는 것이다. 혹은 어렸을 때는 둥근 지붕 모양의 검은 반점이 근처의 행성들 주변에 분포되어 있는 두드러진 심연이거나, 백색 왜성, 청색, 적색 거성들이거나 근처의 하나 또는 둘 정도의 은하계이거나 했지만 이제는 아무 것도 걸치지 않은 눈(맨 눈)으로 그런 각각의 것들을 구분하고 3 차원 공간에 위치시킬 수 있는 어떤 천문학자를 생각해 보자. 그는 우리가 보는 것들보다 훨씬 많은 것을 본다. 관련된 능숙한 솜씨를 얻기 이전에는 이해하기 어려운 것들이 얼마나 많았던가.

이들 각각의 경우에 있어, 종국에 가서 습득되는 것은, 주어진 감각 영역에서, 훈련받지 못한 사람들의 **즉각적인** 판단보다 훨씬 현명한 판별을 내리게 해주는 개념적 틀—그것이 음악적이건 화학적이건 천문학적이건—이다. 그런 개념의 틀들은 많은 세대에 걸쳐서 엮어진 것이며 그런 개념의 틀의 통달 없이는 감각적 생활의 풍요함과 감각적 생활에 대한 안목은 불가능했을 것이다.

이제 내성으로 돌아가 보면, 우리의 내성적인 생활 상태들은 이미 이런 현상으로부터 폭넓은 혜택을 받고 있음을 알 수 있다. 우리가 내리게 되는 내성적인 판별은 거의 대부분 학습된 것들이다. 그것들은 연습과 경험을 통해서 종종 아주 느리게 습득된 것이다. 그리고 우리가 학습하게 되는 특정한 판별들은 우리에게 도움이 되는 그런 것들이다. 일반적으로 그런 판별들은 다른 이들도 이미 하고 있는 것인데, 그것은 우리가 익힌 심리적 용어들로 이루어진 판단인 것이다. 우리가 3장과 4장에서 보았듯이 일상 언어로 꾸며진 심리 상태들에 대한 개념적인 틀은 그 자체로 적절히 세련화된 이론적 구성물이며 우리의 성숙한 내성을 깊이 있게 만들어 준다. 만약 그 개념적 틀이 범주들에 있어서나 개별적 사례를 연결시키는 일반화에 있어 실질적으로 **보다 적은** 통찰력을 제공한다면, 우리의 본래적인 분별의 구조는 그대로 같은 것으로 남는다 하더라도 우리의 내적인 상태들과 활동들에 대한 내성적 파악은 훨씬 감소할 것이다. 반면에 만약 그 틀이 현재 수준보다 우리의 내적인 본성에 대해 실질적으로 더 **많은** 통찰력을 제공한다면, 우리의 본래적인 분별의 구조는 그대로 같은 것으로 남는다 하더라도 우리의 내성적 분별과 인식은 지금보다 훨씬 더 커질 수 있을 것이다.

이 점은 나로 하여금 이 장에서 마지막 긍정적인 제안에 이르도록 한다. 만약 유물론이 궁극에 있어서 참이라면 우리의 내적 본성에 관한 본질적 통찰을 제공할 수 있는 것은 완결된 신경 과학의 개념적 틀일 것이다. (당분간 여기서 나는 유물론을 여러 형태로 나누는 세세한 차이들을 무시하겠다.) 그러면 '완결된' 혹은 현재의 상태보다 훨씬 더 발전된 신경 과학의 개념적 틀 내에서 서술하고 생각하고 그리

고 다양하고 복잡한 내적인 생활 상태에 대해 내성적으로 파악하게
되는 법을 새롭게 배우게 될 가능성을 생각해 보자. 새롭고 보다 정
교한 분별들의 집합, 즉 일상 언어로 된 원시적인 심리 분류법
(taxonomy)이 아니라 '완결된' 신경 과학이 제공하는, 내성적·명증
적 분류에 상응하는, 집합을 우리의 본래적인 내성적 분별의 구조들
이 이용하도록 스스로를 훈련시켰다고 가정해 보자. 또한 습관상 신
경 과학의 적절한 개념들로 엮어진 판단으로써 새로이 구성된 활동들
에 반응하도록 우리가 우리 자신을 훈련시켰다고 생각해 보자.

만약 교향악의 지휘자, 포도주 전문가, 천문학자의 예들이 정확히
비슷한 것들이라 한다면, 우리의 내성적 시각의 개선은 새로운 계시
와 비슷한 것이 될 것이다. 그렇게 되면 전뇌의 포도당 소비, 시상
(thalamus)의 도파민(dopamine) 수준, 특정한 신경 계통의 뾰족파,
두뇌의 페리스트리어탈(peristriatal) 피질 n번째 층에서의 반향, 그리
고 수없이 많은 신경 생리학적인 차이, 신경 기능적인 세세한 차이들
이 마치 G min 7 코드나 A + 9 코드가 훈련된 음악가의 청각적인 판
별과 개념적 인식의 객관적 무대에 올려질 수 있는 것처럼, 우리의
내성적 판별과 개념적 인식의 객관적 무대에 올려질 수 있다. 물론
우리는 이런 판별을 더욱 잘하기 위해 계획된 신경 과학의 개념적 틀
을 배워야만 할 것이다. 또한 그런 개념들을 우리의 비추론적 판단들
에 적용시키는 요령을 얻기 위해 연습을 해야만 할 것이다. 그러나
되돌아 오는 보답에 비해 그것은 치러야 할 작은 대가에 지나지 않은
것처럼 보인다.

이 제안은 제거론(eliminative materialism)에 관한 우리의 논의에서
처음으로 떠올랐던 것이다. 그러나 다른 유물론적 입장에 대해서도
가능성은 꼭같이 열려져 있다. 만약 동일론(reductive materialist)이
옳다면 통속 심리학의 분류법은 다소간 부드럽게 '완결된' 신경 과학
의 분류법의 어떤 하위 구조와 대응을 이룰 것이다. 그러나 이 경우
에도 그 새로운 신경 과학적 분류법만이 우리의 본성에 대한 훨씬더
날카로운 통찰을 형성할 것이다. 그런데 만약 기능주의가 옳다면 '완

결된' 이론은 우리의 내적 활동들의 모습을 보다 추상적이고 연산적(computational)인 측면에서 밝히려 할 것이다. 그러나 그렇게 드러날 모습이란 것도 역시 상식의 단순한 힘과 그것의 설명적 개념들을 넘어서는 것이 될 것이다. 세 경우 모두에 있어서, 새로운 개념 틀에로의 이전은, 일반적인 지식이라는 면과 자기 이해라는 측면 모두에 있어서 상당한 발전을 약속하는 것이 된다.

이제 나는 심리적 상태와 인지적 과정에 대한 유물론적인 정력학(kinematics)과 동력학(dynamics)의 참다운 도래가 우리의 내적인 삶이 그늘지게 되거나 은폐되는 어두움을 만드는 것이 아니라 오히려 그 내적인 삶의 기막힌 복잡성이 궁극적으로 드러나는―우리 자신의 자기 의식적 내성에 있어서도 사정은 마찬가지이다 ―새로운 시작의 여명이 되리라 생각한다.

이름찾기

내용찾기